# A HISTÓRIA DE AMALIA

**David I. Kertzer**

# A HISTÓRIA DE AMALIA

*Uma humilde camponesa e um advogado ambicioso em uma luta por justiça na Itália do século XIX*

Tradução de
Pedro Libânio

Rocco

Título original
AMALIA'S TALE
An Impoverished Peasant Woman, an Ambitious
Attorney, and a Fight for Justice


EDITORA ROCCO LTDA.
Av. Presidente Wilson, 231 – 8º andar
20030-021 – Rio de Janeiro, RJ
Tel.: (21) 3525-2000 – Fax: (21) 3525-2001
rocco@rocco.com.br
www.rocco.com.br

*Printed in Brazil*/Impresso no Brasil

preparação de originais
SÔNIA PEÇANHA

CIP-Brasil. Catalogação na fonte.
Sindicato Nacional dos Editores de Livros, RJ.

K48h Kertzer, David I., 1948-
A história de Amalia: uma humilde camponesa e um advogado ambicioso em uma luta por justiça na Itália do século XIX/David I. Kertzer; tradução de Pedro Libânio. – Rio de Janeiro: Rocco, 2009.

Tradução de: Amalia's tale: An impoverished peasant woman, an ambitious attorney, and a fight for justice
ISBN 978-85-325-2442-3

1. Itália – História – Século XIX. 2. Bolonha (Itália) – Condições sociais – Século XIX. 3. Mudança social – História – Século XIX. 4. Órfãos – Bolonha (Itália). 5. Amamentação. 6. Sífilis. 7. Bagnacavalli, Amalia – Processos, litígios etc. 8. Bolonha (Itália) – Processos, litígios etc. – História. I. Título.

CDD – 945.08
09-1712 CDU – 94(450.451) "19"

PARA OS DOIS JACKS

*Pequeno Jacob Bear e seu saudoso*
*bisavô, Jacob Dana*

# Sumário

# Prólogo

A história que vou contar pode parecer estranha, até mesmo bizarra. Ninguém que leia este livro jamais ouviu falar de sua protagonista, uma jovem camponesa analfabeta, muito menos da batalha aparentemente sem esperança que travou, enfrentando um conde e tantos outros socialmente superiores a ela. Nem provavelmente da natureza de sua queixa, do flagelo do século XIX – cujo nome era tão terrível que raramente era pronunciado – que devastou vilas remotas na Itália, França e além.

Apresento esta história desconhecida, contudo, não por sua habilidade de chocar, mas porque oferece um raro olhar sobre um mundo que não existe mais. Do seu ponto de vista idiossincrático, nos permite examinar profundamente um mundo em transformação, uma sociedade que muda em uma velocidade espantosa.

A Itália em um passado não muito distante era um país de contrastes, de nobres e camponeses, de grandes escritores e uma massa de analfabetos, de palácios fabulosos e casebres infestados de ratos. Até recentemente, a maioria dos italianos vivia na pobreza do campo, enquanto os ricos e poderosos viviam nas cidades. Civilização – *civiltà* em italiano – significava vida urbana. A vida rural era considerada boa para os *contadini*, os camponeses, apenas porque ninguém pensava neles como parte da sociedade civilizada. A vida não era fácil na Itália rural daquela época, não havia a exaltação do solo ou daqueles que trabalhavam nele. Ainda assim, os mundos do rico e do pobre, da cidade e do campo eram intimamente ligados. Vastas áreas férteis pertenciam à elite urbana, que fazia uma visita a cada outono para certificar-se de que os camponeses que as cultivavam não guardavam nada para si. Em relação a isso, os párocos locais que atendiam seus rebanhos rurais não eram diferentes, pois também recebiam ordens de seus superiores nas cidades.

A velha ordem social começou a mudar depois da explosão que foi o *Risorgimento*. De fato, a Itália só veio a existir como um país unificado em 1861, e, mesmo na época, Roma e regiões vizinhas permaneceram irredutíveis. Somente em 1870, quando o Exército italiano, literalmente, irrompeu pelo muro medieval que circundava a Cidade Eterna, Roma caiu, e o papa derrotado, Pio IX, retirou-se para seus palácios no Vaticano como autoproclamado prisioneiro. No ano seguinte, Roma tornou-se a capital do recém-criado Estado italiano.

No começo, pouca coisa mudou na vida da maioria dos italianos: os camponeses continuaram a trabalhar o solo e cuidar dos rebanhos quase da mesma forma com que seus antepassados faziam. Verdade, agora havia um parlamento e não mais um governante absoluto. Mas os senadores eram indicados pelo rei, e, ainda que os membros da Câmara dos Deputados fossem eleitos, nenhum camponês podia votar. Na verdade, nos anos posteriores à unificação, a maioria dos italianos, os *contadini*, só se interessava pelo novo governo para lamentá-lo como uma outra fonte de impostos, serviço militar obrigatório e apoio aos senhores de terras. Poucos conseguiam ler as proclamações do governo – ou ler qualquer outra coisa –, tampouco conseguiam entender o que seu rei ou os parlamentares falavam, porque tal discurso era ininteligível para os camponeses que falavam dialetos.

Embora a princípio pareça ser assim, para citar o protagonista aristocrático de *O leopardo*, que "tudo tem de mudar para permanecer o mesmo", logo se tornou claro que a mudança estava chegando. Antigas convicções eram questionadas, entre elas a noção de que as massas não tinham direitos, pois eram os poucos privilegiados que decidiam o que era melhor para quem estava abaixo deles.

Em 1876, a direita histórica – intimamente ligada à aristocracia e comprometida em manter a velha hierarquia social – caiu, e a esquerda assumiu o controle do parlamento. Embora distante da força revolucionária e perto de mostrar-se pronta demais a fazer concessões para manter o poder, a esquerda começou uma série de reformas que transformariam o campo italiano. Algumas das mais importantes foram implementar o ensino obrigatório no interior e, na virada do século, as primeiras, mesmo que fracas, regulamentações a respeito do trabalho feminino e infantil.

Nesses anos, contudo, a maior pressão por mudanças não partiu do governo, mas de uma fonte bem diferente. Desde a revolução de 1848, a sociedade europeia estava envolta em um turbilhão de movimentos populares contra as classes privilegiadas. Com a Primeira e depois a Segunda Internacional Socialista, estes protestos transformaram-se de uma série de rebeliões anarquistas desorganizadas e malsucedidas, e associadas a ilusões milenaristas, num movimento socialista poderoso em rápida e crescente expansão. No norte da Itália, nas últimas duas décadas do século XIX, dezenas de milhares de trabalhadores e camponeses formaram ligas e cooperativas locais, exigindo a transformação da sociedade. Quando elas começaram a se unir em um partido socialista nacional nos anos 1890, as elites se preocuparam. Os camponeses, que por séculos viram-se destinados a passar a vida trabalhando para seus ricos senhores de terras, começaram a questionar o próprio destino. Greves rurais espalharam-se, e novas exigências escandalosas – ao que parecia aos *padroni* – foram feitas.

A história de Amalia Bagnacavalli é a de um povo em meio a grandes transformações e mal pode ser imaginada em estágios anteriores da história italiana. Parecia inconcebível que uma camponesa analfabeta pudesse entrar com um processo contra um dos mais importantes aristocratas de Bolonha e uma das maiores instituições urbanas de seu tempo – o lar para crianças desamparadas de Bolonha. Para que tudo isso acontecesse, uma infinidade de mudanças maiores tinha de ocorrer. Deveria haver um sistema legal estabelecido que permitisse que tal ação fosse apresentada e tivesse prosseguimento. Teria de haver um advogado empenhado em uma cruzada que, motivado por uma nova ideologia e pela ambição social libertada do controle aristocrático, pudesse defender a causa. E teria de haver uma mudança na filosofia legal dos tribunais, por meio da qual o trabalhador humilde teria direitos básicos.

O lugar – o orfanato que supervisionava uma vasta rede de bebês e amas de leite espalhada pelo interior – pode parecer improvável para uma história de mudança social atordoante. Na superfície, o sistema, estabelecido séculos antes, manteve-se extraordinariamente estável. No entanto, como pano de fundo, apresenta algumas vantagens especiais. Em uma Itália equilibrada entre duas épocas, nada ilustra mais dramaticamente as dimensões humanas do relacionamento entre a cidade e o campo, o rico e o pobre, do que os orfanatos. Por séculos, eles acolheram centenas de milhares de bebês abandonados pelos pais após o nascimento. Antes da amamentação artificial segura, a sobrevivência desta massa de desafortunados dependia de um sistema peculiar que envolvia o aluguel do corpo das camponesas. Para estas mulheres de comunidades imensamente pobres da periferia rural, sobreviver dependia de serem capazes de pegar bebês dos orfanatos da cidade e serem pagas para amamentá-los. As cidades enviaram milhares e milhares destas "criaturas" infelizes, como eram chamadas, ao campo, bombeando com elas grandes somas em dinheiro para as comunidades rurais. Nas vilas mais pobres no final do século XIX, milhares de mulheres receberam tais crianças, como suas mães e avós antes delas.

O que se segue é a história de uma destas mulheres que acolheu uma criança, uma mulher que procurou obter uma remuneração modesta dando o seio a um carente. Ao mesmo tempo, é a história da reviravolta numa hierarquia social bem estabelecida. É a história de um triunfo completamente inesperado do pobre contra o rico, de uma camponesa analfabeta contra a poderosa elite masculina. É uma história que busca trazer uma outra época de volta à vida e, com ela, outro mundo, embora seus temas de tragédia e triunfo humanos sejam atemporais. É a história de uma mulher do campo que teve a vida arruinada e de um homem da cidade que não pararia – ao que parece – até que a justiça fosse feita.

*Capítulo 1*

# Uma visitante inesperada

Augusto Barbieri não poderia imaginar os motivos da visita da mulher sentada a sua frente, do outro lado da mesa. Ele abrira seu escritório em Bolonha apenas alguns anos antes, em 1886, e aos 28 tinha pouca experiência com clientes de qualquer espécie. No entanto, ele sabia que uma visitante como essa era incomum.

Se ele ficou um pouco pasmo com a mulher malvestida, ela deve tê-lo visto com desconforto ainda maior. Embora não fosse rico, o jovem advogado era orgulhoso da própria aparência e ter um escritório refletia a importância de sua posição social. Ele vestia um terno de três peças de lã escura. Solenes livros de direito estavam perfeitamente alinhados na estante com portas de vidro por trás de sua mesa antiga e pesada. Apesar de a mulher ter vindo de outro mundo, era um mundo do qual ele conhecia alguma coisa. Pelo vestido e a maneira de andar, qualquer um poderia dizer que ela era camponesa. E, porque ele mesmo tinha vindo da região montanhosa nos arredores de Bolonha e mudado para a cidade quando criança, não teve dificuldade em reconhecer seu dialeto característico. Bastaria pedir que ela assinasse o próprio nome, ele sabia, e ela simplesmente enrubesceria e balançaria a cabeça.

Quer dizer, ela teria enrubescido se já não estivesse tão vermelha, o rosto coberto por uma erupção. E, embora esperasse que ela se sentisse mal em um ambiente tão diferente, ela parecia excepcionalmente desconfortável na cadeira de madeira com encosto vazado.

Ainda que ter uma camponesa analfabeta em seu escritório fosse uma surpresa, não era mal recebida. O jovem advogado havia construído sua reputação, pelo menos em seu pequeno círculo de colegas, como parte de um grupo da elite iluminada cuja missão era transformar a Itália em um país moderno. Por muito tempo, pensavam, a península italiana foi controlada por forças reacionárias – em grande parte a Igreja, mas também por diversos aristocratas retrógrados. Desde que as tropas de Napoleão levaram as ideias do Iluminismo à Itália na virada do século XIX, havia aqueles que sonhavam com o dia em que os velhos regimes seriam varridos e a Itália seria unificada sob um governo laico. Este movimento – o *Risorgimento* – culminou na proclamação do Reino da Itália, em 1861, quando a velha ordem foi esfacelada e o poder da Igreja levou um forte golpe.

Na época em que Amalia entrou no escritório de Barbieri, a prole do *Risorgimento* italiano havia se dividido em dois campos políticos: direita e esquerda. Ambos foram execrados pela Igreja, que se recusou a reconhecer a legitimidade do Estado recém-criado e chamou os bons católicos ao boicote. Aquela parcela da velha aristocracia que viu a mudança como desejável, ou pelo menos inevitável, naturalmente congregou-se à direita, junto a outros grandes proprietários de terras. A esquerda, à qual Barbieri pertencia, concentrou uma vasta gama de grupos, desde aqueles que rejeitavam a monarquia de Savoy e queriam uma república até os que fizeram as pazes com a monarquia, todavia acreditavam, não na autoridade da Igreja Católica, mas em um novo deus, o deus da ciência. Era a esse campo moderado que Barbieri pertencia. A vida poderia ser melhorada para todos, ele e seus colegas acreditavam, e viam como sua missão melhorar o destino dos desafortunados da sociedade. A elite esclarecida tinha a obrigação, pensavam eles, de livrar-se dos vestígios da sociedade medieval e fazê-lo com o poder daqueles que haviam lucrado com ela: a Igreja e a aristocracia.

Dois anos antes, Barbieri publicara um pesado volume sobre o uso correto do governo: melhorar os serviços públicos. Ele dedicou muito do seu livro aos problemas da educação, saúde e proteção da classe trabalhadora, repreendendo os males do privilégio de classe e pedindo uma sociedade na qual o povo seria recompensado com base apenas em seus méritos. A nova ciência das estatísticas sociais ajudaria a revelar os males da sociedade, ele acreditava, e a aplicação dos métodos científicos lhes apresentaria o que precisaria ser feito. As velhas instituições deveriam abraçar estes novos princípios ou ser substituídas.

A mulher a sua frente parecia personificar os males sociais sobre os quais ele havia escrito, uma impressão que só cresceu quando ele ouviu a história que ela estava para contar.

Barbieri imaginava por que ela o escolhera entre todos os advogados da cidade. Provavelmente, não havia advogados no lugar de onde ela veio, e ele podia garantir que ela não sabia coisa alguma do mundo das leis e dos tribunais. Entretanto, conforme ele viria a saber naquele dia do começo de agosto de 1890, ela recentemente passara por uma série de eventos traumáticos, e lhe parecia que dificilmente seria a mesma pessoa que era alguns meses antes.

Levou muito tempo contando sua história, mas Barbieri era um bom ouvinte e estava mais que satisfeito em protelar o pouco trabalho que tinha para fazer e ouvi-la.

Seu nome, ela disse, era Amalia Bagnacavalli. Morava em uma pequena vila chamada Oreglia, parte da grande cidade montanhesa de Vergato, cujas vilas estavam espalhadas em uma vasta área. Com ela, moravam o marido, Luigi, a filha de um ano e a família de Luigi. O casamento foi um passo atrás para Amalia, porque seus pais eram os donos da terra em que trabalhavam, enquanto a família do marido não tinha terra própria. Estas distinções têm um significado para o povo das montanhas, mesmo que a vida seja difícil para todos, devido ao solo rochoso, à curta temporada de cultivo e às pequenas propriedades camponesas.

O inverno era a época mais difícil. Os suprimentos estocados no outono anterior diminuíam e a nova safra ainda estava longe.

Naquele inverno, enquanto os estoques chegavam ao seu limite mais baixo do ano, os pais de Luigi pressionaram Amalia a ajudar de uma maneira de que ela jamais havia sido capaz. Todas as famílias que conheciam procuravam o lar para crianças desamparadas de Bolonha em tempos de necessidade. Em troca por acolher as crianças, recebiam pagamentos mensais, o que, para muitos, era o único dinheiro. Os mais generosos eram os pagamentos feitos àquelas mulheres que poderiam amamentar os bebês recém-abandonados. Os orfanatos não permitiam que uma mulher com uma criança com menos de um ano – então amamentando seu próprio bebê – recebesse uma outra abandonada para amamentar. No entanto, o bebê de Amalia, Adele, acabara de fazer seu primeiro aniversário.

Amalia jamais saíra da região de Oreglia, nem havia visto uma cidade com pouco mais de algumas centenas de habitantes. Pegar um órfão significava ter de ir a Bolonha, separada por cerca de 30 quilômetros de uma estrada intransponível naquela época do ano. Obstruída pela neve nos meses mais frios, a estrada serpenteava ao longo do rio Reno, cujas águas avolumadas normalmente inundavam a estrada durante a primavera.

Felizmente, três anos antes do nascimento de Amalia, a linha férrea que rumava ao sul, de Bolonha até a Toscana, foi inaugurada com grande alarde. Ela via com frequência os trens passarem, mas jamais esteve dentro de um nem viajou para qualquer lugar que não desse para ir a pé ou, em raras ocasiões, de carroça ou em lombo de burro. Naquela manhã de março, ela caminhou até a pequena estação, a alguns quilômetros de sua casa, e deu ao chefe da estação cinco liras pelo bilhete até Bolonha. Entregar as moedas foi em si uma experiência nova, e, como Barbieri sabia, aquele dinheiro era uma grande quantia para ela. Mesmo se tivesse sorte o bastante e fosse contratada para trabalhar no campo por uma semana, dificilmente receberia tanto. A sogra dera a Amalia o dinheiro para a passagem de ida e disse a ela que o orfanato lhe pagaria a passagem de volta.

O fato de Amalia viajar sozinha, sem o marido, não era de surpreender, porque uma ida até o lar para crianças desamparadas era parte de um mundo de negócios feminino que existia havia séculos. Embora a vida camponesa na Itália moderna fosse de alguma forma patriarcal, existia uma separação clara entre as esferas masculina e feminina. Para uma mulher jovem como Amalia, era a mãe de Luigi, sua sogra, que controlava a vida cotidiana, o próprio Luigi mantinha distância de qualquer assunto que envolvesse crianças a serem criadas – no entanto, como se verá, logo ele teria de lidar com o orfanato como jamais poderia ter previsto.

Quando Amalia saiu do trem, ela só poderia ter se embasbacado com o imenso muro da cidade a sua frente. Construído no século XII para defender Bolonha de seus inimigos medievais, era um imenso sinal da fronteira que separava o mundo dos camponeses do mundo da civilização. Amalia viu o grande portão que lhe permitiria entrar na cidade. Ao se aproximar, deparou-se com dois guardas que estavam sempre ali, um vestindo terno e chapéu normais, o outro, um uniforme da polícia com uma espada embainhada na cintura. Os homens montavam guarda, observando camponesas como Amalia com cuidado especial, procurando sinais evidentes de volume sob suas roupas. Conheciam todos os truques que as camponesas usavam para contrabandear produtos para dentro do mercado em suas blusas ondulantes. Se tivessem suspeitado de algo, teriam levado Amalia a um cubículo nas proximidades, onde uma guarda feminina a teria despido.

O muro não tinha mais uso militar, porém ainda era valioso aos governantes da cidade. Ninguém podia entrar com produtos sem pagar impostos, uma prática medieval que de alguma forma sobreviveu no moderno Estado italiano e que ainda naquela época fornecia a maior parte do orçamento anual da cidade. Para os camponeses do lado de fora, que queriam vender suas frutas e vegetais na cidade, a noite oferecia a oportunidade de escalar as partes vulneráveis do muro nas quais um jovem atlético poderia ter uma chance. Outros construíam compartimentos secretos em suas carroças puxadas a burro, tentando evitar o imposto em pelo menos parte dos produtos.

Amalia não carregava cesta alguma, suas roupas não mostravam evidências de nenhuma fruta proibida, não teria sido parada. Sem a ideia clara de aonde ir, ela deve ter pedido informações a uma outra mulher. Naquela época do ano, as *popolane* de Bolonha – mulheres das classes mais pobres que eram a maioria da população da cidade – tipicamente usavam uma capa escura e pesada sobre o guarda-pó que ia até seus sapatos robustos. Tais mulheres cobriam a cabeça com lenços simples (quando se cobriam com qualquer coisa), porque chapéus eram para mulheres com mais recursos. Uma pobre usando chapéu seria ridicularizada por sua pretensão.

Junto do canal medieval que corria pela cidade, um cheiro nauseabundo emanando das suas águas escuras e cheias de esgoto, dúzias de mulheres se alinhavam ombro a ombro. Distraídas do resto do mundo, mergulhavam lençóis e roupas de baixo nas águas escuras e então os batiam contra a plataforma de tijolos do canal. Por toda a sua extensão, toscas estacas de madeira estavam fincadas no solo, uma corda passando por todas elas. Os lençóis brancos pendurados para secar contrastavam com os prédios escuros atrás deles. Quando voltou à cidade alguns meses mais tarde para encontrar Barbieri pela primeira vez, Amalia viu as mesmas mulheres em uma posição um pouco diferente. Abaixo do lugar onde elas ficavam antes, havia uma segunda plataforma submersa, a qual tornava o trabalho delas mais fácil nos meses quentes – no entanto, como Barbieri sabia, aumentava o risco de contágio das muitas doenças trazidas por aquelas águas pútridas.

Homens passavam em pequenas carruagens puxadas a burros, sentados nos assentos com encosto de madeira que se estendiam de uma roda a outra, a maioria usando capas escuras apoiadas sobre os ombros e chapéus negros de abas largas. Até mesmo os pobres tinham orgulho da própria aparência. Um homem preferia usar seu único paletó limpo todo dia, mesmo que estivesse coberto por uma dúzia de remendos, a ter de vestir um que estivesse manchado. Sob os pórticos das calçadas da cidade, juntavam-se pessoas que eram de uma classe social completamente diferente. Alguns homens vestiam ternos com coletes e camisas brancas de colarinho alto, a aparência esmerada completada com um chapéu-coco. As mulheres das classes mais abastadas prestavam ainda maior atenção à própria aparência, usando vestidos rebuscados de cores claras e imensos chapéus, um lenço de seda elegantemente amarrado frequentemente adornava-lhes o pescoço e uma sombrinha balançava no braço. As roupas colantes, abraçando seus corpos da cintura até as pernas, contrastavam com os vestidos largos das mulheres pobres.

Aqueles que podiam tentavam deixar seus lares durante o dia, porque a maioria das centenas de milhares de cidadãos de Bolonha vivia em apartamentos escuros e úmidos. Repletos de fumaça dos braseiros a carvão que os aqueciam, eram classificados de acordo com a proximidade do fedor do esgoto e da orla. Era março, e as *popolani* conseguiram mais uma vez sobreviver ao inverno, o qual chamavam de "os meses da cebola", numa referência amarga ao ingrediente barato e fácil de preservar que dava sabor à polenta, que era tudo com o que enchiam a barriga. Eram meses úmidos, o nevoeiro sempre tão espesso que ficava impossível ver o outro lado da rua, meses em que o trabalho era escasso, as noites, longas, e as famílias que tinham carvão suficiente para aquecer suas casas eram consideradas com sorte.

Porém, o que deve ter impressionado Amalia não era a pobreza, mas o esplendor que viu ao seu redor. Jamais vira construções tão grandiosas quanto as imensas estruturas ornadas com pedras que se alinhavam à rua, nem pórticos como aqueles sob os quais andava. Ela não poderia ter entrado pelos portões da cidade sem ter visto algo que jamais encontrara antes, um bonde a vapor, o qual começou a circular em Bolonha sete anos antes, sua rota acompanhando as calçadas. Dentro da cidade, uma infinita procissão de carruagens a cavalo trafegava lentamente pelas ruas, cada uma com um guarda-chuva fixado ao banco da frente para proteger o condutor da frequente chuva da cidade. Rodando pelo meio da rua de paralelepípedos, que ligava os portões à *piazza* central, passavam bondes de laterais abertas, cada um puxado em seus trilhos de ferro por uma parelha de cavalos.

Em quase toda esquina, uma mulher se inclinaria sobre um braseiro enegrecido, o calor visível como ondas e fumaça, com uma pilha de panquecas de castanhas para vender aos transeuntes famintos. Homens e mulheres carregando grandes cestas de vime vendiam uma infinidade de outras guloseimas. Um homem em especial, figura bem conhecida em Bolonha, usando um chapéu de copa alta e carregando uma cesta ainda maior, chamava mais atenção que os outros, não apenas por seus *focacce* doces serem ótimos para enganar a fome, mas também por ser famoso por contar a todos que quisessem ouvir sobre sua amizade com a rainha.

Se Amalia notou alguma excitação especial no ar, não era apenas o alívio do povo por ter sobrevivido a outro inverno. Algo estupendo estava se encaminhando para Bolonha, e não se conseguia falar de outra coisa. Parecia que todas as paredes tinham grandes cartazes coloridos anunciando a chegada iminente do espetáculo *Buffalo Bill's Wild West,* que aconteceria por oito dias para multidões em pé. A Europa ficou excitada desde a notícia da primeira visita sensacional de Buffalo Bill à Inglaterra, três anos antes. Era difícil esquecer a imagem do espetáculo especial pelo Dia do Jubileu, quando os reis da Dinamarca, Grécia e Bélgica se espremeram numa pequena carruagem ao lado do príncipe de Gales – o futuro rei da Inglaterra – com Buffalo Bill às rédeas, rechaçando o pretenso ataque de um barulhento bando de índios com cocares. Buffalo Bill havia voltado à Europa em 1889, indo primeiro à Exposição Universal de Paris, onde mais de 10 mil pessoas, incluindo o presidente francês, comprimiram-se para ver sua primeira apresentação. De lá, o show se dirigiu para o sul da França e a Espanha antes de ir para Roma, onde o caubói empresário foi recebido pelo idoso papa Leão XIII.

Buffalo Bill Cody, uma figura icônica com o paletó de pele de veado e montado no cavalo branco, estava agora indo para Bolonha com sua tropa de índios, mais de 100 cavalos sobre os quais, de peito nu, apresentavam suas proezas selvagens, uma dúzia de búfalos, alguns alces do Canadá, touros do Texas e a famosa atiradora de 29 anos, Annie Oakley. Aqueles com sorte o bastante de assistir ao espetáculo ainda teriam outro presente. Seriam os primeiros italianos a comer pipoca; a polenta, como logo ficou claro, não seria o único item na dieta dos bolonheses a ter sua origem no milho do Novo Mundo.

No entanto, nem todos em Bolonha naquele dia estavam num espírito tão bom. Em frente à catedral, grupos de famílias agarravam seus pertences, as mulheres vestidas como Amalia e falando um dialeto parecido com o dela. Vindos de cidades montanhosas, como a dela, também procuravam uma forma de sair da miséria. Os vizinhos lhes contaram sobre as oportunidades que o Novo Mundo abria para aqueles com coragem suficiente para procurá-las. Com muitas horas para esperar pela longa viagem noturna de trem até Gênova, de onde zarpariam, foram até a catedral, esperando que o próprio bispo pudesse abençoar suas crianças antes da partida.

Desde que a crise na agricultura tomara conta da Itália, junto com boa parte da Europa, alguns anos antes, a quantidade de pessoas deixando o país aumentara drasticamente. Pela virada do século, os Estados Unidos eram o destino preferido dos italianos. De fato, na primeira década do novo século, a Itália, com uma população de 33 milhões, veria impressionantes 2,4 milhões de pessoas zarparem para os Estados Unidos e o Canadá. Neste momento, porém, a América do Sul acenava, e o Brasil, que havia abolido a escravidão dois anos antes, acabava de ultrapassar a Argentina como destino escolhido.

O imenso quartel-general do governo de Bolonha, o *palazzo comunale*, despontava no centro da cidade. Construído no século XII para ser uma fortaleza impenetrável, permanecia uma visão de causar espanto. Seu gigantesco portal dianteiro observava a vasta *piazza* central, recentemente renomeada Piazza Victor Emmanuel, em homenagem ao monarca fundador da Itália. Ao lado da *piazza*, próxima à estação de trem, havia uma fonte encimada pela figura nua de um Netuno musculoso, tridente na mão, esculpida por Giambologna três séculos antes. As ninfas de concreto que circundavam a base da estátua não devem ter falhado em chamar a atenção de Amalia – nem poderia ser mais apropriada a sua missão – devido aos dedos apertando os seios que jorravam água.

A *piazza* estava sempre cheia de gente, algumas pessoas caminhando apressadamente para algum lugar, outras detendo-se para ouvir os grupos de homens que gesticulavam e cujos debates sem-fim forneciam diversão a todos da manhã à noite. Amalia ainda teria se encantado com outra visão estranha, homens vestindo ternos escuros, gravatas e chapéus andavam em suas bicicletas, uma invenção recente que ainda não havia chegado às montanhas.

Em um lado distante da *piazza,* despontava uma igreja tão grande que todas as igrejas que Amalia havia visto em sua vida poderiam ser perfeitamente colocadas em um de seus menores cantos. A construção da basílica de São Petrônio se iniciara em 1390, o tamanho colossal e o esplêndido projeto artístico concebidos para impressionar o resto do mundo com a grandiosidade de Bolonha. No entanto, a fachada de mármore jamais fora terminada porque, pelo menos de acordo com a história em que todos os *bolognesi* acreditavam, o papa mandara parar a construção, irritado por Bolonha tentar construir uma igreja maior que a dele. A elaborada fachada de mármore rosa e branco mal se estendia acima dos três portais belamente esculpidos. Os dois terços superiores foram deixados incompletos, os tijolos marrons simples pontuados por espaços regulares que segurariam a fachada que nunca veio.

Por toda a *piazza,* meninos sujos, como jamais Amalia havia visto, perambulavam, perseguindo os pombos sempre presentes e pedindo cigarros aos homens que os afugentavam com raiva.

Crianças menores, praticamente vestidas em trapos, corriam descalças pela *piazza*, embora o clima estivesse longe de estar quente. Pedintes de toda espécie circundavam a entrada da igreja, alguns mancavam, alguns tinham uma ou duas muletas, alguns eram cegos, todos na esperança de encontrar um bom cristão com a intenção de fazer caridade. Agora, a caminhada era curta até o destino de Amalia, uma instituição conhecida como *Bastardini*, a casa dos "pequenos bastardos". Dentro de seus muros, a vida de Amalia estava prestes a ter uma reviravolta fatídica.

*Capítulo 2*

# O dia fatídico

Embora Amalia não pudesse saber, o lar para crianças desamparadas de Bolonha já havia chamado a atenção de Barbieri, atraído sua ira moral por causa das práticas antiquadas. O livro sobre administração adequada usava o orfanato como o melhor exemplo de por que as instituições medievais da cidade deveriam ser colocadas em um patamar mais científico.

No século XIX, os lares para crianças desamparadas estavam espalhados por boa parte da Europa, mas começaram na Itália. De acordo com alguns historiadores, o primeiro deles foi fundado em 1198 por ordem do próprio papa Inocêncio III, horrorizado, como dizem, pela quantidade de corpos inchados de bebês que eram recolhidos pelas redes de pescadores no Tibre. Envergonhado de que Roma, a capital da cristandade, tivesse a imagem arruinada por tal visão, o papa ordenou a construção de um lar onde tais recém-nascidos indesejáveis pudessem ser deixados. Mesmo que não vivessem muito, pensou, pelo menos seriam batizados corretamente e encontrariam o conforto do paraíso.

O lar para crianças desamparadas de Bolonha foi aberto no século XV, em um convento beneditino que começara a receber crianças dois séculos antes. Por volta de 1600, as autoridades eclesiásticas instruíram os governantes locais e os párocos a ficarem atentos com relação às solteiras grávidas e informar ao orfanato sobre elas. Seu principal medo era de que tais mulheres, encarando a desgraça, pudessem tentar esconder a gravidez com um aborto ou matar os bebês logo após o nascimento. Mas as autoridades estavam atentas com relação a outro mal, e a polícia foi instruída a procurar qualquer mulher solteira que quisesse ficar com o próprio bebê. O simples sinal de uma mulher não casada com um bebê era considerado ultrajante à moralidade pública, algo que não poderia ser tolerado pelos Estados papais.

Os papas também foram soberanos temporais – os "reis-papas", como vieram a ser chamados – sobre o centro da Itália desde o ano de 754. A quantidade de território que controlavam aumentava e diminuía conforme as alianças papais com forças militarmente maiores. No centro, ficava Roma. E as famílias nobres beligerantes não viam prêmio maior que o próprio papado e por séculos lutaram pela honra e o consequente poder de colocar um dos seus no trono de São Pedro. Bolonha tornou-se parte dos Estados papais apenas no começo do século XVI, quando foi conquistada pelo exército do papa Júlio II. Com pequenos intervalos devido a diversas revoltas e invasões, a soberania papal em Bolonha durou até que as forças papais foram expulsas em 1859.

Com a unificação da Itália dois anos depois, o lar para crianças desamparadas foi posto sob a autoridade de um comitê responsável por todos os hospitais da cidade. Uma instituição essencialmente privada até este momento tornou-se pública, o produto das doações que recebia era agora aumentado por impostos recolhidos em toda a província.

Os novos diretores do lar enfrentaram os mesmos desafios que seus antecessores. A única maneira de manter vivas as centenas de bebês que chegavam todos os anos era colocá-los em seios de mulheres que estivessem dispostas a cuidar deles, pois, apenas com a introdução da pasteurização e de fórmulas complementares, no século XX, o leite animal pôde ser usado com segurança. Ano após ano, metade dos bebês abandonados morria antes de chegar ao primeiro aniversário, uma taxa de mortalidade que era mais que o dobro da encontrada na população em geral. Como um reformador social da época colocou, bem poderiam escrever na porta de todo orfanato o lema "Aqui as crianças vêm morrer à custa do povo". Ou, como Thomas Malthus escreveu quase um século antes: "Se uma pessoa quiser refrear o aumento da população e não estiver preocupada com a maneira como será feito, não pode propor uma medida mais eficaz do que criar um número suficiente de hospitais para desamparados."

Os bebês eram conhecidos como *bastardini* por boas razões, pois eram nascidos de mulheres solteiras, cujo anonimato o sistema devia proteger. Ao longo de séculos, mulheres casadas eram estritamente proibidas de abandonar bebês, enquanto exigia-se das solteiras que os entregassem. Agora os tempos haviam mudado; com o fim dos Estados papais, a polícia não mais recolhia os filhos de mulheres não casadas que quisessem criá-los. Porém, a vergonha de parir um filho ilegítimo era tamanha que poucas estavam preparadas para, ou eram capazes de, fazê-lo. Mesmo quando uma mulher não casada pudesse manter o filho, a família, ameaçada pela desgraça, raramente concordava.

A cidade de Amalia, Vergato, era uma comunidade típica das montanhas perto de Bolonha, repleta de órfãos de todas as idades, legado de uma tradição centenária de acolher tais crianças. Os responsáveis pelo lar para crianças desamparadas não apenas tinham que encontrar amas de leite para os recém-nascidos abandonados de Bolonha, mas também precisavam procurar famílias que cuidassem das crianças até que completassem 15 anos. Seguindo uma crença comum na Itália, pensava-se que era melhor para as crianças crescerem no campo, onde poderiam aprender as habilidades da vida camponesa que os preparariam para um futuro de independência. Mantê-las no orfanato era inconcebível – havia milhares de crianças – e alojá-las com famílias na cidade era considerada uma má ideia. Na cidade, as crianças, que já sofriam pela desvantagem de seu nascimento, seriam muito facilmente corruptíveis e encaminhadas a uma vida de crime e degradação moral. Consequentemente, o lar para crianças desamparadas supervisionava uma vasta rede de milhares de famílias da zona rural, cada uma ganhando uma remuneração mensal. Em Oreglia, quase um quarto das casas recebia tais pagamentos do lar para crianças desamparadas. Ao todo era, de longe, o maior gasto público com bem-estar social em Bolonha, na maior parte dinheiro que provinha de impostos de vilas e cidades da província.

Quando Amalia foi conduzida ao pátio interior do lar para crianças desamparadas de Bolonha, entrou em um mundo diferente, um mundo de recém-nascidos e mulheres que cuidavam deles. Neste lugar, de fato, havia o melhor cenário para as teorias de Barbieri sobre boa administração, pois em lugar algum do novo Estado italiano existia uma ligação tão próxima entre ciência, governo e bem-estar social.

Amalia não pôde entrar no amplo salão onde dúzias de bebês eram mantidas e 10 mulheres permaneciam em uma espécie de prisão e cuidavam das crianças até que uma ama de leite de fora aparecesse. Durante 200 anos, para ter mulheres suficientes que pudessem tomar conta dos bebês, o lar para crianças desamparadas coagia mães solteiras pobres, uma prática comum também em outros lugares da Itália. Nenhum bebê poderia ser deixado no orfanato de Bolonha sem um pagamento de 25 liras. Toda mulher que não pudesse pagar a taxa era forçada a passar dois ou três meses lá, cuidando de dois, três ou mais bebês de uma só vez. Durante estes três meses, ela poderia tomar conta de dúzias de crianças. A única criança de quem não lhe era permitido cuidar era a sua própria.

Neste tempo em que ficavam no lar para crianças desamparadas, tais mulheres eram proibidas de receber qualquer visita e não podiam sair do prédio sozinhas. Como questão de boa prática médica, os diretores faziam com que elas tomassem ar fresco periodicamente, mas, nestas ocasiões especiais, eram acompanhadas por *chaperons* e escoltadas para fora dos muros da cidade para evitar atenção indesejada.

Antes do século XVI, a linha que separava as mulheres casadas das solteiras não era clara, e a “legitimidade” de uma criança não era realmente um problema. Mas tudo mudou neste século, quando a Igreja, rechaçando a nova ameaça que era o protestantismo, apertou mais os pontos com relação ao casamento. A ilegitimidade foi estigmatizada, e as solteiras que ficavam grávidas encontravam a ruína. Para piorar a situação, a Igreja acreditava que a mulher sozinha era responsável pela gravidez. Exceto quando um estupro podia ser provado – e os padrões para a prova eram muito rigorosos –, as autoridades não deveriam perguntar pelo pai do bebê. A proteção aos homens em relação a tais pesquisas de paternidade – justificada pela necessidade de proteger a família, pois havia a presunção de que muitos deles eram casados – foi uma das muitas leis papais que foram mantidas pelo recém-criado Estado italiano.

Quando Amalia passou pelo pátio, ela não deve ter visto nenhuma destas mulheres. Ela pôde, porém, ter visto de relance outras que se amontoavam nas alas do *palazzo.* Duzentas mulheres, com idades variando da pós-adolescência à senilidade, moravam ali, mulheres que começaram a vida dentro daqueles muros. Assim como os diretores do lar para crianças desamparadas buscavam proteger a honra das solteiras, também se sentiam responsáveis pela honra das meninas deixadas lá. O pagamento mensal a famílias que cuidavam dos órfãos cessava quando a criança fazia 15 anos. Os garotos, então, estavam por conta própria. Para o lar para crianças desamparadas, o ideal era que a menina continuasse na casa da mulher que a criou, ganhando a vida auxiliando-a em seu trabalho. O seu destino dependia do casamento, o qual o lar para crianças desamparadas encorajava cedendo um dote. Ainda assim, mesmo com um dote, algumas jamais foram bem-sucedidas em encontrar um parceiro. Para salvaguardar a honra destas mulheres desafortunadas, o orfanato as aceitava de volta. Com isso, algumas viviam ali por mais de 60 anos, sendo o custo por seu sustento amortizado pelo trabalho que faziam, costurando as roupas e lençóis dos órfãos.

Amalia deve ter percebido algumas destas senhoras carregando roupa suja pelo pátio, mas outro lugar chamou sua atenção. Levada a uma sala separada, mandaram que esperasse. Não muito tempo depois, um homem que ela saberia mais tarde ser o dr. Pinzani entrou. Amalia pegou os papéis que guardara cuidadosamente desde que saíra de casa naquela manhã e entregou a ele. Com todas as mulheres de Oreglia que fizeram aquela viagem antes dela, não faltaram vizinhos para avisá-la sobre o que precisaria. Para receber uma criança, uma mulher teria de levar um atestado médico informando não apenas sua boa condição de saúde e a boa qualidade de seu leite, mas também a boa saúde do marido. Ela também tinha de apresentar um atestado de sua boa moral. Em anos anteriores, isso era fornecido pelo pároco local, mas agora, com o fim dos Estados papais, era emitido pela prefeitura. Finalmente, precisava de um atestado para provar que o seu próprio bebê não morrera nem tinha mais de 12 meses.

O médico disse-lhe para se deitar na mesa de exames. Olhou-lhe os olhos e a garganta. Sentiu suas glândulas e, então, para o seu maior constrangimento, levantou a saia e examinou suas partes íntimas. Por séculos, aqueles que buscavam uma ama de leite eram alertados a procurar por qualquer sinal de sífilis em uma mulher, e o médico queria ser cauteloso. Como um tratado britânico sobre obstetrícia assinalava em 1673: "Ela deve ser muito saudável... não ter manchas, nem o menor sinal de doença venérea... sem escaras, coceiras, queimaduras ou outra imundície de qualquer natureza."[1] Satisfeito com o que viu, o médico mandou que levantasse o vestido de lã caseiro e cuidadosamente apalpou seus seios. Observou os mamilos, então apertou cada um dos seios até que o leite começasse a esguichar. Amalia pensou nervosamente se o médico estava satisfeito. Sabia que, segundo os vizinhos, tinha a idade certa, porque o lar para crianças desamparadas preferia mulheres jovens, mas também ouviu dizer que as mulheres que amamentaram os filhos por tanto tempo como ela fez eram consideradas como tendo leite velho. O lar para crianças desamparadas preferia as mulheres cujos filhos tinham morrido nos primeiros meses de vida, pois seu leite era mais fresco. Este era o outro motivo que tornava mais fácil para o orfanato conseguir boas amas de leite durante o inverno, pois nesta época mais crianças morriam, vítimas de doenças respiratórias que assolavam as frígidas casas de famílias montanhesas.

Solicitada a vestir as roupas novamente, Amalia não poderia se sentir mais desconfortável. O médico chamou uma enfermeira e falou baixo para que Amalia não ouvisse. Ambos saíram deixando-a sozinha, olhando as paredes, no entanto não poderia precisar o tempo que se passou. Se houvesse um relógio na sala de exames, ela ainda não poderia saber, porque não sabia ver as horas.

Finalmente, a enfermeira e o médico voltaram, ela segurava uma menina envolta numa manta. À primeira visão do bebê, Amalia, que imaginara este momento por meses e pensara como se pareceria o bebê, ficou horrorizada. Não se parecia nada com a própria filha, Adele, que sempre foi a imagem da saúde. Enojada, ela entendeu que havia alguma coisa errada com aquela criança magrela e choramingona que a enfermeira lhe entregou.

Amalia falou ao médico que não queria o bebê. No entanto, ele replicou que ela não tinha escolha. Se pensava ser boa demais para pegar, ele disse, alguma outra pessoa que não fosse tão seletiva logo apareceria. Se Amalia pegasse a criança, o médico acrescentou, ela receberia nove liras por mês. Caso contrário, não receberia nada.

Amalia não poderia encarar o fato de voltar para casa de mãos vazias, mesmo que tivesse o dinheiro para comprar a passagem de volta. Além disso, não sabia o que faria se tivesse de sair sem conseguir o dinheiro da passagem que o orfanato lhe daria.

Novamente, ela implorou ao médico que lhe deixasse levar algum outro bebê, saudável, mas de novo ele recusou. Relutante, ela pegou a criança chorosa.

A enfermeira aconselhou Amalia a cuidar bem do bebê. Jamais deveria amamentar novamente sua própria filha, porque seu leite pertencia agora ao lar para crianças desamparadas. Também mostrou-lhe um medalhão de chumbo preso ao pescoço do bebê; foi amarrado de tal maneira que não poderia ser retirado. Nele estava o nome da criança, Paola Olivelli, junto com o ano em que chegou ao orfanato e o número que a identificava nos registros. A enfermeira alertou Amalia a jamais retirar o medalhão do pescoço do bebê.

O fato de Paola ter um sobrenome era um sinal da mudança dos tempos. Antes do século XIX, à maioria dos órfãos na Itália era dado apenas um prenome, caso tivessem um sobrenome, seria o mesmo que era dado a todos os bebês. Por seguir esta prática, durante séculos os órfãos de Bolonha foram chamados de *Degli Esposti* (*esposti* é a palavra italiana para "órfãos"), e centenas de milhares de bebês abandonados no lar para crianças desamparadas de Nápoles foram chamados Espósito. Os bebês do imenso orfanato de Milão eram chamados Colombo (por causa de *colombo*, ou pombo, o símbolo do lar, cuja escultura adornava o brasão). O legado de tal prática – e uma herança à infância abandonada em larga escala na Itália do passado – é que Espósito e Colombo, respectivamente, são o quarto e o sétimo sobrenomes mais comuns na Itália de hoje. Foi apenas no século XIX que os moralistas começaram a se preocupar com o estigma que os órfãos sofriam pela falta de parentesco tão publicamente à vista. A campanha começou dando a cada criança um sobrenome distinto, o que não era uma questão muito fácil em lugares como Milão, onde, nos primeiros anos do recém-criado Estado italiano, a equipe do lar para crianças desamparadas teve de inventar mais de 5.500 sobrenomes a cada ano.

Só quando já estavam no trem, indo para casa, Amalia tirou Paola da manta para examiná-la mais cuidadosamente. O que viu a fez estremecer. O corpo do bebê era malformado, o peito estranhamente torcido. E algo mais estava errado. No orfanato, Amalia havia notado que os olhos de Paola pareciam transparentes. Agora, ao examinar mais de perto, percebeu que o bebê era cego.

*Capítulo 3*

# Os primeiros sinais

Barbieri estava hipnotizado pela história de Amalia e acostumava-se com seu pesado sotaque do interior. Porque Monghidoro, sua cidade natal, não era distante da vila dela, a compreensão era mais fácil do que seria para muitos de seus colegas. O pai de Barbieri, um notário, havia sido um dos cidadãos mais proeminentes da cidade, oficiando vendas de terras, testamentos e inúmeras outras transações. Embora sua família tivesse se mudado para Bolonha quando ele era jovem, muitos dos seus serviços vinham da velha cidade nas montanhas, onde ainda possuíam terras.

Amalia prosseguiu com seu relato.

Quando voltou para casa naquela tarde, disse ela, encontrou todos lá: o marido, Luigi Migliorini, que, aos 32, era nove anos mais velho que ela, a pequena Adele, os sogros, os dois irmãos e a irmã do marido, todos que trabalhavam na fazenda. No dia seguinte, a família de Amalia, que vivia perto, veio conhecer o bebê de Bolonha. Para o pai de Amalia, a criança só trazia lembranças tristes, pois também começara a vida no lar para crianças desamparadas de Bolonha.

Os dois lares eram intimamente ligados. Antes de Amalia se casar com Luigi, o irmão mais velho dela, Alfonso, casou-se com a irmã de Luigi, Elisa, e, um ano antes do nascimento de Adele, tiveram gêmeos. Segundo a tradição, no casamento, todo homem levava a mulher para viver na casa dos pais dele, então Amalia e a cunhada tinham trocado de casas.

Barbieri podia visualizar o tipo de residência escura na qual Amalia morava. Ele sabia que, para atravessar o inverno, a família dela contaria com as castanhas que coletaram na floresta no outono, junto com todo o milho que sobrou da safra. As hortaliças que plantavam – a couve-flor, os tomates e as alcachofras – teriam acabado havia muito tempo quando ela voltasse para casa. Sem dúvida, pensou Barbieri, eles tinham seu pequeno galinheiro, de que Amalia e outra mulher tomavam conta, mas trocariam os ovos por produtos mais prementes e comeriam as galinhas somente em ocasiões especiais. Poderiam também plantar uvas para o vinho branco, mas não se permitiriam o luxo de bebê-lo sem adição de água, para que rendesse mais. O vinho aguado ajudava-os a engolir a polenta com pão preto velho. Barbieri também sabia que Amalia jamais comeria suas refeições à mesa. Entre os camponeses, apenas os homens ficavam sentados, o patriarca na cabeceira, enquanto as mulheres serviam. Após o jantar, nas noites frias, todos iriam para o celeiro, o calor das vacas ajudando-os a se aquecer, enquanto as mulheres juntariam o cânhamo e a lã em um fio e então teceriam as roupas da família.

A casa de Amalia era feita com as pedras da região, escolhidas de forma que pudessem ser colocadas umas sobre as outras usando o mínimo de argamassa; as janelas eram pequenas para proteger do frio do inverno e do calor do verão. Imensas placas lisas de pedra formavam o piso e uma íngreme escada de madeira levava ao quarto acima, onde nem a própria Amalia poderia ficar ereta sob o teto inclinado.

Embora as poucas escolas, de uma sala apenas, estivessem espalhadas ao redor de Vergato, Amalia jamais esteve numa. Quando tinha 10 anos, o Parlamento promulgou uma lei obrigando todas as crianças a frequentar três anos de curso primário, mas nenhuma escola de Vergato ficava perto de sua casa.

Amalia esperava que acolher um órfão lhe desse mais status na casa do marido e tornasse a vida mais fácil, porém logo descobriu seu erro. O bebê estava piorando. Não somente chorava o tempo todo, mas mamava pouco – um doloroso contraste com relação a Adele, que sempre mamava feliz. Preocupada com que seu leite secasse, começou a amamentar a filha novamente. Enquanto Adele tirava uma soneca facilmente e dormia a noite inteira, Paola raramente tirava uma soneca e permanecia acordada, chorando o tempo todo. Amalia pensou que, se ela conseguisse comer alguma coisa, começaria a dormir. Tentou que Paola engolisse um pouco de sopa de pão. Quando isso não funcionou, ela fez algumas panquecas com farinha de castanha, mastigou-as, então tirou a papa da boca, colocou na ponta do dedo e tentou fazer com que aquele bebê choroso engolisse. Nada funcionava.

Com todas aquelas mulheres ao redor que tiveram experiências com órfãos – algumas amamentaram três, quatro ou até mais –, Amalia esperou encontrar algum conselho. No entanto, só podiam sentir pena dela e de sua má sorte.

As coisas apenas pioraram. Não somente Paola não comia, mas seu nariz escorria constantemente e, ainda mais preocupante, começou a secretar um líquido amarelo estranho que descia de seu lábio. Ao mesmo tempo, Amalia notou que o hálito do bebê tinha um cheiro acre. Certo dia, quando trocava a menina, notou minúsculas feridas brancas, mais ou menos do tamanho da cabeça de um alfinete, nas costas. Ao tocá-las, surpreendeu-se com sua dureza. Logo apareceu uma erupção vermelha ao redor das feridas que rapidamente se espalharam pelo interior das coxas de Paola. Alarmada, Amalia decidiu levar a menina ao médico.

Se Barbieri considerava-se um campeão dos oprimidos, o portador da iluminação científica a uma sociedade mergulhada nas trevas da ignorância, Carlo Dalmonte, o médico da cidade de Vergato, era seu equivalente rural. O que ele descobriu quando Amalia trouxe o bebê mexeu com toda sua fúria moral.

Toda cidade do interior tinha um ou dois médicos na folha de pagamentos que ofereciam assistência gratuita aos cidadãos. De fato, a metade dos médicos da Itália naquele tempo era de cidades pequenas, normalmente por um período de três anos. Mal pagos, eles provavelmente vinham da classe média baixa da sociedade rural e misturavam-se com outros de posição similar – professores, párocos e assim por diante. Em 1875, apenas dois anos após ter colado grau na Universidade de Bolonha, Dalmonte foi nomeado médico da cidade de Vergato, posição que ocupou pelo resto de sua vida.

Era um veterano em lidar com as amas de leite locais. Não demorou muito para notar o sofrimento que os órfãos traziam para as famílias montanhesas. Pouco depois de ter tomado posse, duas jovens mulheres foram até ele com sintomas de sífilis, que haviam contraído de órfãos que amamentavam. Enraivecido, mandou o que se tornou a primeira de muitas reclamações às autoridades.

Por uma certa quantidade de mães de órfãos ter sífilis – especialmente comum entre as prostitutas de Bolonha, as quais eram as clientes mais leais do lar para crianças desamparadas –, não era difícil que um órfão nascesse com a doença. Soldados temporariamente lotados em Bolonha eram a causa mais comum de contágio entre as mulheres, tanto quanto os homens que visitavam prostitutas e transmitiam a doença para suas amantes.

Nos anos seguintes, o jovem médico de Vergato continuou a reclamar a respeito do orfanato, furioso com a quantidade de mulheres infectadas pelos órfãos que amamentavam. Em 1883, entrou em contato com a secretaria de saúde da província, protestando que, apesar de ter escrito três anos antes, o orfanato não havia feito nada para melhorar seus procedimentos. Relatou em detalhes o caso mais recente: uma mulher levou um bebê doente de volta ao lar para crianças desamparadas e conseguiu outro bebê para amamentar. O primeiro morreu de sífilis, e a própria ama de leite logo mostrou sinais da doença, subsequentemente infectando também o bebê saudável. Dalmonte tentou persuadir as autoridades a abordar a negligência do orfanato, a qual, ele lamentou, havia causado sofrimentos incalculáveis.

A secretaria de saúde encaminhou a queixa ao lar para crianças desamparadas, e, dois meses depois, os médicos da instituição explicaram-se minuciosamente. Sugeriam que os diagnósticos de

Dalmonte não poderiam ser confiáveis e não era incomum que famílias camponesas culpassem o orfanato por uma doença que contraíram devido ao seu próprio comportamento imoral. Reconhecia-se, acrescentaram os médicos, que algumas mulheres realmente contraíam sífilis dos órfãos que amamentavam; no entanto, não poderiam fazer nada a respeito. Com frequência, os bebês mostravam os primeiros sinais da doença somente aos dois ou aos três meses de vida, ou até mesmo mais tarde. Para que os médicos do orfanato esperassem tanto tempo antes de mandar os bebês para as amas de leite, precisariam de um prédio 10 ou 20 vezes maior do que o que já tinham. Mesmo com um edifício tão descomunal, a quantidade daqueles que morreriam antes de ser amamentados era tão assustadora que tal atitude, de esperar pelos primeiros sinais da doença, era impensável.

Em 1887, Dalmonte abordou novamente o problema, em reação às novas diretrizes do ministro da Saúde sobre a sífilis. Em uma reunião da secretaria de saúde de Vergato, ele argumentou que era perigoso confiar em testemunhos médicos de que a mãe de uma criança não tinha sífilis ao decidir se o bebê corria risco, como as diretrizes sugeriam. A ciência médica sabia, prosseguiu ele, que a sífilis poderia ser transmitida a uma criança diretamente pelo esperma do pai tão facilmente quanto pela própria mãe. Nisso, Dalmonte compartilhava a opinião da maioria dos especialistas da época, tal engano foi finalmente enterrado apenas no século XX.

Quando Amalia levou a pequena Paola para Dalmonte ver, em abril de 1890, ele puxou-lhe o lábio e examinou as feridas. Murmurando algo para si mesmo, falou a Amalia, assustada, para jamais dar de mamar ao bebê de novo, e a fez prometer que levaria Paola de volta ao orfanato sem demora.

Na manhã seguinte, 11 de abril, Amalia partiu para Bolonha, refazendo o mesmo caminho de 18 dias antes. Desta vez, a mulher no portão do lar para crianças desamparadas a levou a um aposento diferente, onde ela logo se encontrou com um médico diferente. Emanuele Bruers, o médico assistente do orfanato, deu uma olhada rápida no bebê, que, além de todos os problemas, não se alimentava havia 24 horas. Amalia tirou do vestido o papel do dr. Dalmonte e entregou-o a Bruers. Após ler a folha, ele disse-lhe que não deveria amamentar bebê nenhum por pelo menos um mês. Toda manhã, instruiu-a, deveria procurar por quaisquer sinais de feridas no corpo, especialmente ao redor dos mamilos. Se visse alguma coisa, deveria retornar ao orfanato imediatamente. Assustada e confusa, Amalia apressou-se rumo à estação para a longa viagem de volta.

Barbieri permaneceu um ouvinte paciente, entendendo que o cerne da história de Amalia, a razão para ir ao seu escritório, estava para ser contada.

Não ter mais aquele bebê chorão em casa era um grande alívio, admitiu Amalia, mas, nos primeiros dias, não conseguia tirar da cabeça a imagem do dr. Dalmonte irado, xingando o lar para crianças desamparadas e dizendo-lhe que foi tola em pegar um bebê tão doente. Pensava também no frio dr. Bruers, que lhe dissera que fizera bem em trazer o bebê de volta, mas a alertara de que deveria ficar atenta a quaisquer feridas estranhas.

Tudo isso significava que, nos próximos dias, Amalia teria dificuldade de pensar em outra coisa. Sempre que conseguia se afastar dos olhos dos sogros, ela dava uma olhadela sob o vestido para ter certeza de que tudo estava bem.

Foi tudo bem nas primeiras três semanas e ela começou a pensar menos em Paola e nos dois médicos, quando, numa manhã, pouco depois de acordar, sentiu algo um tanto esquisito ao redor do mamilo esquerdo. Logo que pôde, foi para fora, encontrou um lugar onde não poderia ser vista e desabotoou a blusa. Na pele marrom-escura do mamilo havia uma pequena depressão estranha. Pressionou-a, mas não doeu. De fato, contou a Barbieri, se não tocasse, não poderia sentir nada. Lembrou-se do que o médico do orfanato lhe dissera, mas certamente, pensou – ou pelo menos ansiou –, aquilo não era nada que valesse a pena mencionar. Ele riria dela se fizesse aquela longa viagem até Bolonha por causa disso.

Embora Amalia tentasse ignorar a marca no mamilo, não conseguia resistir a olhar a qualquer momento em que estivesse sozinha. Continuou tentando se convencer de que aquilo era inofensivo, mas certo dia começou a crescer, e, no local da depressão, uma pequena protuberância tomou forma. Saiu da casa, encontrou um lugar onde poderia ficar sozinha e olhou cuidadosamente. Estava bem acima da ponta do mamilo saliente, redonda e dura na beirada, com uma depressão no centro e uma estranha cor acinzentada.

Amalia estava assustada, mas prosseguiu esperando que a estranha ferida desaparecesse. Ela não podia encarar o fato de voltar ao lar para crianças desamparadas, onde o taciturno doutor a faria tirar o vestido e lhe apalparia os seios. Ela esperou por mais alguns dias. Finalmente, desesperada para desabafar com alguém, contou a uma amiga. Deveria ir ao médico imediatamente, aconselhou a amiga, sugerindo que, em vez de ir a Bolonha, voltasse ao dr. Dalmonte.

Quando foi isso?, perguntou Barbieri.

Amalia retirou uma folha de papel do vestido e entregou ao advogado, como o médico havia aconselhado.

Barbieri olhou a folha e a leu rapidamente, prestando atenção na data, 15 de junho de 1890, e na assinatura: Carlo Dalmonte, médico da cidade, Vergato. Era um atestado médico com o diagnóstico de sífilis. Tendo examinado Amalia Bagnacavalli naquele dia, o doutor escreveu, havia detectado o crescimento do sifiloma inicial em seu seio esquerdo. Também havia declarado a causa: Amalia foi infectada pela órfã Paola Olivelli.

Barbieri olhou para a frente de novo. O que o doutor contou a ela?, perguntou.

Ele disse, lembrou Amalia, que o bebê lhe passou sífilis e que ela deveria voltar a Bolonha para tratamento. Disse-lhe para não retornar ao lar para crianças desamparadas, porque, segundo ele, os médicos de lá não a ajudariam. Em vez disso, falou sobre um hospital especial no qual saberiam tomar conta de gente como ela. Amalia retrucou que não tinha dinheiro, mas o médico disse que ela deveria pegar emprestado o que precisasse com a própria família e que ele a ajudaria a fazer o orfanato pagar, porque era culpa deles. Ela não foi a Bolonha imediatamente porque não tinha dinheiro e teria de pedir à sogra que cuidasse de Adele, mas foi assim que pôde.

Era a terceira viagem dela para Bolonha em dois meses. Se agora ela se sentia mais segura para chegar à cidade, temia ir ao hospital. Todos sabiam que eram locais aonde as pessoas iam para morrer.

Desde a estação de trem, Amalia levou meia hora até o hospital Santa Orsola, andando pelo lado de fora dos muros da cidade. A clínica não estivera sempre ali. Na época em que os papas governavam Bolonha, era onde ficava a prisão para mulheres. Regularmente, a polícia prendia prostitutas que apresentavam sinais de ser portadoras da doença e as levava para lá, forçando-as a permanecer até que fossem declaradas curadas alguns meses mais tarde.

Na época em que Bolonha tornou-se oficialmente parte da Itália, a cidade ficou sob o domínio do reino de Savoy e de seu governante, o rei Victor Emmanuel II. Entre as novas leis, existia a que regulamentava a prostituição, a qual exigia a criação de um sifilicômio em cada cidade, uma clínica para o tratamento da sífilis. Quaisquer prostitutas que mostrassem sinais da doença deveriam ser presas e levadas para lá. Mesmo em sua nova encarnação sob o Estado italiano, as condições eram cruéis e as mulheres se rebelavam de tempos em tempos, como fizeram em 1876, quando destruíram boa parte do hospital em protesto contra a comida fétida.

Os administradores do governo exigiram que cada prostituta se registrasse com as autoridades locais e mantivesse uma caderneta consigo o tempo todo, a qual teria os carimbos do exame médico quinzenal obrigatório. Estes exames eram tão importantes que o professor Pietro Gamberini, diretor da clínica para sifilíticos de Bolonha, dedicou um capítulo inteiro do seu *Manual das doenças dos órgãos sexuais femininos*, edição de 1869, às melhores técnicas para examinar os órgãos sexuais das prostitutas. Prestou atenção especial aos estratagemas que as mulheres usavam para esconder as evidências da infecção. Em 1886, Gamberini informou que, nos 23 anos anteriores, quase seis mil de todas as internações no sifilicômio de Bolonha eram de prostitutas, a grande maioria das mulheres internadas, embora este imenso número incluísse algumas que foram internadas mais de uma vez. Ele calculou que, ao todo, 3.500 prostitutas diferentes foram tratadas lá.[1]

Um médico francês que administrava uma clínica similar apresentou uma visão perturbadora das mulheres que lotavam seu consultório. Aterrorizadas pelos primeiros sintomas de sífilis que se espalhavam por seu corpo e incapazes de dormir, tais mulheres, dizia o dr. Buret, passavam meses tentando afogar seus medos ingerindo torrentes de álcool e acalmavam os nervos fumando uma quantidade enorme de cigarros. Quando eram trazidas até ele, escreveu, "eram clientes asquerosas, as quais nada poderia macular, quer física ou moralmente – massas ambulantes de podridão". Tão logo passavam pela porta da sala de exames, informava ele, as narinas do médico eram atacadas. "Um odor peculiar dava engulhos", escreveu, e "o diagnóstico já estava pronto. Seria difícil descrever a visão que se apresentava a um médico. A genitália, escondida pela sifílide, algumas vezes já não apresentava uma forma humana." Mesmo assim, informou, um rigoroso tratamento com mercúrio poderia curar a mulher em três ou quatro meses, às vezes até menos.[2]

Amalia não tinha nenhum contato com prostitutas e não sabia quem eram as mulheres na clínica, mas não se pareciam com nenhuma que tivesse visto em Oreglia. Além das roupas estranhas e dos cabelos exóticos, havia algo esquisito a respeito delas. A pele tinha uma cor estranha, salpicada de um cinza horrendo.

Barbieri havia acabado de ler sobre as sofredoras descoloridas. Acompanhou os debates sobre prostituição nos anos anteriores, enquanto ele e seus colegas cruzados discutiam sobre a melhor maneira de regulamentar a velha profissão. Em seu livro, escrito dois anos antes, de fato, citou um informe sobre prostituição em Bolonha escrito pelo diretor da clínica de sifilíticos na qual Amalia entrou, o próprio dr. Gamberini.

O toque acinzentado da pele das mulheres, apesar de poucas terem mais que 30 anos, vinha do mercúrio que os médicos lhes ministravam, injetando com uma seringa ou aplicando na pele como unguento, ou fazendo-as beber em forma de poção. Amalia ficou chocada com as gengivas sem dentes das jovens mulheres, outro efeito colateral do tratamento. E esse, sabia Barbieri, era geralmente o menor dos problemas.

Amalia entregou a folha que Dalmonte lhe deu à enfermeira da clínica. Ela levou-a para uma sala com uma mesa longa e alta e lhe disse que se deitasse. O médico entrou e mandou que levantasse o vestido e tirasse as roupas de baixo. Então falou para que abrisse as pernas e as apoiasse nos suportes ao lado da mesa, com os finais em formato de calçados nos quais colocaria os pés. Humilhada, Amalia fez o que mandaram. Ele a cutucou por dentro com algo frio. Então mexeu para um lado e para outro, antes de dizer-lhe para sair da mesa e sentar-se em uma cadeira. Mandou que levantasse a blusa e cuidadosamente examinou cada um dos seios, pressionando fortemente para baixo o cancro duro do mamilo esquerdo.

Por Amalia não ser prostituta, ela pôde sair, mas o doutor disse-lhe que tinha sífilis e que deveria ser tratada. Protestou que não tinha dinheiro, mas ele explicou que existiam muitas mulheres como ela que foram infectadas ao amamentar órfãos, e que não deveria se preocupar, porque o lar para crianças desamparadas quase sempre pagava pelo tratamento.

Amalia voltou para casa, temendo ter de contar a Luigi, seu marido, o que havia acontecido. A possibilidade de ter de contar aos pais dele era ainda pior. E não demoraria muito, compreendeu, até que todos em Oreglia soubessem o que lhe acontecera.

Por um tempo, todavia, sentiu-se bem. O cancro duro no seio começou a desaparecer e ela esperou que o médico estivesse errado, que talvez não fosse realmente sífilis, ou, se fosse, que a doença tivesse ido embora. No entanto, certo dia, acordou no meio da noite coçando o peito e, quando levantou e acendeu a lamparina, pôde ver a erupção pelo corpo e pelo rosto.

Amalia estava novamente assustada e mais ainda pela ideia de ter de voltar à clínica de sífilis na cidade. Decidiu ver o dr. Dalmonte, na esperança de que ele pudesse ajudá-la.

Tal visita provou ser uma guinada na vida de Amalia, pois a colocou no caminho que levou ao escritório de Barbieri. Durante 10 anos, Dalmonte empenhou-se numa amarga batalha contra o lar para crianças desamparadas de Bolonha, mas era repudiado pelos médicos da cidade e pelos funcionários do Estado como um charlatão do interior. Quando Amalia foi vê-lo em meados de julho, reclamando da erupção, ele decidiu que algo mais deveria ser feito. A última vítima de Vergato seria sua arma. Dalmonte a impeliu a conseguir um advogado e processar o orfanato.

Ela mal soube o que fazer com a ideia, pois o mundo das leis, dos tribunais e dos processos era o mundo dos ricos, nada parecido com aquele que conhecia. No entanto, o médico insistiu. Se ela o ouvisse, falou, tinha uma boa chance de conseguir mais dinheiro do que jamais sonhou.

Amalia declarou que nunca poderia pagar um advogado, mesmo que soubesse como encontrá-lo. Dalmonte explicou que, se conseguissem encontrar um defensor simpático à causa, o mesmo conseguiria com que os juízes lhe dessem auxílio legal gratuito. Se ganhasse, o orfanato pagaria o advogado. Se perdesse, ela não deveria nada a ele e não ficaria pior depois. Quando ela parecia relutar, Dalmonte falou-lhe para pensar na família. Sífilis era uma doença séria e seus efeitos poderiam ser desastrosos. E tudo era culpa do lar das crianças desamparadas, disse ele. Eram eles que deveriam pagar.

O médico disse que lhe daria algo que poderia usar para que o tribunal a ajudasse. Fez um novo esboço da declaração, mais uma vez apresentando o diagnóstico de que Paola tinha sífilis, mas desta vez acrescentou uma acusação específica: de acordo com sua humilde opinião, escreveu, os médicos do orfanato deveriam ter constatado os sinais de sífilis congênita no bebê antes de entregá-lo a Amalia. Em resumo, a negligência deles levara Amalia àquela triste condição.

Ele disse a ela que aguardasse enquanto tentava saber qual advogado de Bolonha pegaria o caso.

Quando Amalia terminou a história, Barbieri, novamente, se perguntou como o médico de Vergato conseguira seu nome. Imaginou que algum amigo de Dalmonte lera seu livro e ficara impressionado com o chamado contra a exploração das mulheres ou com seu argumento de que os tribunais deveriam assumir que os empregadores eram responsáveis pelo dano que causavam aos seus empregados.

Amalia passara boa parte do dia no escritório do advogado, contando sua história. Agora precisava chegar à estação de trem para voltar para casa, pois não tinha onde dormir na cidade. Barbieri tinha muito no que pensar antes de decidir se aceitava o caso. Ele disse a Amalia que informaria sua decisão em poucos dias.

*Capítulo 4*

# Processando o conde

Mesmo que não tenha ficado claro para Amalia neste primeiro encontro, Barbieri ficou imediatamente atraído pela ideia de defender sua causa, apreciando as possibilidades de uma situação como a de um Golias contra um Davi. Processar o lar para crianças desamparadas significava processar a comissão que supervisionava os hospitais de Bolonha. E entrar com tal ação significava, legalmente, acionar o presidente da instituição, o conde Francesco Isolani, um dos principais nobres da cidade. O contraste entre os dois não poderia ser maior. De um lado, uma camponesa analfabeta das montanhas e, conforme o caso foi ganhando forma em sua mente, seu valoroso paladino, um jovem recém-chegado à cidade. Do outro lado, ficava Isolani, rebento de uma das famílias mais aristocráticas de Bolonha, cujos ancestrais tiveram grande influência na cidade por séculos.

Os nobres de Bolonha sofreram um revés quando Napoleão e suas tropas entraram na cidade em 1796, anunciando um período de ocupação francesa que duraria duas décadas. Os franceses encontraram na cidade uma sociedade governada por um pequeno número de nobres e pela Igreja, uma sociedade retrógrada, de cunho medieval. Um observador – mesmo que com algum exagero – descreveu a cidade e seus arredores como formada por "60 ou 70 tiranos e 260 mil escravos".[1] Enquanto as reformas francesas produziram um aumento na quantidade de terra da nova classe burguesa, a aristocracia jamais perdeu o controle. Com a restauração dos Estados papais, em 1814, muitas coisas permaneceram intocadas.

Com a queda do poder papal em Bolonha, em 1859, e a fundação do reino da Itália, dois anos depois, os aristocratas encararam o que se tornou um desafio ainda mais duradouro ao seu poder. Porém, longe de ser relegada à lixeira da história, a família Isolani, junto com muitos de seus pares, fez a transição para o novo regime com desenvoltura extraordinária.

Francesco Isolani tinha a distinção de ter sido o último graduado na Universidade de Bolonha enquanto ambas, a cidade e a universidade, estavam sob domínio papal, colando grau em junho de 1859, poucos dias antes de as tropas do papa e o cardeal representante serem expulsos da cidade. Fez o possível para manter o poder político da família sob as novas condições, tornou-se prefeito da vila rural onde ficavam suas vastas terras e foi eleito para cargos na cidade, na província e no governo nacional.

Mais adiante, o conde consolidou sua posição ao casar-se com Letizia Tattini, filha de um conde e cuja própria mãe, a marquesa Carolina Pepoli, fazia parte de uma das mais proeminentes famílias nobres de Bolonha. Tão vivida e conversadora quanto seu marido era reservado e taciturno, ela se deliciava com o papel de grande dama da sociedade bolonhesa. As tertúlias no *palazzo* Isolani tornaram-se parada obrigatória para qualquer um com aspirações à nobreza, às artes ou à literatura. Também posava de madrinha dos pobres, passando muitas horas na filial da Cruz Vermelha em Bolonha, cujo conselho era presidido pelo marido.

Francesco Isolani também era presidente do conselho da maior companhia manufatureira de cânhamo e presidente de um dos maiores bancos da cidade; seu irmão mais novo era presidente de um outro banco. Dezessete anos antes de Barbieri o conhecer, Isolani havia sido eleito para a Câmara Municipal e, nos 15 anos anteriores, fora chefe de polícia. Eleito representante de Bolonha no Parlamento pela primeira vez em 1876, completou seu terceiro e último mandato praticamente no mesmo dia em que Amalia encontrou Barbieri.

Ainda que Isolani tivesse apenas uma reputação modesta em Roma, para colocar de forma generosa. Tendo trabalhado anos no Parlamento, sem ir nenhuma vez à tribuna para tomar a palavra – na verdade, raramente se importava em ir a Roma para as sessões, que lhe interessavam pouco –, foi descrito no gigantesco volume de 1896 sobre os membros da casa como "um homem de inteligência medíocre".[2]

No entanto, sua presidência no conselho dos hospitais de Bolonha era uma das suas muitas ações de caridade, de certa forma a que melhor o definia e capturava sua profunda noção de *noblesse oblige*. Em 1890, já estava havia 14 anos na presidência. Todo dia em que se encontrava na cidade – quando não estava em uma das propriedades rurais da família –, caminhava alguns minutos do palácio Isolani até o prédio central do hospital, esgueirando-se o melhor que podia pelo mercado lotado, entre os dois prédios.

Não podia passar por estes mercados sem um sentimento de temor, pois os tempos não eram bons. Alguns anos antes, a agricultura, que havia sido a fonte da prosperidade de Bolonha, entrara em crise. Inovações recentes em transporte – trens eficientes e barcos a vapor – levavam a uma competição externa ruinosa, especialmente dos Estados Unidos. Trabalhadores remunerados da agricultura, em vez de 200 dias de serviço, tinham sorte se conseguissem 120. Homens como o conde eram alertados de que suas formas tradicionais de fazer negócios – e a confiança na agricultura e na terra como fontes primárias de riqueza – eram ultrapassadas e que, caso não se envolvessem em atividades econômicas modernas, ficariam na ruína.

Para piorar, a crise só estava alimentando a reputação da cidade como berço de atividades insurrecionais. Os anarquistas de Bolonha – ligados à Primeira Internacional – repetidas vezes haviam planejado rebeliões contra a monarquia italiana nos anos 1870. Um levante em 1874 trouxe o idoso e alquebrado líder anarquista russo Mikhail Bakunin à cidade. Como uma tentativa anarquista similar em Bolonha no ano anterior, esta terminou em fracasso, e Bakunin quase não escapou. Em 1880, muitos líderes anarquistas reconheceram a tolice de sua crença no potencial revolucionário dos camponeses e se voltaram para o movimento socialista, o qual começou a crescer rapidamente. O primeiro membro socialista no Parlamento da Itália, Andrea Costa, que assumiu em 1882, era da região de Bolonha e foi um dos líderes do fracassado levante de 1873. Durante os anos 1880, a área rural de Bolonha foi um fértil campo de recrutamento para os socialistas. Camponeses formaram ligas combativas e as greves rurais que organizavam causavam medo aos donos de terra.

O conselho do hospital de Isolani era relativamente novo, um produto da reorganização da saúde e da seguridade social que veio com o fim dos Estados papais. Com sua vasta rede de famílias rurais cuidando dos órfãos, o lar para crianças desamparadas era a maior instituição sob os auspícios de Isolani, maior que qualquer hospital da cidade. Era também o que lhe causava mais problemas. Não somente o lar tinha de encontrar amas de leite para cada um das centenas de bebês abandonados todo ano, mas todo mês tinha de mandar o pagamento para as milhares de famílias do campo que cuidavam deles, enquanto se certificava de que todas as crianças eram bem tratadas. A maior preocupação do orfanato nesta vigilância era evitar a fraude, pois não era raro uma família tentar manter seus pagamentos mensais muito depois de o órfão que eles cuidavam ter morrido.

Porém, de todas as dores de cabeça que o lar para crianças desamparadas causavam ao conde, a pior vinha do número aparentemente sem-fim de jovens mulheres do campo que, havendo contraído sífilis dos órfãos que lhes foram dados, culpavam o hospital por seu infortúnio. Tais queixas estavam levando a um aumento dos questionamentos desagradáveis do governo central sobre o porquê da administração do hospital não conseguir resolver o assunto. Servia de pouco consolo para Isolani a situação ser ainda pior em outras cidades italianas: em Milão, sabia ele, dúzias de amas de leite eram infectadas pelos bebês do orfanato todos os anos, mas, por alguma razão, ninguém parecia se preocupar.

Que a sífilis podia ser transmitida pela amamentação já era sabido, praticamente desde a época em que a doença apareceu pela primeira vez na Europa, e isso era mencionado em um texto médico latino de 1498.[3] O contato constante da boca do bebê com o mamilo da ama de leite põe a mulher em risco extremo. Como o sifilologista francês do século XIX Alfred Fournier observa: "Nada é tão perigoso ao ambiente quanto uma criança sifilítica."[4] Com a sífilis tão disseminada – estimava-se que 10% de todos os homens das cidades europeias tinham a doença –, diretores de orfanatos estavam desesperados. Em Lion, na França, onde nos anos 1880 órfãos infectavam cerca de 15 amas de leite a cada ano, teve de ser aberta uma enfermaria especial no hospital somente para lidar com todas as mulheres que caíam doentes.[5] Num congresso médico russo, em janeiro de 1891, um médico do governo informou que nos últimos três anos de que, tiveram estatísticas, haviam tratado de 136 amas de leite em Moscou que contraíram sífilis.[6]

Para piorar ainda mais, tais mulheres sempre causavam um amplo contágio em suas vilas isoladas. Periódicos médicos estavam repletos de exemplos dramáticos. Um destes, embora extremo, era relativo a um bebê sifilítico no Sudeste da França que infectou a ama de leite. Quando ela ficou doente e o leite secou, algumas vizinhas tentaram amamentar o bebê em seu lugar. Elas também logo encontraram feridas nos seios, e, não muito tempo depois, seus próprios filhos tinham os sintomas. Enquanto isso, para auxiliar as mulheres depauperadas, amigas e parentes amamentavam os bebês e logo elas e as crianças contraíram a doença. Dizia-se que, ao todo, mais de 40 mulheres e crianças pegaram o mal de um único bebê sifilítico. Em uma conferência sobre saúde pública de 1875, um médico de São Petersburgo, Rússia, informou que, numa comunidade camponesa em seu distrito, oito mulheres que trabalharam como amas de leite para o orfanato local voltaram para casa com sífilis e terminaram infectando 60 pessoas.[7]

A Itália tinha a distinção duvidosa de ser o local dos primeiros casos de sífilis na Europa. Em setembro de 1494, o jovem rei francês Carlos VIII comandou seu exército a caminho do Sul da península italiana, no intuito de conquistar o reino de Nápoles. Acompanhando seus 26 mil soldados estavam 500 prostitutas. Depois de um curto cerco a Nápoles, Carlos VIII entrou triunfante na cidade e proclamou-se governante do reino. Mas logo soube da ameaça às suas linhas de suprimentos vinda das tropas leais ao papa e ordenou uma retirada urgente. Foi então que ouviu falar do terrível novo mal que se espalhava rapidamente entre seus soldados, uma forma estranha de varíola que lhe devastava o exército. Apesar de a família nobre que na época governava Bolonha ter permitido a marcha do rei francês por seu território a caminho de Nápoles, ao saber que a horrível epidemia o alcançou, recusaram-se a deixá-lo voltar. No entanto, tais medidas não coibiram a nova doença, e, em 1496, o povo morria das formas mais hediondas possíveis, de Palermo até Milão. O próprio rei francês não foi poupado, sofrendo uma morte agonizante aos 28 anos de idade.[8]

Pelos quatro séculos seguintes, a sífilis foi o tormento da Europa. Suas vítimas não apenas experimentavam a terrível dor física como também, dada sua associação ao sexo ilícito, o estigma social. Clérigos e moralistas declaravam que o sofrimento dos doentes era castigo divino merecido.

Em retrospecto, o século XIX foi como o pináculo da sífilis na Europa, embora não porque a doença fosse necessariamente mais generalizada e certamente não porque ficou mais virulenta, pois a habilidade do povo em sobreviver havia aumentado com o tempo. Quando a sífilis apareceu pela primeira vez, os doentes frequentemente morriam em alguns meses. Porém, como ocorre com muitos micróbios, com o tempo apareceram mutações que permitiram aos infectados viver mais, também perpetuando a vida da patogenia em si. O que parecia tão notável com respeito ao século XIX era o quão comum a doença se tornou entre a elite aristocrática da Europa. Os homens suspeitos de sofrer da doença – Ludwig van Beethoven, Franz Schubert, Robert Schumann, Charles Baudelaire, Gustave Flaubert, Guy de Maupassant, Vincent Van Gogh e Oscar Wilde, para citar alguns – eram os luminares artísticos daquele tempo. Apenas um ano antes de o primeiro sifiloma de Amalia eclodir, o filósofo Friedrich Nietzsche, com 44 anos, visitou a Itália e, em uma rua de Turim, sofreu seu primeiro ataque público de loucura, um dos sintomas normais da doença.

Foi também no século XIX que a classe médica debateu acaloradamente sobre a natureza da sífilis e como a moderna ciência poderia tratá-la. Entre os médicos mais proeminentes estava Philippe Ricord, que nasceu em Baltimore em 1800, radicou-se em Paris desde jovem e terminou clinicando para os sifilíticos da elite francesa. Ridicularizado por um afamado médico de Boston que estudou em Paris como "o Voltaire da medicina pélvica", Ricord era tão exigido pela clientela da classe alta que tinha cinco salas de espera em sua casa. Criou sua reputação, demonstrando que sífilis e gonorreia eram doenças distintas – um ponto que foi discutido por séculos. Provou-o, com o espírito científico da época, ao inocular pus gonorreico em 2.500 pessoas – inclusive muitas prostitutas parisienses –, mostrando que subsequentemente elas desenvolviam gonorreia e não sífilis.

Em 1879, o médico alemão Albert Neisser identificou a *Neisseria gonorrhea* como a causadora da gonorreia. No entanto, a reputação de Neisser ficou abalada após uma experiência que idealizou em 1895. Acreditando que uma injeção de soro sifilítico conferiria imunidade à doença, inoculou-o em jovens prostitutas alemãs – a mais nova com apenas 10 anos de idade. Quando as garotas caíram doentes, o público ficou escandalizado.[9]

Na Itália do final do século XIX, a sífilis era vista como uma crise de primeira monta na saúde pública, algo que a ciência moderna precisava discutir o mais vigorosamente possível. Instigado pelos informes da epidemia de sífilis transmitida pela amamentação, em 1887, o ministro da Saúde decretou regulamentos enfocando o problema diretamente. Quando o conde Isolani recebeu uma cópia deles do prefeito, pediu uma revisão nos procedimentos do lar para crianças desamparadas de Bolonha.

A maioria dos bebês deixados no orfanato, responderam os médicos, era trazida pelas parteiras um dia ou dois após o nascimento. Elas não podiam deixar as crianças sem preencher um formulário que perguntava se a mãe do bebê tinha algum sinal de sífilis.

Infelizmente, disseram os médicos, tal medida não resolveu o problema. No ano anterior, dos bebês que chegaram com atestados informando que as mães não apresentavam qualquer sinal de sífilis, 17 desenvolveram a doença e sete deles infectaram as mulheres que os amamentavam. Dos 21 bebês deixados com certificados que indicavam a suspeita de sífilis materna, quatro desenvolveram a doença. Em resumo, mais crianças sifilíticas vinham de mães com atestados de não portarem a doença do que daquelas com o certificado de tê-la.

Além dos bebês entregues pelas parteiras, outros – mais ou menos um quarto do total do orfanato – eram trazidos diretamente da maternidade. O fato de a maternidade de Bolonha ficar em frente ao lar para crianças desamparadas não era coincidência. Como um dos homens responsáveis pelo orfanato de Milão observou, as instituições eram "dois ramos do mesmo tronco da árvore da bondade".[10] Uma respeitável mulher casada jamais iria a um hospital para dar à luz. Somente aquelas que desejavam esconder a gravidez e a criança tinham razões para ir lá. Apenas alguns anos antes da queda dos Estados papais, o hospital-maternidade de Bolonha, coligado com o orfanato sob uma administração comum, ficou sob a autoridade de Isolani. Os regulamentos do hospital especificavam que somente solteiras seriam internadas e apenas quando entrassem no oitavo mês de gravidez.

O conde não esperou pela diretiva governamental de 1887 para investigar o problema. Nove anos antes, pouco depois de tornar-se presidente do conselho do hospital, pediu ao médico diretor do orfanato que determinasse a dimensão do problema da sífilis. A resposta foi grave: nos 10 anos anteriores, 276 órfãos foram acometidos de sífilis. E os informes mais recentes revelavam um padrão ainda mais preocupante: no decorrer dos anos 1880, 34 ex-amas de leite contataram o hospital, alegando que foram infectadas com a doença.

Enquanto pensava sobre a diretiva de 1887 e a resposta dos médicos, o conde se viu diante de um número crescente de reclamações, algumas trazidas por prefeitos da área rural e, em um desenrolar aflitivo, uma ou duas por advogados ameaçando com processo em nome de seus clientes sifilíticos. Mesmo assim, Isolani não parecia excessivamente preocupado, pagando a uma mulher a quantia irrisória de 15 liras e, em outros casos, simplesmente informando aos queixosos que, o que quer que tivesse acontecido a eles, nem o lar para crianças desamparadas nem o conselho do hospital eram responsáveis.

No que se seguiu à visita de Amalia a seu escritório, Barbieri refletiu longamente sobre o que deveria fazer. Homem de convicções fortes, gostava de ver a si mesmo como o defensor de um governo mais científico, um protetor dos pobres. Porém, também tinha profundas ambições.

Ele fazia parte de uma classe no novo Estado italiano que tentava afirmar seu direito à superioridade; sua família era típica daquelas que viram na unificação da Itália uma chance de exercer o seu papel. Eram estes tipos de pessoas que estavam entre os entusiastas da derrota dos velhos regimes, os quais haviam dividido a península italiana em uma colcha de retalhos de ducados, reinos e ocupação estrangeira. As terras governadas pelos papas, os Estados papais – estendendo-se de Roma até Bolonha –, eram o epítome destas velhas atitudes, formando um crescente no centro da bota italiana.

Os filhos da classe média sentiram que deviam provar-se iguais em valor moral e status social às velhas elites, mas, para Barbieri, esta motivação ia mais fundo. Quando tinha 14 anos, seu pai foi julgado e considerado culpado sob a acusação de operações financeiras ilegais. Oito anos depois, quando estava para começar a carreira advocatícia, seu pai foi preso por fraude pelo Tribunal de Apelações de Bolonha. Augusto ficou tão envergonhado que, anos mais tarde, quando o pai morreu, recusou-se a aceitar a herança.

Barbieri aliou-se a um grupo de outros jovens ambiciosos da cidade, associados à esquerda moderada; seu local de reuniões era a redação do jornal *La Patria*, para o qual Barbieri escrevia artigos ocasionais. De fato, nos primeiros anos de carreira, dedicava mais tempo ao jornalismo e aos debates inflamados com outros jovens progressistas do que à prática legal. Além de escrever para o *La Patria*, contribuía com artigos para jornais em Roma e Milão.

Era época de polêmicas ferozes, dirigidas tanto a outros grupos da esquerda quanto à direita. Barbieri e seus concidadãos sentiram-se especialmente intimidados pelo movimento socialista, o qual se espalhava rapidamente naquele momento, vendendo a esperança de uma nova utopia entre os camponeses e também entre a crescente classe trabalhadora urbana. Apesar de Barbieri e seus amigos verem-se como os defensores dos desafortunados da sociedade, estavam convictos de que eram os homens educados de sua classe que poderiam governar corretamente. Como resultado, viam nos socialistas uma ameaça, não somente às suas posições políticas e econômicas, mas também à sua reputação moral. Passavam a maior parte do tempo livre na minúscula redação do jornal, apesar de sua localização infeliz – a entrada ficava espremida entre o mictório público e o açougue de carne de cavalo. Envoltos em uma espessa fumaça de cigarros, discutiam visceralmente as últimas notícias da política, gritando para se fazerem ouvir, os braços gesticulando loucamente.

Eram tempos inebriantes de mudança histórica, quando era excitante ser um jovem que poderia suplantar a velha elite e alcançar uma posição privilegiada em uma dramática mudança de ordem. Aos 28 anos, Barbieri já era um autor publicado, tinha uma esposa grávida que em breve daria um irmão para seu filho de dois anos e fazia parte de um círculo de reformadores politicamente ambiciosos. Era hora de arriscar. Convenceu-se de que defender a causa de Amalia poderia, se encaminhada corretamente, fazer sua reputação como a grande promessa entre os advogados de Bolonha.

Primeiro, deveria ter um contrato formal rascunhado. Porque ela parecia relutante em fazer outra viagem até a cidade e porque ele teria de envolver o marido dela no assunto, localizou o notário de Vergato e mandou-lhe instruções. Em 16 de agosto, Antonio Polami, o notário, enviou um mensageiro com um bilhete para Amalia. Ela e o marido Luigi precisavam vê-lo na manhã seguinte. Amalia, que esperava ouvir notícias de Barbieri, estava ansiosa para saber a resposta.

Em seu escritório, Polami mostrou a Amalia e Luigi o documento que preparara cuidadosamente de acordo com as especificações de Barbieri. Dizia: Amalia Bagnacavalli, com a permissão do marido – não era permitido às mulheres na Itália tomar ações legais sem o consentimento do marido –, e Luigi Migliorini, em pleno gozo de seus direitos, autorizavam Barbieri a representá-los em quaisquer assuntos pertinentes à ação que levavam às autoridades judiciais com referência ao caso contra o hospital dos desamparados de Bolonha. Eles não deveriam tomar qualquer providência sem a aprovação dele.

O notário leu o documento para o casal e perguntou se eles eram capazes de assinar o próprio nome no mesmo. Luigi disse que ele sim, mas Amalia, não. Ao pé da página, Luigi, com muito esforço, assinou seu nome. O processo de Amalia contra o lar para crianças desamparadas, o conselho administrativo do hospital e seu presidente, conde Francesco Isolani, estava prestes a começar.

*Capítulo 5*

# O tratamento com mercúrio

Quando o conde sentou-se à sua mesa no escritório do conselho do hospital naquela quarta-feira, 10 de setembro de 1890, encontrou uma carta marcada no lacre pelo selo do Tribunal Civil e Criminal de Bolonha. Havia sido entregue cedo naquele mesmo dia ao porteiro do *palazzo*, que subira as escadas de mármore, levando-a ao escritório de Isolani. Correspondências como estas jamais traziam bons augúrios.

O conde abriu o envelope e retirou a folha. A comissão de assistência legal informava-o de que uma certa Amalia Bagnacavalli, de Vergato, pedira à comissão auxílio legal para que o tribunal abrisse processo contra o conselho do hospital de Bolonha. A queixa não era descrita, apenas que se referia a danos especificados nos artigos 1.151 e 1.152 do Código Civil. Diziam-lhe que tinha o direito de comparecer à sessão da comissão na qual a petição estaria em pauta, à uma da tarde do dia 17 daquele mês. Em tal sessão, poderia expressar quaisquer objeções que tivesse, questionando tanto a falta de meios materiais alegada pela mulher quanto os méritos do caso.

O dia não começou bem para o conde. O fato de ser uma mulher pobre das montanhas que entrava com a ação não lhe deixava dúvidas quanto à natureza do caso. Sua certeza aumentou quando lembrou que aqueles dois artigos do Código Civil versavam sobre as responsabilidades do empregador com relação aos empregados que sofriam danos como resultado de seu trabalho. Apesar de a lei nem sempre ser cumprida, ela assegurava que os empregadores eram responsáveis por lesões aos trabalhadores causadas por negligência do empregador.

Embora o caso de Amalia tomasse um caminho muito diferente de todos os outros que enfrentou, o conde seguiu sua rotina para tais assuntos. Chamou o advogado do conselho do hospital, Odoardo Ferrari, entregou-lhe o documento e mandou que fosse à audiência e que se reportasse a ele ao retornar.

Na tarde da quarta-feira seguinte, Ferrari foi levado à sala do tribunal, onde os membros da comissão estavam sentados ao redor de uma mesa para a reunião semanal. Não sabia nada sobre nenhuma Amalia Bagnacavalli, contou-lhes, muito menos sobre qualquer razão para acreditar que ela sofrera algum dano advindo do orfanato. Contudo, poderia atestar o fato de que o lar para crianças desamparadas tomava muito cuidado ao entregar os bebês às amas de leite na área rural, e, mesmo no caso improvável de esta mulher ter sofrido qualquer dano advindo do bebê que lhe fora entregue, certamente não seria culpa do orfanato. Obviamente, era contrário ao interesse público, observou ele, encorajar uma mulher como aquela a tomar providências legais contra os hospitais de Bolonha. Isso simplesmente desperdiçaria os valiosos recursos daquela obra de caridade. O presidente da comissão agradeceu a Ferrari pelo tempo que gastou para compartilhar seus pensamentos e o advogado partiu.

As notícias desagradáveis não demoraram a chegar, pois, na reunião seguinte da comissão, o assunto foi posto em votação. Os membros da comissão decidiram que a mulher de Vergato deveria ter o auxílio legal, permitindo-lhe abrir o processo sem pagar as custas usuais do tribunal. A própria casa não pagaria pelo advogado, mas sabiam que o ambicioso jovem Augusto Barbieri havia aceitado o caso e supuseram que ele acreditava que poderia vencer, ou pelo menos obter algum pagamento do hospital com a ameaça do processo.

Barbieri não perdeu tempo em mergulhar de cabeça e, quando Isolani chegou ao escritório na sexta-feira, 10 de outubro, havia outro envelope oficial em sua mesa, este também com o selo do Tribunal Civil de Bolonha.

Amalia Bagnacavalli, com a autorização do marido, Luigi Migliorini, dizia a citação, por meio desta notificava o lar para crianças desamparadas e o conselho do hospital, na pessoa do conde Francesco Isolani, de que o conde ou seu representante deveria apresentar-se ao tribunal dentro de 10 dias.

E só então expunha as acusações: em 24 de março, Amalia fora até o lar para crianças desamparadas e lhe entregaram uma criança sifilítica. Depois de duas semanas de amamentação, ela própria contraiu a doença. Com base no artigo 1.151 do Código Civil, terminava a queixa, o lar para crianças desamparadas tinha responsabilidade pelo dano causado a ela, e o conde Isolani, como presidente do conselho do hospital e, portanto, responsável pelo lar para crianças desamparadas, deveria compensá-la pelo prejuízo que sofreu.

Novamente, Isolani, exasperado, notificou o advogado do conselho. Ferrari explicou que conversaria com o advogado da mulher para ver se poderiam chegar a um acordo.

Em 25 de outubro, Ferrari contou que havia se encontrado com Barbieri, que claramente levava o caso muito a sério. Barbieri queria mostrar que o orfanato tinha como prática normal entregar bebês sifilíticos a amas de leite saudáveis e que, como resultado, mulheres camponesas saudáveis estavam sendo infectadas com frequência deplorável.

As implicações do caso para o conselho do hospital, avisou Ferrari ao conde, eram catastróficas. Se Barbieri fosse bem-sucedido, toda vez que uma ama de leite pegasse sífilis, o hospital teria de pagar pelo prejuízo que ela sofreu. Os custos poderiam levá-los à ruína.

Enquanto tudo isso acontecia em Bolonha, Amalia permanecia em casa, em Oreglia. Desde que estivera com Barbieri pela primeira vez, as coisas só pioraram. Dias depois daquele encontro inicial, sua filha de 17 meses de idade, Adele, começou a ficar apática, e aquele bebê normalmente feliz não parava de chorar. Alguns dias mais tarde, enquanto Amalia trocava as roupas sujas da criança, sentiu um cheiro estranho e viu que Adele tinha feridas horríveis ao redor dos genitais. No dia seguinte, as feridas, agora mais inflamadas e minando um pus espesso e fétido, começaram a sangrar. Em 17 de outubro, enquanto Barbieri tinha sua primeira reunião com o advogado de Isolani, a pequena Adele deu seu último suspiro. Foi o primeiro membro da família de Amalia a morrer de sífilis.

Quando Barbieri adicionou a morte de Adele à lista de queixas contra o hospital, os diretores do orfanato reagiram furiosamente. Se Amalia transmitira sífilis para a filha, argumentaram em seu resumo ao tribunal, foi por sua própria culpa. O lar para crianças desamparadas entregava bebês para mulheres cujos próprios filhos haviam morrido ou já teriam desmamado. Para receber um bebê, a mulher devia prometer que jamais amamentaria seu próprio filho de novo. Quando Amalia pegou Paola em março, ela também fez este juramento. Embora Adele tenha pegado sífilis de sua mãe, deve ter contraído por meio da amamentação. O fato de a primeira ferida ter aparecido em sua boca deixava isso claro.

Se, de acordo com a perspectiva dos diretores do hospital, Amalia mostrara tamanha falta de cautela com a saúde da família e era responsável pela maior parte de sua infelicidade, isso ficava ainda mais claro na triste história de seu marido, Luigi. Da primeira vez que o dr. Dalmonte disse a Amalia que ela contraíra sífilis, avisou-a para não manter relações sexuais com o marido até que estivesse curada. Porque a diagnosticou antes que o estágio secundário, altamente infeccioso, tivesse começado, se ela seguisse o conselho, seria provável que Luigi tivesse escapado. Porém Amalia não o seguiu, ou talvez não pôde segui-lo. No início de setembro, pouco depois de surgir a primeira ferida de Adele, Luigi ficou horrorizado com a imensa ferida que apareceu na ponta do seu pênis. Logo a infecção espalhou-se pelas pernas e atingiu os nervos. Cada passo que Luigi dava era doloroso.

Amalia já havia começado seu tratamento na clínica de sifilíticos de Bolonha, e agora Luigi juntou-se a ela. A ambos era dado unguento de mercúrio, para aplicar sobre as feridas, e uma solução de iodo de mercúrio, para beber. Um dos efeitos colaterais do mercúrio era a intensa salivação, tanto que houve uma época, como um especialista lembrou em 1904, em que "o benefício desta droga poderia ser estimado pelos litros de saliva que saíam da boca do paciente". No final do século XIX, a maioria dos sifilologistas pensava que era importante minimizar a dosagem, embora não tenham eliminado por completo alguns dos efeitos colaterais: dores de estômago, náuseas, falência de fígado e rins e perda de dentes.[1]

Até onde Luigi podia ver, o tratamento só fez as coisas piorarem. Sentia-se enjoado por causa do mercúrio e feridas que sangravam logo se formaram em seus lábios e garganta. Em mais um mês, feridas dolorosas espalharam-se pelas costas. Tinha febre e terríveis dores de cabeça à noite. Todo o seu corpo doía.

Os efeitos do tratamento da época – a maior parte envolvendo o nefasto mercúrio em suas diversas formas – eram tão desagradáveis que não era de surpreender que uma quantidade de remédios populares surgisse. Alguns refletiam a crença de que enfrentar doença tão horrível carecia de tratamentos ainda piores. Aparentemente esta era a base da crença de que uma pessoa poderia melhorar ao ingerir um tipo específico de lagarto guatemalteco, vivo, todo dia, durante um mês. Porém, também havia apoio popular à teoria contrária, de que a única forma de lutar contra uma doença tão medonha era encontrar um remédio comparativamente atraente. Uma alegação dessas dizia que um homem poderia ser curado de sífilis ao fazer sexo com uma virgem.[2]

Em novembro, quando o julgamento começou, a vida de Amalia havia se tornado uma história de desgraças. Sua filha única havia morrido. Ela e o marido estavam cobertos de feridas e só conseguiam andar com dificuldade. Amalia tinha ataques de febre regulares, os ossos e as articulações doíam. Tinha dificuldade para dormir, garganta inflamada e dores constantes no estômago. Ainda piores que as feridas em seu corpo eram as marcas vergonhosas que anunciavam sua condição ao mundo: a pele era de um cinza horroroso, produzido pelo mercúrio. Incapazes de trabalhar nos campos, tiveram de confiar no auxílio da família. Como a temporada da colheita acabara havia pouco, os suprimentos ainda permitiam aos Migliorini e aos Bagnacavalli o luxo de ajudá-los. Mas, quando olhava para o inverno, o casal imaginava como iria sobreviver.

*Capítulo 6*

# Começa o julgamento

A sessão do caso de Amalia Bagnacavalli *versus* conde Francesco Isolani começou em uma sala majestosa do Tribunal de Bolonha pontualmente às 10 da manhã da quinta-feira, 20 de novembro, com um desfile de testemunhas de Vergato. O tribunal, ao concordar com Barbieri que a visão de um especialista médico externo seria de grande auxílio, nomeou o professor Giuseppe Ravaglia, da Faculdade de Medicina da Universidade de Bolonha, como consultor especial. Enquanto a primeira testemunha foi chamada para depor, o dr. Ravaglia estava ocupado coletando o material de que precisava para o laudo, que apresentaria alguns meses depois.

Barbieri preparou seu caso com grande cuidado. Ele providenciara para que o prefeito de Vergato, Ulisse Bettini, e o secretário da cidade, Ettore Soldati, fizessem a viagem de trem até Bolonha para assistirem à abertura do julgamento, junto com Carlo Dalmonte, o médico da cidade, e alguns amigos e vizinhos de Amalia.

O imenso prédio de tijolos e arenito do Tribunal de Bolonha não ficava longe do orfanato. Construído no século XVI, com base em projeto de Andrea Palladio, um dos grandes arquitetos da Renascença italiana, tinha um pátio interno amplo e gigantescas escadas. O nome, palácio Baciocchi, se devia ao seu último dono particular, Felice Baciocchi, que ascendeu de origens humildes até a aristocracia por meio do casamento com Elisa, irmã de Napoleão.

Barbieri conhecia bem o prédio e a sala do tribunal. Para se tornar advogado, ele não apenas tivera de concluir o curso de direito e ser aprovado em testes oral e escrito, mas também estagiar por dois anos em um escritório de advocacia local e passar um ano assistindo a julgamentos no palácio Baciocchi.

Já Amalia e Luigi jamais se sentiriam confortáveis em uma sala de tribunal. O gigantesco prédio, com a grandiosa escada composta por duas rampas elípticas flanqueadas por estátuas alegóricas de gesso, representava um mundo distante do deles. Enquanto permaneciam sentados na sala neoclássica com painéis de madeira escura, sentiram-se muito deslocados. Na frente da sala, estava a imponente bancada dos juízes, com três cadeiras, cada uma com um atril. Na fase de testemunhos, somente a cadeira do meio seria ocupada, o juiz vestindo uma toga preta com um enfeite branco e triangular – um tipo de babador judicial – e um barrete preto com uma faixa branca na base. Os juízes italianos não usavam perucas. Erguendo-se dos cantos da frente da bancada dos juízes, estavam altas luminárias de latão com topo em forma de domo, que haviam sido recentemente convertidas do gás para a eletricidade. Em frente ao juiz, havia uma mesa à qual as testemunhas se sentariam. À direita do juiz, havia um pódio coberto por um tecido drapeado, onde os advogados ficavam enquanto faziam perguntas às testemunhas, com as anotações à sua frente. À sua esquerda, sentava-se o estenógrafo do tribunal. Separando tudo isso do resto da sala, havia uma divisória de latão, atrás da qual ficava a mesa dos advogados, com cadeiras para Barbieri, Amalia e Luigi, como também para Ferrari e seus colegas. Todos os advogados usavam togas pretas. Atrás deles, havia algumas fileiras de cadeiras para que as testemunhas esperassem sua vez.

Barbieri ocupou a posição atrás do pódio, abriu seu caderno de notas e chamou a primeira testemunha.

O prefeito tomou o lugar, deu seu nome, Ulisse Bettini, a idade, 47, e a ocupação, engenheiro. Quando Amalia pegou o bebê do lar para crianças desamparadas, disse o prefeito, não poderia dizer por conhecimento próprio que ela era saudável, mas, em 1º de julho, quando recebeu o informe de Dalmonte de que Amalia contraíra sífilis, fez o que estava a seu alcance para iniciar uma investigação. Depois de falar com diversas pessoas que tinham condições de saber, Bettini convenceu-se de que, antes do bebê, Amalia gozava de excelente saúde, sendo o exemplo perfeito da força da mulher rural pela qual Vergato era conhecida.

Barbieri agradeceu e passou para sua próxima testemunha estrelar, Carlo Dalmonte, que não se sentara junto ao prefeito, mas a uma certa distância, sozinho. Dalmonte evitava Bettini porque os dois tinham uma querela antiga e não se falavam, o que tornava a administração dos assuntos médicos da cidade um tanto difícil.

O médico esperara ansioso por este dia. Ao longo de anos, ele fizera de tudo para chamar a atenção para o escândalo do lar para crianças desamparadas, mas sempre fora tratado como um ignorante, um grosseirão do interior. Agora ele tinha uma plataforma que os diretores do hospital e a elite de Bolonha não poderiam ignorar.

Pressionado a mostrar que era igual aos seus colegas da cidade grande, Dalmonte adotou um estilo de retórica formal, quase antiquada. Na primavera anterior, ele contou, o lar para crianças desamparadas de Bolonha dera a Amalia Bagnacavalli uma garotinha que levava o nome de família Olivelli e o primeiro nome de Paolina, pequena Paola. Sabia disso porque, alguns dias depois de Amalia receber o bebê, ela foi até a casa dele com a pequena criatura e mostrou a caderneta que o orfanato lhe havia entregado. Da primeira vez que bateu os olhos na criança, estimou pelo tamanho e peso que deveria ter um mês de vida. Viu imediatamente que ela era cega, que no lugar de cada pupila havia cicatrizes, as quais ele acreditava serem o resultado da infecção sifilítica. Também notou que o bebê estava esquelético e que tinha um sifiloma inicial no lábio inferior. Repreendeu Amalia, dizendo que ela não devia ter pegado o bebê; ela murmurou que não queria, mas o médico do orfanato se recusara a lhe entregar outra criança.

Dalmonte então hesitou um momento, o ar seguro de autoridade o abandonou por instantes. Agora que pensava no assunto, disse ele, não conseguia lembrar exatamente se viu o bebê uma ou duas vezes. Se tivesse visto duas vezes, concluiu rapidamente, teria sido na segunda visita que detectou o cancro duro denunciador no lábio do bebê.

Esta segunda visita, disse ele, teria sido seis ou sete dias depois da primeira. Tão logo viu o sifiloma da criança, não somente falou a Amalia que o bebê tinha sífilis como predisse que ela própria poderia contrair a doença. De fato, lembrou ele – estava claramente se deliciando com seu momento sob os holofotes –, Amalia voltou à casa dele três ou quatro semanas mais tarde e pediu que examinasse seus seios; e, no mamilo esquerdo, ele encontrou um sifiloma idêntico àquele que a órfã tinha no lábio.

O médico contou a história até este ponto com pouco estímulo, mas neste momento Barbieri o interrompeu para perguntar se ele poderia informar ao tribunal o que, de sua perspectiva de homem da medicina, acontecera com Amalia desde aqueles dias na primavera.

Poucas semanas depois de o sifiloma aparecer em seu seio, lembrou Dalmonte, os primeiros sinais da fase infecciosa da doença surgiram na forma de uma erupção no mamilo. A qual, disse ele, desapareceu graças ao tratamento com mercúrio. Mas então pústulas apareceram na genitália e na garganta. E em setembro ou outubro – naquele momento, disse ele, não poderia lembrar exatamente em qual mês –, Amalia levou a própria filha, que, como lembrou o médico, tinha mais ou menos três anos de idade. Viu sinais claros de que a garota estava sofrendo de sífilis transmitida a ela pela mãe, e, infelizmente, morreu pouco tempo depois.

Como, perguntou Barbieri, ele descreveria a saúde de Amalia hoje?

Neste momento, respondeu Dalmonte, Amalia estava sob tratamento médico intensivo. Mas, apesar dessa terapia, ainda apresentava sinais da doença, com pústulas no lábio que eram típicas da sífilis. E havia o marido, Luigi, que apresentara os sinais do mal fazia pouco tempo.

Apenas uma última questão, disse Barbieri; no momento em que viu a ferida sifilítica no lábio da órfã, ele notou qualquer sinal de que Amalia tinha sífilis?

Não, respondeu ele. Ela não mostrava sinais da doença naquela época.

Dalmonte foi liberado. Barbieri ficou satisfeito com o testemunho do doutor, que era essencial para seu caso; no entanto, não poderia negar que continha algumas falhas embaraçosas. O fato de Dalmonte não lembrar se tinha visto a órfã uma ou duas vezes certamente não auxiliava a causa, e a lembrança de a filha de Amalia ter três anos quando tinha pouco mais de um dava à outra parte uma oportunidade futura de questionar sua memória e seu julgamento. Mas Dalmonte fora o médico presente quando a órfã e depois Amalia tiveram os primeiros sintomas de sífilis. E, ao contrário dos médicos do orfanato, que certamente também testemunhariam, ele não tinha nada a perder – ou, pensava Barbieri, que soube da década de queixas de Dalmonte contra o lar para crianças desamparadas, pelo menos ele poderia estar presente ao tribunal desta forma.

Barbieri chamou para testemunhar, um após outro, quatro dos amigos e vizinhos de Amalia, dois homens e duas mulheres. Todos afirmaram que a conheciam havia muitos anos, que sempre fora a imagem da saúde e a personificação da virtude, e recontaram a história do seu retorno para casa naquele dia de março com uma órfã doente e a tragédia que se seguiu. Ninguém usou a palavra "sífilis" para descrever a doença do bebê. Em vez disso, todos disseram que a pequena Paola tinha "a praga", um termo amplamente usado na Itália no lugar do rótulo médico, com suas conotações desconfortáveis.

Rosa Magelli, a última testemunha de Barbieri naquele primeiro dia, era da comunidade vizinha, Grizzana, mas não era amiga de Amalia e fora chamada por outro motivo.

Seis ou sete anos antes, testemunhou a mulher de 33 anos de idade, ela fora ao lar para crianças desamparadas de Bolonha e lhe entregaram um bebê de nome Tommaso. Quando o bebê ficou doente, algumas semanas depois, ela levou-o ao médico da cidade, que lhe mandou levar Tommaso de volta ao orfanato porque ele tinha "a praga". Ela mesma, prosseguiu, adoeceu em um mês, e logo seus filhos pequenos também.

Barbieri agradeceu à mulher, e, quando ela deixou a sala, o juiz anunciou um recesso. Quando o tribunal voltou à sessão, na quinta-feira pela manhã, Barbieri só tinha mais duas testemunhas para chamar. A primeira era Maddalena Cappelli, de 40 anos, natural de Vergato, que contou ao tribunal que era cunhada de Rosa Magelli, a testemunha anterior, e tinha algo em comum com Rosa. Três anos antes, ela pegara um menino de três semanas de vida no lar para crianças desamparadas de Bolonha. Voltou um mês depois, quando, informou ela, o bebê mostrou sinais da "praga". Pouco depois, ela também viu a ferida denunciadora no seio.

A última testemunha de Barbieri era Ettore Soldati, de 34 anos, secretário da cidade de Vergato. Soldati testemunhou que Amalia havia ido à prefeitura em busca de um atestado de bom caráter moral no começo de março para que então pudesse pegar o bebê do orfanato.

Ansioso para levantar uma de suas alegações-chave, mesmo que a testemunha não estivesse em condição de provê-lo de alguma prova útil, Barbieri perguntou se ele sabia se o bebê entregue a Amalia havia passado por um exame médico correto no orfanato. Antes que o perplexo Soldati pudesse replicar, Barbieri perguntou se ele sabia se tais exames foram feitos nos tantos outros casos em que as mulheres de Vergato haviam recebido bebês do orfanato e então contraído a terrível doença.

Não, respondeu o secretário. Mas, compreendendo a essência da pergunta do advogado, completou que o que podia dizer é que recebeu um grande número de queixas com respeito às crianças que eram mandadas para Vergato com sífilis. Tais bebês não apenas infectavam as amas de leite, mas, com uma frequência trágica, as famílias das mulheres também adoeciam.

Neste ponto, Odoardo Ferrari, o advogado do conselho do hospital, levantou-se para o interrogatório cruzado. Só tinha uma questão, disse. Se tal problema era tão conhecido em Vergato, por que tantas mulheres continuavam a ir até o lar para crianças desamparadas procurando bebês para amamentar?

Soldati colocou uma pequena distância entre si e os camponeses de sua cidade. Tinha convicção, disse ele, de que as mulheres que amamentavam os órfãos viam isso como um simples *mercimonio*, um tipo de transação ilícita. Havia perdido a conta, informou ele, de como tentou convencer os governantes da cidade a não fornecer atestados para tais fins. De fato, havia denunciado o negócio de amamentação como uma forma de comércio de escravas brancas. Se palavras sobre a disseminação da doença haviam falhado em demover muitas amas de leite, isso apenas mostrava que tudo que lhes interessava era conseguir os pagamentos.

Agora era a vez de Ferrari chamar testemunhas em nome do conselho do hospital. Começou com Ermanno Pinzani, diretor e médico do orfanato. Seguindo os rigorosos procedimentos do orfanato, disse ele, examinou Paola Olivelli antes de entregá-la a Amalia em 24 de março e verificou que ela não tinha qualquer sinal de sífilis. Duas semanas e meia depois, quando Amalia voltou com Paola, o bebê tinha pápulas minúsculas, duras e ulceradas, nas costas e algumas ínfimas feridas ulceradas na boca. Imediatamente examinou os mamilos de Amalia, mas não encontrou sinal algum da doença naquele momento.

O próximo a testemunhar foi Carlo Massarenti, de 75 anos, diretor da maternidade do hospital. Em 27 de dezembro anterior, disse ele, deu entrada uma jovem solteira que, como a maioria das mulheres que lá aparecem, recusou-se a dar o nome. Foi examinada e diagnosticada saudável. Cinco dias depois, deu à luz Paola.

Ferrari concluiu convocando outros dois médicos do orfanato. Emanuele Bruers, chamado primeiro, alegou que o único problema de saúde de Paola quando foi entregue para Amalia era uma infecção ocular, causada por gonorreia, que a deixara cega. Giovanni Berti, então, afirmou que, quando Amalia levou o bebê de volta, foi ele que cuidou da criança, pois supervisionava as alas reservadas para crianças sifilíticas. Podia assegurar ao tribunal, disse ele, que quando o bebê morreu, um mês depois, não mostrava sinais de ter a doença. Faleceu de uma simples infecção pulmonar.

Com isto, encerrou-se a fase de testemunhos e o juiz ordenou um recesso ao tribunal até que o dr. Ravaglia estivesse pronto para apresentar seu laudo.

*Capítulo 7*

# Contestando o médico

Na quarta-feira, 10 de dezembro, o conde Isolani realizou a reunião quinzenal do conselho do hospital em sua costumeira sala de reuniões, um hall bem decorado com pé-direito alto e uma imensa mesa de madeira. Atualizou os colegas no caso Bagnacavalli e contou-lhes sobre sua recente conversa com o chefe do comitê para assuntos legais da casa, o qual alertou que uma decisão contra eles poderia ser desastrosa. Isolani e seus colegas estavam convictos de que nem o conselho nem os médicos possuíam qualquer responsabilidade sobre a camponesa que contraiu sífilis de um órfão. Faziam todo o possível – ou assim continuavam dizendo um ao outro – para evitar tal contágio. Bebês eram entregues a amas de leite somente após um rigoroso exame médico. Se algumas mulheres contraíram sífilis, era inevitável, porque alguns bebês mostravam os primeiros sinais da doença somente quando já tinham alguns meses de vida. E, quando uma delas era afligida por este mal, insistia o conde, o conselho do hospital sempre agiu generosamente, pagando pelo tratamento.

Quanto mais Barbieri pensava sobre o caso, maior era seu nervosismo. Embora tenha ficado inicialmente satisfeito com a aprovação do juiz ao pedido de um especialista médico externo, agora entendia que cometera um erro. Não era, como deveria saber, o tipo de caso que inspiraria a simpatia dos estabelecimentos médicos de Bolonha. Uma camponesa analfabeta queixava-se de um grupo de médicos reconhecidos, alegando que deveriam ser responsabilizados pelo prejuízo que causaram às pessoas que tratavam. Para piorar, o caso baseava-se na acusação de um médico das montanhas de que seus colegas da cidade eram incompetentes.

Os meses de espera terminaram quando, em 2 de março de 1891, o dr. Ravaglia apresentou seu minucioso laudo ao tribunal. Cópias feitas à mão foram logo produzidas e enviadas aos advogados do conde Isolani e a Barbieri.

Ravaglia levara a tarefa a sério. Não só estudara cuidadosamente todos os testemunhos do tribunal, como também examinara todos os arquivos ligados ao nascimento de Paola Olivelli e sua curta estada no hospital-maternidade de Bolonha, além dos que documentavam seus meses no lar para crianças desamparadas e os atestados preparados pelo dr. Dalmonte e pela clínica de sifilíticos de Bolonha. E não parou por aí. Conversou pessoalmente com muitos dos envolvidos no caso, incluindo as duas mulheres que amamentaram Paola no orfanato antes de Amalia levá-la. Entrevistou e examinou até mesmo Amalia e Luigi.

Paola nasceu, informou Ravaglia, de gestação completa, uma menina robusta de três quilos, não apresentando nenhum sinal de anormalidade. O nome da mãe, 19 anos de idade e solteira, não estava escrito em lugar algum dos arquivos do hospital-maternidade.

Às duas da tarde do dia de Ano-novo, 1890, uma enfermeira levou Paola da maternidade para o orfanato. Levou consigo o atestado médico requerido, feito para informar qualquer sinal de sífilis na mãe ou no bebê. Tais sinais estavam longe de ser raros no hospital no qual, em anos recentes, mais de uma em oito mulheres que davam à luz apresentavam evidências da doença. No entanto, o papel que a enfermeira trouxe naquele dia declarava que ambas, Paola e a mãe, estavam livres daquele mal.

Em poucos dias, o bebê apresentou uma febre e logo mostrou sinais de pleurisia, uma inflamação da membrana que recobre os pulmões. Antes de seguir seu curso, a doença deixou Paola com a coluna retorcida. Em seus primeiros dias no orfanato, escreveu

Ravaglia, Paola sofreu outro revés quando ambas as córneas começaram a inchar e em pouco tempo ela perdeu a visão.

Mais ou menos três meses depois, quando Amalia retornou com Paola, o dr. Bruers examinou o bebê e encontrou feridas que se espalhavam das costas até o umbigo. Também examinou Amalia rapidamente e suspeitou de que ela própria poderia estar com sífilis e tê-la transmitido ao bebê, pois sua voz estava rouca, e as glândulas no pescoço, inchadas.

Como precaução, informou Bruers, encaminhou Paola à enfermaria B, reservada para bebês com suspeita de sífilis. Lá, o dr. Berti, supervisor da enfermaria, começou a lavar as feridas da criança com uma solução de glicerina e amido, e em poucos dias elas sumiram.

Os bebês da enfermaria B não podiam ser amamentados por mulheres saudáveis. Eles eram entregues àquelas que já haviam contraído sífilis, pois não poderiam ser infectadas novamente. O orfanato não estava sozinho nesta prática. Na França, Alfred Fournier andava sempre à procura de mulheres sifilíticas que haviam recuperado a saúde e que pudessem amamentar. Para aqueles casais abastados que tinham um bebê sifilítico, tais mulheres eram, entusiasmava-se, "pérolas raras".[1]

Dada a dificuldade de encontrar mulheres como estas, a grande maioria dos bebês enviados à enfermaria sifilítica era alimentada com leite de vaca. Foi isto que deram a Paola, com resultados previsíveis. Começou a ter diarreia, que piorou na segunda semana de maio. Por conta de sua fragilidade, ela contraiu pneumonia. Em 13 de maio, pouco mais de um mês após Amalia tê-la levado de volta ao lar para crianças desamparadas de Bolonha, Paola morreu.

Tudo isso, informou Ravaglia, estava claro, mas questões importantes permaneciam. A mais crucial: será que Paola teve mesmo sífilis?

O trecho seguinte do laudo animou Barbieri e lhe deu esperanças. O médico dizia que não poderia concordar com o dr.

Bruers em sua suspeita de que Amalia havia sido previamente infectada com a doença. Primeiro, seu colega, o dr. Pinzani, examinara Amalia quando ela veio pegar o bebê e a encontrara em excelente saúde. Segundo, o cancro duro que aparecera posteriormente no mamilo apresentava todas as características de ferida sifilítica que eclode no local da primeira infecção: geralmente, os genitais de homens e mulheres que contraem a doença por meio de relação sexual e o mamilo da mulher que a contrai pela amamentação.

O catedrático da faculdade de medicina estava agora pronto para responder às perguntas propostas pelo tribunal.

A primeira foi a mais fácil. Era possível uma criança que sofria de sífilis transmitir a doença à sua ama de leite? Quanto a isso, a ciência médica não tinha dúvidas. Normalmente, informou ao tribunal, a transmissão ocorre quando o bebê tem uma ferida sifilítica que sangra nos lábios, e a mulher apresenta alguma rachadura na pele ao redor do mamilo. Dada a natureza da amamentação, tais cortes e machucados eram comuns no seio da mulher, promovendo o ambiente ideal para a doença disseminar-se do bebê para a ama de leite.

Se a resposta à primeira questão foi direta, a resposta à segunda – se a órfã passara sífilis para Amalia – não foi. Se Paola tinha um caso ativo de sífilis quando foi entregue a Amalia, não havia dúvida, em sua visão, de que Amalia poderia ter contraído o mal da criança. Mas Paola teve realmente a doença?

O dr. Dalmonte baseara sua alegação em três observações: (1) a aparência esquálida do bebê e os tumores cicatrizados nas córneas, que ele diagnosticou como sinais de sífilis congênita; (2) a natureza sifilítica das erupções em seu corpo e (3) o que Dalmonte chamou de "sifiloma inicial" no lábio inferior.

Até este ponto da leitura, Barbieri estava inseguro a respeito de para onde Ravaglia se encaminhava. Mas a direção se tornou clara quando, para desespero de Barbieri, ele começou a atacar os diagnósticos de Dalmonte, um após outro.

Primeiramente, disse ele, ter novos tumores em ambas as córneas não era comum em bebês nascidos com sífilis, que tendiam a desenvolvê-los somente mais tarde na infância (para aqueles que viviam o bastante). Era muito mais provável, ponderou ele, que fossem produto de alguma outra causa, tal como gonorreia, que Paola poderia ter contraído enquanto passava pela vagina da mãe.

A aparência esquelética do bebê, ponderou Ravaglia, era normalmente um sinal de sífilis apenas na medida em que bebês sifilíticos frequentemente nascem abaixo do peso; mesmo assim, isso não aconteceu com Paola. A magreza, acusou ele, era provavelmente resultado de má alimentação, e aqui ele culpava Amalia, mencionando que ela admitira que, no desespero de alimentar o bebê, deu de comer à menina panquecas de castanhas e sopa de pão com óleo.

Ravaglia voltou-se então para as evidências médicas do hospital-maternidade, o qual, argumentou ele, não apoiou o diagnóstico de sífilis congênita. Ele enfatizou o fato de que, no parto, a placenta fora examinada e estava completamente normal. Quando um bebê nasce sifilítico, disse ele, é comum que haja deformações ali. A esta evidência do hospital-maternidade ele acrescentou o laudo da autópsia de Paola feito pelo dr. Berti, que não encontrou sinais da doença.

O que, perguntou ele, deveriam fazer das outras observações em que os argumentos de Dalmonte para a sífilis de Paola se basearam? Certamente o tipo e o local da erupção sanguinolenta que Dalmonte descrevera poderiam apontar sífilis. No entanto, Ravaglia acrescentou rapidamente, o dr. Berti informou que a erupção desaparecera com a aplicação de uma solução de glicerina e amido e não reaparecera em qualquer outro lugar do corpo da criança. Certamente não eram sinais de erupção sifilítica, que via de regra não desapareceria tão rapidamente; mesmo que isto ocorresse, logo reapareceriam em algum outro lugar.

O elemento final do argumento de Dalmonte para a sífilis do bebê, escreveu Ravaglia, foi sua alegação de ter encontrado um "sifiloma inicial" no lábio inferior. Mas quanto peso poderia ser colocado em tal observação? Dalmonte não mencionara outros tumores iguais em seu laudo original de exame, mas somente no testemunho oral que deu ao tribunal em 11 de dezembro de 1890, oito meses depois. Talvez, acrescentou Ravaglia, o médico tivesse confundido o exame de Paola com o da filha de Amalia, Adele, que ele depois informou possuir tais tumores.

Não apenas a observação sobre a ferida no lábio inferior de Paola era duvidosa, continuou Ravaglia, mas também a descrição de Dalmonte era uma impossibilidade clínica. Adele poderia, sem dúvida, ter um sifiloma em seu lábio, pois tal tumor, por natureza, aparece no ponto inicial da transmissão da doença, e Adele a contraiu no seio materno. Mas uma criança nascida com sífilis apresenta os sintomas secundários da doença, não a ferida inicial.

Para onde, então, perguntou Ravaglia, isso leva o argumento de que Paola Olivelli realmente tinha sífilis congênita? Verdade seja dita, escreveu ele, a principal evidência a seu favor era Amalia desenvolver um sifiloma inicial pouco depois de amamentar o bebê, com a ferida surgindo em seu seio, exatamente onde seria esperado que aparecesse em caso de transmissão por uma criança sifilítica.

Mesmo assim, argumentou Ravaglia, outra possibilidade ainda tinha de ser considerada. Não era raro que camponesas que pegavam órfãos ajudassem uma à outra quando ficavam doentes, tinham de sair por um dia ou quando o leite secava. Quem garantia, perguntou Ravaglia, que isso não pudesse ter acontecido no caso de Amalia? Talvez ela tivesse ajudado uma amiga e amamentado outro bebê que tinha sífilis e a infectou.

O que levou o professor de medicina ao último ponto. Nas semanas em que Paola passou no orfanato antes de ser entregue a Amalia, apenas duas mulheres tinham-na amamentado. Se a criança sofria de sífilis, certamente estas mulheres estavam em alto risco. De fato, informou Ravaglia, uma delas disse sofrer com um mamilo rachado e sangrando no mesmo período em que amamentava o bebê. Certamente, se Paola era sifilítica, a teria infectado, o que, por sua vez, teria criado uma epidemia de sífilis entre os bebês no orfanato, pois as duas mulheres teriam amamentado 60 órfãos no mês em que trabalharam lá. Mesmo assim, os arquivos mostravam que nenhum deles contraiu a doença.

Pesando todas as evidências, Ravaglia concluiu que era mais provável que Paola nunca teve sífilis e, por isso, não poderia ser a fonte da contaminação de Amalia. Ela provavelmente fora infectada por algum outro bebê.

Ravaglia tocara em todas as questões que os juízes lhe haviam proposto, mas não pôde resistir em acrescentar alguma coisa, ansioso como estava em sair na defesa dos colegas. Nos seus três meses no orfanato, antes de ser entregue a Amalia, observou o médico, Paola jamais mostrou nenhum sinal de sífilis. Mesmo que fosse provado que ela nascera com a doença, argumentou ele, os médicos do lar para crianças desamparadas não teriam uma maneira de detectar.

O laudo de Ravaglia para o tribunal foi um terrível golpe para Barbieri. Se não tivesse visto o caso como uma forma de fazer nome ou se fosse menos autoconfiante, teria facilmente desistido. Afinal de contas, que chance ele tinha? Na melhor das circunstâncias, não seria fácil fazer com que o tribunal condenasse os médicos do orfanato – homens bem respeitados da elite profissional da cidade – por erro de diagnóstico. E não era mais fácil para o tribunal acusar o conde Isolani e seu aristocrático conselho do hospital de negligência. Agora que o especialista dos próprios juízes, indicado a pedido de Barbieri, não encontrara base clínica para a queixa de Amalia, a situação parecia sem esperança.

No entanto, Barbieri mergulhou ainda mais no caso. Para ter alguma chance de ganhar, ele precisaria desacreditar a opinião de Ravaglia, e isso, pensou, só poderia ser feito convencendo o tribunal a indicar um novo consultor médico. Como em tais casos o tribunal normalmente usava apenas um único especialista externo, ele tinha de persuadir os juízes de que o laudo de Ravaglia era inaceitável.

Em 20 de abril, Barbieri deu entrada em tal moção, pedindo a indicação de um novo consultor. Quando, de modo nada surpreendente, os advogados de Isolani protestaram, os juízes decidiram que o pedido fosse apresentado como parte de suas considerações do caso. Sendo assim, a parte crucial do resumo que Barbieri preparou focava-se em Ravaglia.

Barbieri trabalhou por muitas semanas nesta súmula. Se ganhasse o caso, seria visto como um advogado que tinha de ser reconhecido, um jovem de talento que – apesar da humilde origem rural e da reputação desagradável do pai – mereceria um lugar entre a elite da cidade. Para certificar-se de que o resumo surtiria o efeito desejado, levou-o ao editor Azzoguidi, cujo escritório ficava no mesmo prédio que o seu, e conseguiu com que fosse impresso. Embora o tribunal não exigisse publicar as súmulas desta maneira, era uma tática comum entre advogados ambiciosos. Em 3 de julho, Barbieri apresentou sua súmula ao tribunal.

O tribunal limitou o tempo no qual o advogado poderia apresentar seus argumentos oralmente, para ter mais controle em sua persuasão no documento por escrito. Ele começou narrando os fatos, ou, pelo menos, sua versão deles. Então, sem perder tempo, atacou o laudo de Ravaglia. O médico, acusou ele, em vez de abordar diretamente as questões que o tribunal lhe apresentara, decidiu invadir um território que era, por direito, reservado aos juízes. Esperava-se que médicos peritos fornecessem os detalhes técnicos que auxiliariam os juízes a decidir casos. Eles não tinham de substituir o julgamento dos magistrados. Cabia somente a estes determinar se Amalia contraíra sífilis da órfã. Ao externar sua opinião de que não havia uma base clara para saber se Paola infectara Amalia, Ravaglia excedera a própria autoridade e produzira um laudo que, argumentou Barbieri, os juízes não poderiam aceitar.

Se o médico tivesse feito o que deveria, insistiu Barbieri, teria observado os fatos, os quais mal foram esclarecidos. Uma camponesa saudável recebera um bebê doente que apresentava diversos sinais típicos de sífilis congênita. O médico da cidade diagnosticou que o bebê tinha sífilis e, algumas semanas depois, a mulher encontrou um cancro sifilítico inicial em seu mamilo. Diante de tais fatos, a ciência não tinha dificuldade em deduzir a relação causa/efeito.

Apesar de tudo isso, alegou Barbieri, o professor Ravaglia falhou ao optar por pesar os méritos do caso, excedendo assim suas funções e falhando no acordo que tinha com o tribunal. Em resumo, o professor havia se esquecido de seu papel como perito médico e, em vez disso, vestira a toga de um juiz.

Tendo feito seu melhor para desacreditar Ravaglia, o advogado de Amalia mirou então as testemunhas do hospital. Examinando a lista dos que testemunharam pelo hospital, Barbieri observou que tinham algo em comum: todos eram funcionários da instituição. Era simplesmente natural, destacou ele, que defendessem o que tinham feito. No entanto, era dever dos juízes não aceitarem suas explicações tais como eram apresentadas.

Antes de ver as contradições e furos em seus testemunhos, Barbieri disse aos juízes, uma questão básica da lei tinha de ser esclarecida. O hospital poderia ser responsabilizado por danos causados pelos médicos que trabalhavam para a instituição? Neste ponto, não poderia haver qualquer dúvida. Se os médicos – empregados do orfanato – não tomavam as precauções necessárias ao entregar bebês para serem amamentados, a responsabilidade última recaía na própria instituição e em seu conselho diretor. Este era um princípio legal bem estabelecido no novo e esclarecido Estado italiano.

Barbieri então reviu as evidências, destacando para o tribunal o testemunho do dr. Dalmonte. Confrontados com tais evidências, como, perguntou Barbieri retoricamente, reagiram os diretores do hospital? Empenharam-se num esforço titânico para obscurecer os fatos, embaralhar a situação. O testemunho deles, apontou, era um conjunto de contradições óbvias. O dr. Pinzani testemunhou, disse ele, que pouco depois de dar entrada no orfanato o bebê desenvolveu "conjuntivite purulenta". O dr. Bruers descreveu isso como "conjuntivite gonorreica que se infiltrou em suas córneas e a cegou". Poderia este, questionou Barbieri, ser o mesmo bebê que recebera atestado de boa saúde e fora então entregue a uma mulher do interior? Parecia, acusou Barbieri, que o lar para crianças desamparadas era tão negligente que os atestados de boa saúde assinados pelos médicos para os bebês poderiam ser apropriadamente chamados de "passaporte de livre transmissão de doença".

Em face das evidências que mostram como eles contaminaram Amalia, os homens tentaram desavergonhadamente levantar dúvidas sobre a moral dela em um esforço para proteger a própria. E, para tornar plausível sua acusação, tinham, inacreditavelmente, negado que a órfã Paola Olivelli tivesse sífilis.

Ao fazer tais acusações absurdas e negar o óbvio, acentuou Barbieri, os advogados do hospital só conseguiram revelar a debilidade de suas argumentações.

A evidência de que Amalia estava em perfeita saúde antes da primeira visita ao orfanato era devastadora e a prova de que Paola tinha sífilis na época em que Amalia retornou era tão forte quanto, insistiu Barbieri. O dr. Dalmonte examinou o bebê em 10 de abril e encontrou sinais claros de sífilis, inclusive uma ferida sifilítica em seu lábio inferior. Quando Amalia levou Paola de volta ao orfanato, o dr. Bruers examinou a criança e encontrou uma erupção ulcerada de pústulas duras em suas costas e feridas que sangravam sob a língua, o que o fez mandá-la para a enfermaria destinada aos bebês com suspeita de sífilis.

Ao planejar seu ataque, Barbieri estava convencido de que seus onerosos adversários legais haviam cometido um grande erro tático ao alegar que Paola não tinha sífilis. O fato era, disse ele ao tribunal, que, apenas duas ou três semanas depois de devolver a criança, os primeiros sinais de sífilis surgiram em Amalia. E onde, perguntou ele, foram encontrados? Em seu seio. Em meio a todas as divergências entre os especialistas na doença, destacou Barbieri ao tribunal, havia um ponto em relação ao qual imperava a unanimidade: tal ferida era um sinal inquestionável de que a mulher contraíra sífilis por amamentar um bebê infectado. Não poderia haver outra explicação.

Administrando sua vantagem, Barbieri ridicularizou a posição defensiva do hospital, o argumento de que, se Amalia pegara sífilis ao amamentar uma criança, deveria ter sido alguma outra, mas não Paola. Onde, perguntou ele, estaria este bebê misterioso? Será que alguém o viu? Tal bebê, Barbieri disse aos juízes, era apenas um fantasma conjurado desavergonhadamente pelo hospital para enganar o tribunal.

Então mirou outro pilar das argumentações do hospital, a alegação do dr. Berti de que seu exame *post-mortem* não revelava sinais de que Paola tivesse sífilis. Nenhuma outra testemunha poderia corroborar o fato, lembrou Barbieri aos juízes. Que peso, perguntou ele, poderia ser colocado em tal testemunho tão inconsistente? Feito não por um médico imparcial, mas por um homem que tentava desesperadamente se defender?

E quanto às outras evidências usadas para reforçar a alegação do hospital de que Paola jamais teve sífilis? O professor Ravaglia destacara o fato de que nem a mulher que amamentou o bebê no lar para crianças desamparadas nem qualquer um dos outros 60 órfãos aos seus cuidados contraíram a doença. Mesmo que isto fosse verdade, apenas indicava que Paola não havia, naquele momento, alcançado o estágio de contágio que colocaria a ama de leite em risco.

Barbieri chegou ao ponto crucial de sua argumentação. Dada, disse ele, a evidência devastadora de que Amalia contraíra sífilis da órfã que lhe fora entregue, só restava determinar se o quadro de pessoal do lar para crianças desamparadas, ao entregar o bebê para Amalia, cometera qualquer um destes atos de negligência ou incompetência, o que, de acordo com a lei, faria a instituição responsável pelo dano causado a ela.

Este ponto, também, deveria ficar claro, argumentou Barbieri. O tribunal só tinha de questionar como um bebê que, nos quase três meses no orfanato, sofrera uma série de doenças devastadoras e que, ao sair de lá, estava tão claramente doente, poderia ser considerado saudável o bastante para preencher os requisitos da instituição e ser entregue a uma ama de leite.

Já havia muitas evidências, concluiu o advogado, para que o tribunal deliberasse a favor de Amalia. No entanto, se os juízes preferiam ter mais informações antes de tomar a decisão final, deveriam, observou ele, indicar outro médico perito, alguém que lhes apresentasse os verdadeiros fatos.

*Capítulo 8*

# A marcha dos camponeses sifilíticos

O verão de 1891 foi uma época de agitação na Itália. A crise econômica que havia começado alguns anos antes continuava, alimentando o crescimento do que ainda era um movimento popular desorganizado e caótico que misturava socialismo de diferentes linhas com anarquismo, diversos tipos de anticlericalismo e antimonarquismo. O primeiro-ministro Francesco Crispi, um siciliano com tendências autoritárias, viera tentando manter o país unido nos anos anteriores com resultados confusos. Antes um revolucionário protegido de Garibaldi e líder da revolta da Sicília contra o rei Bourbon de Nápoles, agora estava confortável com a monarquia italiana e apresentava uma propensão preocupante para falsas promessas e para o nacionalismo exacerbado. De fato, no final dos anos 1880, Crispi parecia completamente paranoico em sua tendência a ver planos franceses de uma invasão da Itália onde não existiam. Alertando os céticos líderes de seus próprios aliados, Alemanha e Áustria, de que uma conspiração franco-papal para derrubar o governo italiano estava a caminho, aumentou imprudentemente o orçamento militar italiano. Os impostos impopulares que daí resultaram e a exasperação da monarquia italiana – temerosa de que a insanidade de Crispi terminasse em guerra – finalmente levaram à sua queda no início de 1891. Mesmo assim, no verão já estava claro que o governo que o substituiu não duraria muito e parecia não haver ninguém que pudesse tomar o lugar de Crispi.

Os líderes da instituição mais profundamente enraizada da Itália, a Igreja Católica, acompanharam o desenrolar dos acontecimentos nervosamente. Convenceram-se de que precisariam dar um passo dramático para cessar os avanços que o movimento socialista burguês estava fazendo. Dois meses antes da apresentação de Barbieri perante o tribunal de Bolonha, o octagenário papa Leão XIII lançou a contraofensiva da Igreja, anunciando a histórica *Rerum novarum*. Esta encíclica, que acusava o capitalismo de cruel ao mesmo tempo que alertava os camponeses e trabalhadores urbanos quanto aos males do socialismo, marcou o início das tentativas da Igreja de aceitar lidar com os problemas econômicos e sociais do mundo moderno. Em 2 de agosto, em um congresso de trabalhadores em Milão, Augusto Turati, o líder socialista mais importante da Itália, apresentou uma moção clamando pela fundação do primeiro partido socialista do país.

Barbieri, que acompanhava estes assuntos de perto pela imprensa, mal teve chance de ler sobre o que acontecia em Milão, quando lhe chegaram as boas-novas do tribunal de Bolonha. Em 4 de agosto, o tribunal se pronunciou, concluindo que o professor Ravaglia, de fato, excedera-se ao apresentar sua opinião sobre um assunto sobre o qual não lhe cabia decidir. Os juízes aceitaram a argumentação de Barbieri. Concordaram em indicar outro médico perito, o professor Francesco Roncati, e anunciaram que adiariam o processo até que o laudo pudesse ser avaliado.

Roncati era um nome bem conhecido de Barbieri, pois era um dos homens de medicina mais proeminentes de Bolonha. No entanto, de alguma forma, ele parecia uma escolha peculiar. Longe de ser um especialista em sífilis – ou muito menos em obstetrícia ou pediatria –, Roncati era um dos primeiros psiquiatras da Itália, um homem mais conhecido por ter fundado e dirigido, por muito tempo, o asilo para insanos de Bolonha.

Se Barbieri ficou satisfeito com a deliberação do tribunal, o conde Isolani sentiu-se ultrajado e imediatamente pediu a seus advogados uma apelação. Certamente, ponderou o conde, não havia necessidade de outra opinião médica externa e, de qualquer maneira, era vergonhoso que o tribunal tivesse mandado o hospital pagar por isso. Se os juízes consideraram que o dr. Ravaglia fora além de sua autoridade, tudo bem. Mas por que, perguntava ele, a necessidade de uma nova investigação médica? O tribunal deveria simplesmente ignorar as partes do laudo que achava ofensivas e usar o restante, que respondia a suas questões.

O propósito da apelação de Isolani era suspender o caso e aguardar a deliberação do Tribunal de Apelações de Bolonha, um processo que levaria muitos meses. Mas, como logo se revelou, a pausa no julgamento ofereceu ao conde pouco descanso por parte das agonizantes amas de leite sifilíticas. Enquanto as notícias do caso Bagnacavalli alcançavam o interior, novas queixas começavam a surgir.

O caso mais típico era de uma mulher de Camugnano, uma cidade perto de Vergato. As autoridades souberam dele quando o dr. Zanini, o médico da cidade, escreveu ao administrador médico da província. Em abril de 1891, fora entregue a uma mulher de Camugnano um órfão com duas semanas de vida, o qual, um mês depois, desenvolveu uma erupção suspeita. O médico disse à mulher, Lucia Mancini, para devolver a criança imediatamente e ficar atenta a qualquer ferida no seio.

Quando Lucia levou o bebê para o orfanato, o médico do estabelecimento disse que o outro doutor havia cometido um erro e que a criança era saudável. Apesar dos encorajamentos, Lucia recusou-se a continuar com o bebê. Algumas semanas depois, notou uma ferida sifilítica no seio. Quase ao mesmo tempo, embora jamais lhe tivessem contado, o bebê desenvolveu um caso agudo de sífilis e morreu.

A própria filha de Lucia, de 19 meses de vida, logo apresentou os primeiros sinais da doença, então Zanini mandou ambas para a clínica de sifilíticos de Bolonha. No final de novembro, ele escreveu ao diretor do lar para crianças desamparadas, narrando os eventos, mencionando que Lucia tinha outros cinco filhos e que a família passava por extrema necessidade.

Quando este último caso lhe foi informado, Isolani iniciou uma investigação interna. O dr. Pinzani informou que a criança entregue a Lucia Mancini, de fato, morrera de sífilis, e, dado o tempo decorrido e a natureza do contágio da mulher, era muito provável que ela houvesse contraído a doença do bebê. Em resposta, Isolani autorizou os pagamentos para as viagens de Lucia e para sua permanência na clínica de sífilis. Tais custos logo cresceram quando, além de Lucia e sua filha, o marido e uma filha de oito anos de idade apresentaram os primeiros sintomas da doença e deram entrada na clínica, em janeiro de 1892. No final de abril, Isolani havia aprovado pagamentos no valor de 454 liras, alguns para as viagens de trem, mas a maioria foi feita diretamente para a clínica de sifilíticos.

Em meados de maio, enquanto Isolani esperava pela decisão do tribunal sobre sua apelação no caso Bagnacavalli, Pinzani lhe informou que havia acabado de receber uma carta do prefeito de Camugnano, ameaçando processar o conselho do hospital caso não ajudasse a pobre família de Lucia. Em vez de responder, Isolani decidiu ganhar tempo, em parte na esperança de que uma decisão favorável do tribunal no caso Bagnacavalli logo o fortalecesse para lidar com a outra mulher. O prefeito esperou seis meses, enquanto a família de Lucia afundava ainda mais na miséria. Finalmente, ele enviou uma nova carta para Isolani, a qual terminava com a ameaça: a menos que o conde tomasse uma atitude imediata para compensar a família, eles se veriam forçados a entrar com uma ação legal.

Dado o caso Bagnacavalli, Isolani não poderia aguentar outro processo de uma pobre família camponesa. Poucos dias depois de receber a carta do prefeito, finalmente mandou uma resposta. O lar para crianças desamparadas, explicou ele, entregava às amas de leite apenas aqueles bebês que aparentavam boa saúde. Era injusto da parte do prefeito querer responsabilizar o orfanato por doenças que as crianças desenvolviam posteriormente, assim como era injusto culpar a instituição, caso alguma mulher contraísse sífilis em resultado disso. Mesmo assim, embora o lar para crianças desamparadas não carregasse nenhuma responsabilidade moral ou legal, adicionou ele, o conselho, movido pelo sentimento de compaixão, sempre fez o que pôde para ajudar mulheres em tal situação a conseguir o tratamento médico de que precisavam.

A carta de Isolani não mencionou a diretiva do ministro da Saúde, de 1887, que obrigava os orfanatos a pagarem o tratamento em tais casos. Simplesmente concluiu pedindo ao prefeito para mandar o marido da mulher a Bolonha para que a compensação pudesse ser discutida. No sábado, 31 de dezembro, o homem fez a viagem de quatro horas até Bolonha, andando pelo mercado até o prédio principal do hospital, onde encontrou o conde e sua proposta. O conselho lhe pagaria 300 liras, mais a passagem de trem daquele dia, se ele e a mulher assinassem uma declaração de que jamais pediriam uma lira sequer e jurassem que não entrariam com nenhuma ação legal contra a instituição.

Alguns dias depois, Lucia e o marido andaram alguns quilômetros até o escritório do notário mais próximo, que tinha em sua mesa um documento preparado pelo advogado de Isolani. Pelas 300 liras, eles renunciaram a quaisquer direitos futuros de compensação advindos do orfanato. Nenhum dos dois assinou o documento, pois ambos eram analfabetos.

Nessa ocasião, os procedimentos do tribunal no caso de Amalia finalmente voltaram a seu curso. Depois de meses de espera, o Tribunal de Apelações informou que faria uma sessão sobre a apelação de Isolani, de 17 de maio de 1892. Representando Isolani e o conselho, estava o advogado Odoardo Ferrari e seu colega de 49 anos de idade, Pietro Baldini, contratado pelo conde para fortalecer sua equipe legal. O prestígio de Baldini não era baseado apenas em suas habilidades forenses. Também tinha boas relações políticas, tendo acabado de completar oito anos como representante de Bolonha no Parlamento, e, durante muito tempo, fora membro da assembleia da cidade e da província.[1] Com seu forte sotaque bolonhês, suas respostas de bate-pronto e sua gesticulação nervosa, Baldini apresentaria o caso, com Ferrari a seu lado.

Os juízes pediram que o público fizesse silêncio e que os advogados do hospital apresentassem sua argumentação. Baldini levantou-se e começou seus comentários, que duraram horas, sustentando que mais uma opinião médica não era necessária. O dr. Ravaglia, o especialista indicado pela corte, já havia esquadrinhado as provas meticulosamente e apresentara exatamente o tipo de avaliação objetiva que o tribunal pedira.

No entanto, Isolani e seus advogados não queriam somente que os juízes anulassem a decisão de uma nova opinião médica, queriam que o Tribunal de Apelações encerrasse o caso de uma vez.

O problema que os advogados do hospital enfrentavam desde o começo era não haver qualquer dúvida de que Amalia contraíra sífilis e, dada a natureza do sintoma inicial, em seu seio, havia pouca dúvida de como pegara a doença. Poderiam citar todas as evidências que quisessem dos diversos médicos do orfanato, para levantar dúvidas se os problemas físicos de Paola derivavam da sífilis, mas tudo levava a um problema que não podiam negar, que Amalia contraíra a doença ao amamentar um bebê e que a época da infecção coincidia perfeitamente com a da amamentação da órfã.

Se Baldini e seus colegas procuravam, de qualquer maneira, apresentar uma argumentação contrária, insistindo que Amalia não fora infectada por Paola, o fizeram com pouca segurança. A correspondência privada que mantinham com Isolani deixa claro que pensavam que Paola havia infectado Amalia. Se eles, apesar de tudo, prosseguiam com isso, o ponto mais fraco da argumentação deles, era em parte porque os médicos do orfanato se recusavam a mudar de opinião, acreditando que sua reputação profissional estava em perigo. E havia outra consideração. O próprio consultor médico do tribunal, Ravaglia – surpreendentemente, da perspectiva dos médicos do hospital – havia questionado se Amalia fora infectada por Paola.

Baldini viu-se em uma situação delicada. Incapaz de negar que Amalia contraíra sífilis de um bebê e também de apontar qualquer evidência de uma outra fonte que não fosse Paola, limitou-se a afirmar que não era responsabilidade sua provar a existência de tal fonte alternativa, mas que era dever de Amalia, a querelante, provar que ela não existia.

O elo mais fraco na corrente de evidências de Amalia, acreditava Baldini, era sua principal testemunha, o dr. Dalmonte, e ele fez o melhor para menosprezar o seu testemunho.

Como poderia o tribunal, perguntou ele, acreditar nas alegações de um médico que mal conseguia lembrar se examinara a pequena Paola uma ou duas vezes? Se sua lembrança de tal visita era tão enevoada, como poderiam os juízes acreditar que se recordava de encontrar um sifiloma no lábio inferior da criança, quando, em seu testemunho, Amalia jamais havia comentado sobre tal tumor? E quanta fé se poderia ter na competência de um médico que olha uma criança de três meses e pensa que ela tem um mês?

Uma vez que os juízes entendessem que o testemunho de Dalmonte se baseava em lembranças vagas, confusas, disse-lhes Baldini, poderiam ver claramente que as evidências mostravam que a doença de Amalia não foi causada pela órfã, porque Paola jamais teve sífilis. E isso, observou o advogado, não era simplesmente seu ponto de vista, mas também o do médico perito indicado pelo tribunal.

Baldini sabia que poderia vencer o caso de uma ou duas maneiras. A primeira era pelos argumentos que acabara de apresentar, criando uma dúvida razoável de que Paola jamais teve sífilis. Por sorte, ele sabia que, mesmo que não fosse bem-sucedido neste ponto, tinha uma segunda linha de defesa, ainda mais forte.

O caso de Amalia baseava-se na queixa de que os médicos do lar para crianças desamparadas, ao lhe entregarem Paola, violaram as normas da instituição e eram culpados por imprudência ou incompetência. Este ponto, disse Baldini, baseava-se em duas alegações: primeira, o bebê estava doente e as normas não permitiam entregar órfãos a amas de leite externas caso apresentassem quaisquer sinais de doença; segunda, o bebê já tinha sintomas anteriores que deveriam levar os médicos a suspeitarem de que era sifilítico.

Mesmo assim, sustentou Baldini, os dois argumentos eram infundados. Se o orfanato mantinha em sua guarda bebês com doenças comuns até que ficassem bons, não era devido a qualquer norma que visava à proteção da ama de leite, mas a uma simples questão de boa prática médica para salvaguardar a saúde do bebê. De qualquer modo, argumentou ele, as doenças que Paola sofreu – que levaram à sua cegueira e coluna deformada – se desenvolveram quando foi dada a Amalia.

Quanto à denúncia de que os médicos do orfanato ignoraram os sinais de sífilis em Paola, nenhuma prova reforçava tal alegação. A acusação baseava-se no testemunho do dr. Dalmonte sobre os sinais que ele disse que viu quando examinou a criança, mas isso só ocorreu depois de o bebê ter deixado o orfanato. Mesmo supondo que ele encontrou sinais de infecção sifilítica, isso não apresentava nenhuma evidência que apoiasse a alegação de que tais sinais haviam surgido antes.

Dada a clara falta de provas, concluiu Baldini, o Tribunal de Apelações simplesmente deveria encerrar o caso. No entanto, se os juízes acreditassem que isso era prematuro, acrescentou, deveriam pelo menos orientar a corte a decidir o caso sem a obrigação de qualquer opinião médica adicional.

Um mês depois, em junho de 1892, os cinco magistrados do Tribunal de Apelações chamaram os advogados das duas partes e leram sua decisão. Baldini ficou desapontado. Não havia base para arquivar o caso, decidiram eles. Embora concordassem com o advogado do hospital que a opinião inadequada de Ravaglia sobre como a corte deveria conduzir o caso não invalidava o restante de seu laudo, consideravam que o médico não lhes oferecera elementos para responder a uma das questões essenciais: Amalia contraíra sífilis da órfã? O tribunal, a corte decretou, encontrava-se no direito de procurar outro especialista para ajudá-lo a responder a tal pergunta.

Barbieri ficou aliviado, mas agora teria de esperar a nova opinião médica. Se não fosse melhor que a de Ravaglia, ficava difícil ver como Amalia poderia ganhar.

*Capítulo 9*

# O ataque do psiquiatra

O conde Isolani não ficou nada satisfeito quando soube da decisão do Tribunal de Apelações, e a abertura de outra frente em sua batalha pelo lar para crianças desamparadas não ajudou seu humor. Desta vez, a fonte de agonia não era uma pobre camponesa, mas o próprio governador.

Apesar de não ter sido eleito, o governador era o administrador público mais poderoso de Bolonha. Braço do governo central na província, ele tinha autoridade sobre a polícia e outras agências nacionais e a responsabilidade de assegurar que a lei estivesse sendo cumprida. Já o prefeito tinha um papel bem mais modesto. A política de transferir os governadores constantemente de uma província para outra garantia que eles não criassem laços com os interesses locais e não fossem leais a ninguém, a não ser ao ministro do Interior, em Roma.

Por um acaso, o governador de Bolonha morreu no cargo um mês antes da decisão do Tribunal de Apelações. Antes que um sucessor fosse indicado, outro prefeito escreveu para se queixar do orfanato, sem saber que o homem a quem se dirigia havia morrido. Em 19 de maio de 1892, o governador interino encaminhou a queixa ao diretor do lar para crianças desamparadas e assinalou em seu comentário que tais casos estavam acontecendo com uma frequência extraordinária. A isso acrescentou sua descrença de que a instituição seguia as diretrizes nacionais, editadas cinco anos antes, visando prevenir tal contaminação.

A história era rotineira: Adele Ghermandi, da comunidade montanhesa de Savigno, fora ao orfanato de Bolonha em março daquele ano para pegar uma criança para amamentar. Em dois meses, o bebê desenvolveu feridas terríveis e Adele o devolveu, mas a pobre mulher descobriu que já tinha o cancro duro denunciador em seu mamilo. Seguindo a orientação do médico da cidade, ela deu entrada na clínica de sifilíticos de Bolonha em 15 de maio.

Isolani respondeu à carta do governador interino imediatamente, listando cuidadosamente todas as precauções que sua equipe havia adotado. Instituíram uma nova política – um dos efeitos do caso Bagnacavalli –, mantendo na instituição todos os bebês abandonados até que completassem 16 dias de vida, para certificarem-se de que eles não apresentavam sinais de sífilis. Pedia-se às parteiras, que traziam crianças ao orfanato, que preenchessem um formulário informando quaisquer sinais da doença na mãe do bebê. Quando a criança era entregue a uma ama de leite, elas eram cuidadosamente instruídas a procurar feridas na pele do bebê e a devolvê-lo, se surgissem. No caso do bebê dado a Adele Ghermandi, afirmou ele, seguiu-se cada uma dessas medidas.

O governador interino mandou uma longa e furiosa réplica. As respostas às suas perguntas, protestou ele, foram grosseiramente inadequadas, os procedimentos empregados pelo lar para crianças desamparadas eram claramente deficientes. Qual a utilidade, questionava ele, do novo requisito de manter os bebês no orfanato por 16 dias? Era bem sabido que muitos bebês nascidos com sífilis apresentavam sinais da doença somente depois de semanas de vida. Da mesma forma, atacou a exigência de que as parteiras atestassem se encontraram quaisquer sinais de sífilis na mãe do bebê. O primeiro artigo da diretiva do ministro da Saúde, de 1887, escreveu o governador interino, não poderia ser mais claro. As mulheres que abandonam bebês tinham de apresentar tal atestado de um médico e não de uma mulher analfabeta e completamente desqualificada para tal diagnóstico.

A reunião de 11 de junho tratou de tais acusações; Isolani e seus colegas do conselho reagiram indignados. Apesar do que o governador interino insinuara, disse um dos membros, a diretiva de 1887 não tinha a forma de lei; sendo assim, não tinham a obrigação de segui-la. Estava claro, disse outro, que o gabinete do governador conhecia pouco os desafios que o hospital enfrentava.

Isolani e os membros do conselho achavam que os governadores de Bolonha, homens com educação privilegiada de outras partes do país, com pouca experiência com a vida rural, tinham uma visão irremediavelmente ingênua do universo camponês, o que estava implícito em sua aparente crença de que o orfanato era sempre o culpado quando uma ama de leite contraía sífilis. Tais mulheres viam os órfãos, disse um membro do conselho, como uma simples fonte de renda. Era tão provável, acrescentou, que tais mulheres infectassem órfãos saudáveis quanto o contrário.

Quando Isolani escreveu a resposta do conselho, Bolonha já tinha um novo governador, Alessandro Amour. Formado em Turim, aos 61 anos de idade, era quase a caricatura do peripatético alto funcionário civil, tendo trabalhado como *questore* – chefe de polícia da província – em quase todas as grandes cidades do país, de Turim, Milão e Florença a Nápoles e Messina. Então começou a subir os degraus até tornar-se governador, mudando-se para centros mais importantes.

Com pouco mais de duas semanas no novo cargo, Amour recebeu uma carta longa e combativa de Isolani. Furioso com o que viu como uma insolência aristocrática do conde, ele enviou uma resposta irônica. A circular ministerial de 1887 não era uma mera lista de sugestões do governo, informou ao conde, mas uma ordem que deveria ser obedecida. Não era permitido às parteiras trazerem bebês, a menos que tivessem o atestado de um médico que examinou a mãe de um deles. As amas de leite, por sua vez, deveriam levar os órfãos para exames médicos a cada duas semanas, pelo menos nos primeiros meses de vida do bebê, quando era mais provável de a sífilis aparecer. Ao final, mandava instruções para todos os prefeitos da província, ordenando aos médicos das cidades que se assegurassem de que tais providências estavam sendo tomadas.

Esta desagradável troca de cartas com o governador deixou o conde com um humor detestável. Mas seu moral subiu quando, uma semana depois, o advogado do hospital, Ferrari, deu notícias de uma conversa recente. Ele encontrara com o dr. Roncati e falaram a respeito do laudo que ele estava preparando para o tribunal no caso Bagnacavalli. O médico havia insinuado fortemente que o conde ficaria satisfeito com seu veredicto e que, disse ele, o enviaria para a corte em breve.

Tais notícias foram um grande alívio para o conde. Não conseguia ver como, com esta segunda opinião isentando o hospital, a corte poderia deliberar a favor da camponesa. O conselho do hospital teria o apoio unânime dos médicos peritos da própria corte e era representado por um dos advogados mais importantes de Bolonha. Do outro lado, tudo que o conde conseguia ver era um inepto médico do interior e um advogado inexperiente e presunçoso.

É claro que o conde conhecia Francesco Roncati, que exercera inúmeras vezes o cargo de diretor da Faculdade de Medicina da Universidade de Bolonha, e sempre acreditou que Roncati ficaria do lado do hospital. Mas ele ainda tinha pelo menos uma pequena preocupação o perturbando: embora Roncati fosse um pilar do *establishment*, tinha grande orgulho de sua reputação de incorruptível e via-se como um protetor altruísta dos desafortunados. Ainda que fosse verdade que Roncati havia devotado boa parte de sua carreira a cuidar dos pobres, certamente não romantizava a vida camponesa. Nisto, ele tinha os mesmos sentimentos que o conde: aqueles bem colocados na sociedade tinham responsabilidade para com os menos afortunados.

Nascido em 1832 no ducado de Módena, a apenas uns 40 quilômetros de Bolonha, mas, fora dos Estados papais, Roncati frequentara uma escola jesuíta antes de estudar medicina em Módena. Mal havia completado o curso, chamou a atenção do duque de Módena, Francisco V, e o próprio soberano pagou por seus estudos posteriores em Viena.

Quando Roncati voltou para casa, muito havia mudado. Não existia mais o ducado de Módena, a Itália estava unificada e seu benfeitor vivia no exílio. Procurando por um palco maior para começar sua carreira médica, voltou os olhos para Bolonha, recentemente liberta do governo papal. Em 1867, esperando trazer as mais avançadas teorias europeias para o tratamento da saúde mental para o novo Estado italiano, Roncati pediu às autoridades que lhe dessem um prédio no qual pudesse criar uma instituição moderna para os doentes mentais. Seu senso de oportunidade foi perfeito. A cidade encontrava-se com vários imóveis sob sua responsabilidade, graças à encampação de muitas propriedades da Igreja. Foi-lhe entregue um grande complexo de prédios que, até recentemente, havia sido um convento. Duas décadas depois, após lecionar medicina geral em Bolonha por muitos anos, Roncati foi premiado com a primeira cadeira de psiquiatria da universidade.

O doutor acordava todo dia às seis e passava a manhã recebendo pacientes em casa. Então pegava o bonde puxado por cavalos até a universidade, onde, às três da tarde, dava sua aula diária. Os estudantes jamais esqueciam Roncati, um grande homem, famoso por sua ironia mordaz e sátira ferina, nunca perdia a chance de dar sua opinião sobre o que estava errado com o mundo, sempre ansioso em destruir as ilusões das pessoas. Gesticulava dramaticamente quando lecionava, suas opiniões fortes eram memoráveis pelo costume de enfatizar as frases, que pensava serem importantes, pronunciando-as com imensa circunspecção. Depois da aula, pegava o bonde até o sanatório, onde trabalhava até a noite.

As impressões de Roncati sobre o caso Bagnacavalli eram influenciadas por suas fortes opiniões sobre a vida entre os camponeses das montanhas de Bolonha, pessoas que pensava conhecer bem como resultado de sua longa experiência no sanatório. No ano anterior, relatara tais impressões numa tentativa de explicar as causas da insanidade. Por que, perguntava ele, o sanatório transbordava de homens e mulheres da classe camponesa? A resposta, estava convencido, encontrava-se nas condições degradantes em que viviam. De todos os camponeses, pensava ele, os das montanhas enfrentavam as piores condições. Condenados à inatividade durante o inverno, por causa da neve, confinados em uma tapera esquálida como casa, sem qualquer defesa contra o frio, sem dinheiro para protegê-los, forçados a comer polenta com castanhas e a beber somente água, torturados pela preocupação com a incerteza do futuro e o bem-estar de suas famílias, escreveu Roncati, era muito fácil que se tornassem presas da melancolia e da doença mental.

Tais condições miseráveis, pensava ele, também explicavam o sucesso das ligas socialistas rurais, ainda que teorias socialistas plantadas na cabeça dos pobres camponeses os deixassem sem rumo. A ciência, dizia ele aos seus alunos, ensinava que as pessoas não eram todas iguais. Assim como algumas nascem bonitas e outras não, alguns são abençoados com a inteligência e outros, condenados à estupidez. Tentativas recentes de introduzir o sufrágio masculino universal na Itália, ensinava ele, expunham a ignorância fundamental da condição humana. Como dizia, a opinião de um homem de bom caráter, inteligente e bem informado valia mais do que a de um milhão de imbecis.

Este era o homem de ciência cuja opinião, no caso de Amalia, pesaria muito em seu processo ante o tribunal.

Em 4 de agosto, Roncati apresentou seu laudo à corte. Ele disse aos juízes que examinara cuidadosamente todas as provas, embora, ao contrário de Ravaglia, não tivesse entrevistado Amalia ou qualquer um dos médicos e enfermeiras, nem realizado qualquer exame. A questão, concluiu ele, era clara. O tribunal deveria desconsiderar a mal informada opinião do médico do interior, Dalmonte. O testemunho dele tinha sido um horrível amálgama de contradição, ignorância médica e lembranças incertas. Os médicos do lar para crianças desamparadas não tinham razão para acreditar que o bebê que entregaram a Amalia Bagnacavalli sofria de sífilis. Paola nascera com peso normal e suas doenças anteriores – conjuntivite gonorreica e infecção pulmonar – não tinham nada a ver com sífilis. Mesmo quando foi devolvida ao orfanato, as provas mostravam que ela não tinha a doença, a partir do momento em que a erupção que tinha desapareceu com a simples aplicação de uma solução, e a autópsia não apresentou sinais de sífilis em seus órgãos internos.

Verdade, assinalou Roncati, o médico de Vergato falou sobre um sifiloma no lábio do bebê e sobre a aparição de uma ferida sifilítica similar no seio de Amalia três ou quatro semanas depois, mas isso não fazia sentido. Um cancro sifilítico inicial no seio de uma mulher não se pareceria em nada com uma ferida sifilítica secundária que um bebê teria em seu lábio. Além disso, em seu laudo médico inicial, Dalmonte não mencionara tal ferida no bebê nem Amalia dissera nada sobre isso em seu testemunho.

Roncati certamente não negava que o surgimento de um sifiloma inicial no mamilo de Amalia três semanas depois de levar o bebê de volta ao orfanato correspondia satisfatoriamente com o período esperado de incubação da doença. Mas isso só poderia ser usado como prova de que ela contraíra sífilis de Paola se o próprio bebê tivesse a doença, o que, claramente, concluiu Roncati, não aconteceu.

Capítulo 10

# O sifilologista sovina

Parecia a Barbieri que não havia mais argumento algum. Desde o começo, ele achava que aquela era uma luta do conhecimento moderno, informado e científico contra a velha, tradicional e retrógrada maneira de fazer as coisas. Mas, como representante da ciência moderna, ele tinha apenas um médico do interior cujas vagas lembranças e o conhecimento questionável sobre sífilis haviam se tornado uma espécie de estorvo. Pior ainda, contra ele havia toda a classe médica de Bolonha. Tudo favorecia os médicos do orfanato, deixando-o com nada além de sua fúria moral e sua cliente sofredora.

Porém, não faltava a Barbieri coragem nem fugia ele de uma briga, mesmo quando o risco era grande e as probabilidades eram contra ele. Isso ficou claro no estranho caso que o lançou como defensor alguns anos antes, no mesmo tribunal onde o caso de Amalia estava sendo julgado.

Tudo começara num dia em 1887, quando ele tinha pouco trabalho e passava a maior parte do tempo na redação do jornal *La Patria*. Um advogado irritado, Giuseppe Barbanti, entrou correndo na redação, onde encontrou Barbieri conversando com amigos. Barbanti estava furioso com um artigo que saíra no jornal naquele dia que, em suas polêmicas contra os socialistas locais, referira-se a ele de forma aviltante, e ele estava convencido de que havia sido escrito ou, pelo menos, inspirado por Barbieri.

Aos 34 anos de idade – nove anos mais velho que Barbieri –, Barbanti colocara-se ao lado dos socialistas depois de um breve flerte com o anarquismo. Quando tinha 23 anos, conhecera

Bakunin, que havia chegado a Bolonha para fomentar uma insurreição contra o recém-criado Estado italiano. Quando a polícia prendeu 79 conspiradores, Barbanti, apesar de jovem, atuou como advogado do grupo, fazendo nome ao conseguir a liberdade de todos. Mais tarde naquele ano, tentou convencer Giuseppe Garibaldi, o ícone da unificação italiana, a ajudar na organização de uma expedição militar para auxiliar os sérvios, que se levantavam contra o domínio turco; o próprio Barbanti foi com duas dúzias de outros voluntários italianos aos Bálcãs para lutar, voltando para escrever as reminiscências de suas aventuras.

Vendo-se como o segundo entre os socialistas de Bolonha, perdendo apenas para Andrea Costa, Barbanti não toleraria uma ofensa a sua honra vinda do grupo do *La Patria*, menos ainda de um homem como Barbieri, que se colocava como defensor dos oprimidos e avatar da nova elite, um homem que era conhecido por ser filho de um desonesto notário das montanhas. Diante dos amigos de Barbieri, Barbanti contou ao advogado o que pensava dele de maneira tão contundente, que deixou Barbieri com poucas opções. Desafiou Barbanti para um duelo, desafio que foi aceito rapidamente.

Duelar tornara-se uma mania entre a classe política da Itália depois da unificação, e o embate Barbieri-Barbanti foi típico por ter suas origens em polêmicas de jornal. Incontáveis periódicos haviam iniciado seus trabalhos com a liberdade de imprensa trazida pela queda dos velhos regimes. Com pouco dinheiro para repórteres, dedicavam muito do seu espaço e praticamente toda sua energia em querelas com os rivais.

Barbieri tinha alguma razão para estar preocupado quando voltou para casa e contou a Bianca, com quem se casara poucos anos antes, o que acontecera. Acima de tudo, Barbanti não era somente alguns anos mais velho e mais experiente, mas ele havia lutado – mesmo que rapidamente – em uma guerra. Barbieri tinha pouca experiência em duelos e sabia de muitas pessoas que haviam ficado aleijadas ou até mesmo foram mortas no campo da honra.

O duelo devia ser lutado com espadas e encontraram um local conveniente em uma quinta fora da cidade.

No final da manhã de 8 de julho, os dois homens chegaram ao local indicado, ambos trazendo dois padrinhos. Fizeram um sorteio, e um dos padrinhos de Barbieri, Francesco Ballarini – dono do jornal cujo artigo havia causado o conflito –, foi selecionado para ser o juiz do duelo. O sol já estava brutalmente quente, então ele escolheu um local à sombra de uma árvore e mostrou aos homens onde deveriam ficar.

Ao sinal de Ballarini, o duelo começou. Depois de se rodearem cautelosamente, Barbieri fez um movimento e a espada cortou a mão direita de Barbanti. Vendo o sangue correr, Ballarini gritou "Alto", mas, enquanto Barbieri abaixava a arma, Barbanti continuou a avançar. Barbieri viu o arco que a lâmina traçou no ar enquanto balançava a cabeça para a direita, tentando, mesmo que tarde demais, sair do caminho. Sentiu o aço cortar-lhe a bochecha esquerda.

Alarmado, Ballarini gritou: "Isso é um duelo, não um assassinato!" Tardiamente, Barbanti abaixou a espada.

A notícia do duelo rapidamente chegou ao promotor público de Bolonha, que iniciou uma investigação. O duelo tornou-se o assunto de Bolonha e, durante o ano seguinte, jornais de Roma a Turim noticiaram a controvérsia com uma série de descrições de tirar o fôlego. Apesar de os duelos serem comuns, eles eram ilegais e o ferimento e a morte de cidadãos proeminentes tornavam-se um escândalo público. Ouvindo os rumores do incidente, o promotor decidiu não apenas acusar os dois advogados de duelarem, mas acrescentar uma outra acusação, o que deixou os jornais da Itália eufóricos. Barbanti, considerava o promotor, não estava, de fato, envolvido no duelo quando feriu Barbieri, porque, segundo as regras, os duelistas deveriam parar tão logo o juiz dissesse

"Alto". Barbanti, acusava o promotor, era culpado de agressão criminosa.

Os amigos e aliados políticos de Barbieri logo começaram uma campanha à boca pequena contra Barbanti, pintando um quadro de seu comportamento desonroso. Em 27 de julho, Barbanti replicou com uma carta indignada ao maior jornal de Bolonha. Aqueles que estavam espalhando tais rumores, escreveu ele, eram mentirosos ou tolos. Apesar de alegar que o próprio Barbieri apoiaria sua versão do duelo, em uma carta, dois dias depois, Barbieri foi evasivo, dizendo que, dado o seu estado emocional naquela época, não poderia dizer ao certo o que acontecera.

Quando o julgamento começou, quase dois anos depois, em 29 de março de 1889, uma multidão se espremia no tribunal. Era o julgamento do ano, com o prefeito e outros membros da elite de Bolonha chamados como testemunhas de caráter e as versões conflitantes dadas pelos padrinhos dos dois advogados.

Em um floreio dramático avidamente reportado pelos jornalistas presentes, os juízes organizaram um júri especial para aconselhá-los se Barbanti havia, de fato, violado as regras. Composto por seis especialistas em duelos reconhecidos nacionalmente, o colegiado, em uma espécie de julgamento dentro do julgamento, deliberou em separado. Entre os membros estava Felice Cavallotti, líder da extrema esquerda do Parlamento. A Cavallotti não faltava experiência. Ele morreria nove anos depois, aos 50 anos, ao lutar seu trigésimo terceiro duelo.

Sim, acharam eles, Barbanti continuara seu ataque depois de o juiz ter gritado "Alto", uma falta potencialmente grave. No entanto, o fizera no calor da emoção e parara quando Ballarini se colocara fisicamente entre os duelistas, com a própria espada em punho, algo que criticaram Ballarini por não ter feito antes. Devido a tais fatos, concluíram eles, Barbanti não poderia ser acusado de agir desonradamente.

No dia seguinte, os jornais de todo o país informaram a decisão dos juízes, com um semanário de Bolonha publicando um suplemento especial sobre o julgamento. Barbanti foi inocentado da acusação de ataque deliberado, mas os dois advogados foram considerados culpados de envolverem-se ilegalmente em um duelo. O tribunal tentou fazer deles um exemplo ao sentenciá-los a alguns meses de banimento de Bolonha, mas, no ano seguinte, poucos meses antes de a ama de leite analfabeta encontrar-se com Barbieri, o Tribunal de Apelações de Bolonha reduziu sua pena a uma multa simbólica de 20 liras, e a de Barbanti, de 50 liras.

Subitamente, o duelo tornara Barbieri uma celebridade em Bolonha e ele estava ansioso por alimentar sua reputação de homem a ser temido. Não se deixaria abater diante do revés no caso de Amalia, não enquanto ainda tinha a chance de mostrar que não era um advogado qualquer que fugiria ao primeiro sinal de adversidade.

Em consequência do laudo de Roncati, Barbieri compreendeu que só tinha uma última esperança, mísera que fosse. Teria de encontrar um médico perito que testemunhasse a favor de Amalia, alguém cujas credenciais excedessem as dos dois especialistas do tribunal. Mas onde encontraria tal pessoa, alguém não apenas de importância nacional, mas também disposto a colocar em xeque o julgamento profissional de seus colegas? E mesmo que pudesse achar tal médico, como o pagaria? Amalia, é claro, estava na bancarrota.

Se Bolonha tinha um especialista em sífilis renomado nacionalmente, capaz de fazer os conselheiros médicos do tribunal parecerem desqualificados, este homem era Pietro Gamberini – a primeira pessoa em quem Barbieri pensou. Quando Amalia fora à clínica de sifilíticos de Bolonha pela primeira vez, Gamberini era o seu diretor. De fato, não apenas dirigira a clínica por 30 anos, como também lecionara dermatologia e sifilologia (então considerada parte da mesma especialidade) na Faculdade de Medicina da Universidade de Bolonha. Sua reputação não era apenas local, era o editor da maior revista de estudos sobre sífilis da Itália. A cada ano, publicava inúmeros artigos sobre o assunto nas melhores revistas médicas italianas.

Gamberini seria o defensor ideal para a causa deles, mas, como descobriu Barbieri, não havia qualquer hipótese de que ele testemunhasse a favor de Amalia. Poucos médicos eram parte tão integrante do *establishment* médico de Bolonha quanto Gamberini. Levantar qualquer dúvida sobre o julgamento e a credibilidade de seus colegas da Faculdade de Medicina – Ravaglia e, especialmente, o diretor Roncati – era inconcebível. Fazer isso em um caso que oficializaria a possibilidade de uma camponesa acusar os médicos mais respeitados da cidade como responsáveis por sua saúde debilitada era pedir demais.

A personalidade de Gamberini também deu a Barbieri pouco motivo para otimismo. O sifilologista era bem conhecido em Bolonha como um sovina. Seus alunos se deliciavam ao vê-lo carregar, furtivamente, suas roupas surradas até um dos brechós que se alinhavam nas *piazze* para vendê-las por algum trocado. Embora sua *expertise* fosse amplamente reconhecida entre os colegas, sua teoria sobre a origem da sífilis lhe valeu a reputação de esquisito. A maioria dos especialistas remontava a doença ao Novo Mundo, teria sido levada à Europa pela tripulação de Colombo na viagem de volta, no começo da década de 1490. Gamberini, no entanto, estava convicto de que a sífilis já existia na Espanha antes disso. Ele acreditava que era uma praga conhecida apenas entre os judeus, que a trouxeram da Palestina séculos antes. A grande epidemia de sífilis na Europa em meados da década de 1490, então, não se explicava pela coincidência da volta de Colombo, mas pela expulsão dos judeus da Espanha em 1492. Foram estes judeus errantes, argumentava Gamberini, que espalharam sua doença à população cristã da Europa.[1]

Justamente quando a tarefa de encontrar um especialista em sífilis parecia impossível, ele teve uma chance. Gamberini estava envelhecendo. De fato, dois dias antes da primeira visita de Amalia à clínica, ele comemorara seu septuagésimo quinto aniversário. Sofrendo de catarata, que praticamente lhe roubara a visão, ele oferecia a seus alunos uma fonte infinita de anedotas hilariantes. Contavam como, em suas rondas hospitalares, ele dava diagnósticos absurdamente errados, por conta de sua relutância em admitir que mal podia enxergar. Com grande dificuldade (e não com pouca pressão), as autoridades do hospital e da faculdade de medicina finalmente se convenceram de que ele deveria se afastar do cargo e deixar alguém mais jovem carregar seus fardos. No ano seguinte, relutantemente ele deixou a clínica e a universidade, onde passara a maior parte da vida adulta.

Se Gamberini era um produto do velho mundo – graduado em um seminário católico sob o domínio dos Estados papais –, seu substituto, Domenico Majocchi, era um produto do novo mundo. Enquanto Gamberini era de Bolonha e parte de velha guarda da cidade, Majocchi era de Roma, onde estudara medicina e começara sua especialização em sífilis. Com apenas 30 anos, conseguira a cadeira de dermossifilologia da Universidade de Pádua. Sua reputação nacional cresceu na década seguinte, quando publicou grande quantidade de estudos acadêmicos. Em 1891, foi nomeado para assumir o lugar de Gamberini na Universidade de Bolonha.

Majocchi estava em Bolonha fazia pouco mais de um ano quando Barbieri foi vê-lo no hospital. O recém-chegado ainda não se sentia totalmente à vontade em meio a todos os sinais do predecessor, desde a muralha de livros de medicina – tantos em francês e em alemão quanto em italiano – até a mobília pesada e escura. O jovem advogado se esforçou para explicar o caso de Amalia nos poucos minutos que Majocchi lhe dispensou. Barbieri não tinha certeza sobre o que esperar e, não fosse por sua determinação – seus detratores chamariam isso de ambição doentia –, não teria se colocado em tal posição. Qual a probabilidade de um novo catedrático médico querer pegar uma causa em que lhe pediam para investir uma boa quantidade de tempo e sua reputação profissional sem muita chance de pagamento e em que somente uma coisa era certa: se aceitasse a oferta de Barbieri, tornaria seu acolhimento no mundo médico de Bolonha cem vezes mais difícil.

No entanto, quanto mais Majocchi ouvia, mais intrigado ficava. Embora ele e o jovem advogado tivessem personalidades bem diferentes, ambos se tornaram adultos durante os inebriantes anos da formação da nova nação italiana e da demolição do velho regime de papas, duques e dominação estrangeira. Estavam convencidos de que uma nova geração, empenhada em introduzir métodos modernos e científicos, estava destinada a substituir a velha geração, arraigada às formas tradicionais. Além disso, em seu primeiro ano na clínica de Bolonha, Majocchi deparou-se com um terrível número de casos de camponesas das montanhas que contraíram sífilis de bebês do orfanato e que infectaram outros na própria família. Era um escândalo a respeito do qual, pensava ele, alguém precisava tomar alguma providência.

Barbieri, temendo que o médico simplesmente o descartasse, preparara um calhamaço para que ele lesse. Trazia cópias dos atestados redigidos pelo dr. Dalmonte e pelos médicos que examinaram Amalia na clínica de sífilis na qual se encontravam. Apresentava também uma cópia do laudo da autópsia de Paola, executada pelo dr. Berti, cópias de todos os testemunhos médicos da primeira fase do julgamento e os laudos dos peritos indicados pelo tribunal.

Em meio ao tumulto da clínica, com dúzias de homens e mulheres passando pelo repulsivo tratamento com mercúrio e a batalha constante para detectar sinais de sífilis em mulheres desesperadas para esconder suas feridas e evitar o confinamento, Majocchi não conseguiria ler a impressionante pilha de documentos e decidiu levá-la para casa. Nos dias seguintes, leu todo o material e, depois de pesar cuidadosamente as implicações de defender a causa de Amalia, mandou uma mensagem para Barbieri. Ele pegaria o caso.

*Capítulo 11*

# Um novo paladino

Quando Barbieri recebeu o rascunho do laudo de Majocchi, algumas semanas depois, sentiu-se esperançoso pela primeira vez em um longo tempo e, com energia renovada, preparou sua defesa para o tribunal. Em 18 de abril de 1893, três anos depois de Amalia devolver Paola ao lar para crianças desamparadas, o juiz abriu a sessão do tribunal para ouvir os argumentos finais. Barbieri falaria primeiro.

Era o momento pelo qual ele vinha esperando havia muito tempo. Ponderou como poderia fazer melhor suas argumentações e decidiu que um apelo às emoções era tão importante quanto um apelo às leis. Ao se levantar para falar aos juízes de togas pretas a sua frente, começou em um tom emocional.

A ação que se apresentava, disse ele, era um entre os muitos casos trágicos que se abatiam sobre as mulheres das áreas rurais de Bolonha. Estas pobres camponesas, tentadas pela perspectiva de conseguir a ínfima quantia de nove liras por mês, estavam sendo arruinadas, infectadas com a terrível doença cujo próprio nome inspirava medo.

Então Barbieri recontou, brevemente, a história de Amalia: como lhe foi entregue o bebê doente, como ela o levou ao médico local e como Dalmonte disse-lhe que o bebê tinha sífilis e mandou que devolvesse a criança.

Mas para Amalia, falou ele aos juízes, era tarde demais. Ela já estava infectada e logo os primeiros sinais da trágica doença apareceriam, anunciando o início da enfermidade que lhe roubaria a saúde e a deixaria sem esperança de cura. Como se não fosse o suficiente, ela passaria pelo horror de infectar não apenas o marido, mas também a pequena filha.

Barbieri recapitulou os depoimentos do primeiro estágio do julgamento, começando pela narrativa de Dalmonte de seu exame de Paola e a descoberta dos primeiros sinais de sífilis em Amalia.

Então se voltou para o testemunho dos médicos do orfanato, que insistiram que agiram de forma responsável e que seguiram todos os procedimentos prescritos. Uma vez mais, Barbieri foi ao ataque. O Tribunal de Apelações, lembrou ele aos juízes, havia, ao sustentar sua decisão de procurar uma segunda opinião médica externa, observado que o depoimento dos médicos do lar para crianças desamparadas não podia ser levado em consideração. O tribunal tinha de examinar a possibilidade de que, como réus no julgamento, os médicos estavam elaborando uma história que entrelaçava fato e ficção, uma história dirigida não para contar o que aconteceu, mas o que eles desejavam que tivesse acontecido.

O problema que Barbieri enfrentava em sua linha de pensamento era que ela destacava a importância do laudo de Roncati. Ao alegar que o tribunal não poderia confiar no testemunho de *partisans* do caso, mas precisava confiar em um testemunho médico profissional e objetivo, ele parecia colocar muito peso nas opiniões dos dois médicos indicados pelo tribunal para tal propósito. Mas ambos haviam ficado do lado do hospital. Em suas apresentações anteriores ao tribunal, atacara o primeiro laudo médico, apresentado pelo dr. Ravaglia. Apelara então para que o tribunal indicasse um segundo médico perito. Mas o laudo do dr. Roncati fora ainda mais hostil à causa de Amalia. Só restou a Barbieri uma forma de vencer o caso. Ele teria de desacreditar Roncati, um dos gigantes do *establishment* médico de Bolonha.

Se o professor Ravaglia cometera um erro ao apresentar muitas dúvidas, começou Barbieri, e ao oferecer julgamentos sobre assuntos que não lhe cabiam decidir, o professor Roncati errara ao não levar suficientemente em conta as provas que supostamente serviriam como base para seu julgamento de especialista. Em vez de fazer o que o tribunal lhe ordenou e apresentar um exame objetivo das provas, acusou Barbieri, Roncati simplesmente aceitara o depoimento dos médicos do orfanato. De fato, o que Roncati apresentara não era um exame científico, mas uma tentativa malsucedida de defender seus colegas. O ilustre "frenologista" – como Barbieri o chamou – o perdoaria, esperava ele, por dizê-lo, mas seu laudo estava em total desacordo com os princípios mais básicos da dermossifilologia.

Uma simples olhadela no laudo de Roncati, disse o advogado, revelava seus métodos. O dr. Dalmonte havia testemunhado que encontrara uma ferida sifilítica no lábio de Paola, quando a examinou, e Roncati sumariamente descartou a existência desta prova simples e categórica. Simplesmente afirmou: "Devemos nos apegar firmemente ao nosso julgamento de que tal sifiloma jamais existiu no lábio do bebê." Incapaz de negar a existência do cancro no mamilo de Amalia, seguiu as insinuações do dr. Bruers ao sugerir que deveria ter outra causa qualquer. E, depois de admitir que este tipo de erupção ulcerada que Paola tinha no corpo era um sinal comum de sífilis, ele se apressou em negar a possibilidade de que fosse a doença, citando a alegação do médico do orfanato de que tal ferida sarara rapidamente com um tratamento simples.

O professor Roncati, acusou Barbieri, tinha claramente e apenas um objetivo: defender o lar para crianças desamparadas e, especialmente, defender seus colegas, mesmo com o risco de contradizer-se.

No entanto, além destes problemas, disse o advogado, havia outros. Embora fosse um eminente especialista em distúrbios nervosos e mentais, Roncati estava menos acostumado com as questões médicas em debate neste caso. Obviamente, quando os juízes procuravam por um especialista, a primeira pessoa em quem deveriam ter pensado seria o detentor da cadeira de dermossifilologia na universidade. Como na época a cadeira estava vazia, depois da aposentadoria do catedrático, uma solução menos satisfatória teria de ser encontrada.

Ao ler o laudo de Roncati, disse Barbieri, e perceber o quão deficiente ele era, entendeu que só tinha uma escolha. Foi impelido não apenas pelo desejo de ver a justiça ser feita e pelo senso de dever, mas principalmente pela piedade por aquela família cuja saúde havia sido destruída e cujos entes queridos adoeceram e morreram. Procurou então o professor Domenico Majocchi, que agora ocupava a cadeira de sifilologia na universidade e era o novo diretor da clínica de sifilíticos, para que esclarecesse toda a confusão.

Impossibilitado de chamar Majocchi para depor, já que nenhuma testemunha poderia ser ouvida nesta fase do julgamento, Barbieri apresentou o testemunho do médico em sua alegação final.

O laudo de Majocchi, informou Barbieri, primeiro enfocou a questão se Paola teve ou não sífilis. Depois de examinar todas as provas, reportou o médico, não havia dúvida de que a órfã tinha a doença. Isso ficava evidente, alegou ele, pelo tipo de muco que saía do nariz e da boca e, posteriormente, pela ferida do lábio e a erupção característica nas costas. Estes últimos dois sintomas eram manifestações inquestionáveis do segundo estágio da sífilis, quando era mais contagiosa.

Mesmo antes de os sinais mais óbvios aparecerem, argumentou Majocchi, a perda de visão de Paola deveria ter levantado a suspeita de que ela sofria da doença. A descrição dos sintomas, observou ele, não coincidia com aqueles associados à conjuntivite gonorreica, na qual comumente se viam sinais de inflamação. Porém, ainda mais importante, os médicos do lar para crianças desamparadas deixaram de utilizar o conhecimento médico mais recente. Em 1879, Albert Neisser tinha identificado a espiroqueta que causa a gonorreia. Atualmente, afirmou Majocchi, era sinal de boa prática médica usar um microscópio para determinar se a espiroqueta estava presente quando havia a suspeita de gonorreia.

Na falta de uma investigação microscópica adequada, apontou Majocchi, não via qualquer motivo para não se considerar a doença ocular de Paola como resultado de sífilis congênita, que frequentemente produzia tais sintomas. De qualquer forma, na falta de qualquer prova de que tal mal era produzido pela gonorreia, os médicos não poderiam excluir sífilis congênita como causa.

Em sua defesa, observou Majocchi, os médicos do orfanato deram grande importância ao fato de que nenhuma das duas mulheres que amamentaram Paola em seus primeiros meses no lar para crianças desamparadas contraíra sífilis. No entanto, destacou ele, somente quando o bebê desenvolve completamente o segundo estágio contagioso da doença, especialmente com o surgimento das feridas sifilíticas nos lábios e língua, haveria alto risco de infectar para a mulher que o amamenta. Paola nasceu com sífilis, mas os primeiros sintomas surgiram nos olhos e no nariz, cujos efeitos são muito menos contagiosos. O professor de sifilologia de Bolonha estava convicto de que a menina sofria de sífilis congênita e que existiam numerosas razões para que os médicos do orfanato suspeitassem disso antes mesmo de ela ir para a amamentação.

Quando Barbieri completou a leitura do testemunho de Majocchi, sentiu que Amalia tinha uma chance, que ele tinha uma chance. No tempo que ainda restava para seus comentários, queria aumentar a vantagem, tentando desmantelar a defesa do hospital.

De que Amalia contraíra sífilis da órfã não havia dúvida, argumentou Barbieri. Só restava aos adversários contestar que o hospital tivesse responsabilidade legal por isso. Com esse objetivo, eles alegaram que os procedimentos corretos haviam sido utilizados para evitar a disseminação da sífilis entre as amas de leite. Argumentaram que, apesar destas medidas, era inevitável que algumas mulheres ainda contraíssem sífilis dos bebês que lhes eram entregues, e por isso a lei não poderia responsabilizá-los. No entanto, observou Barbieri, tais procedimentos corretos claramente não foram seguidos no caso de Amalia.

O hospital também alegou, acrescentou Barbieri, que nada no contrato com as amas de leite dava às mulheres qualquer direito legal de exigir indenização por ter contraído sífilis. O contrato, de acordo com o hospital, estipulava apenas que tipo de trabalho era requerido das mulheres e o quanto o hospital estava disposto a lhes pagar. Não garantia que elas não sofreriam danos e não lhes prometia nada caso se ferissem.

Neste ponto, Barbieri estava num terreno que conhecia bem, pois, em seu tratado sobre a correta governança moderna, denunciava tais argumentos como impróprios para uma sociedade esclarecida. Coração e mente rebelavam-se contra tal linha de defesa, disse ele aos juízes. Legalmente falando, a questão se resumia a se um empregador era obrigado a zelar pela segurança do trabalhador. Os patrões tinham o dever de fazer todo o possível para salvaguardar os empregados de perigos? Sim, insistiu ele, eles tinham.

Barbieri conclamou os juízes a declararem o orfanato e o conselho do hospital responsáveis pelas ações de seus empregados e pelos danos materiais e morais sofridos por Amalia Bagnacavalli em consequência do bebê que lhe foi entregue para amamentar. Eles deveriam, instou ele, ordenar que o conselho do hospital, na pessoa do seu presidente, conde Francesco Isolani, a compensasse por todos os prejuízos que havia sofrido. Finalmente, requereu Barbieri, eles deveriam fazer o hospital pagar por todas as custas legais de Amalia.

O jovem advogado, depois de dois dias em pé, havia terminado. Apesar da excitação pela sua maratona de argumentação, sabia que lutava contra forças muito maiores. Os juízes podiam ter achado sua argumentação plausível, mas ainda tinham de ouvir a outra parte, que seria representada por um dos cidadãos mais eminentes de Bolonha.

O testemunho de Domenico Majocchi, apresentado por Barbieri no último minuto, caiu como uma bomba para o conde Isolani e seus advogados. Até aquele momento, em quase três anos, nenhum médico perito havia defendido a queixa de Amalia. A única testemunha médica que Barbieri fora capaz de apresentar, o dr. Dalmonte, mostrou-se um alvo fácil para os advogados do conde, apoiados como estavam no depoimento de alguns médicos do orfanato como no dos especialistas indicados pelo tribunal.

Pietro Baldini, o principal advogado do conde no drama do tribunal, não perdeu tempo em lançar uma contraofensiva, preparando-se para encontrar o que pudesse sobre o novo diretor da clínica de sífilis. Logo soube que teria um feliz aliado em Pietro Gamberini, pois o antigo diretor ressentia-se profundamente do homem que o havia substituído. Como o novo professor atacaria o conselho do hospital e ridicularizaria o velho colega de Gamberini, Francesco Roncati, alimentaria ainda mais a sua raiva.

Em 28 de abril, pouco mais de uma semana depois de Barbieri apresentar o testemunho de Majocchi, apareceu o ataque de Gamberini na forma de um panfleto intitulado "A opinião de Pietro Gamberini, ex-professor de dermopatologia e membro da Clínica de Sífilis da Universidade de Bolonha, no caso Bagnacavalli *versus* os hospitais".

Tinha a forma de uma carta dirigida ao advogado do hospital. Se o próprio Gamberini pagou pela publicação ou se o conselho do hospital ofereceu-se para cobrir a despesa, não se sabe. Embora Gamberini fosse um sovina famoso, poderia muito bem ter-se permitido tal gasto para poder macular a reputação do sucessor. O fato de aquele homem mais jovem estar agora se vangloriando de uma visão científica mais moderna o enlouquecia.

"Estimando seu convite cortês para me expressar sobre a análise dos dois eminentes laudos sobre o caso Bagnacavalli, o do professor Majocchi e o do professor Roncati", começou Gamberini, "apresento as seguintes reflexões."

De forma concisa, abordou todas as deficiências que encontrou na análise de Majocchi. A infecção ocular do bebê, começou ele, não apresentava sinais de ter sido causada por sífilis, apesar das alegações em contrário de Majocchi. A autópsia revelou claramente que o bebê morrera de uma infecção pulmonar, sem sinais de sífilis nos órgãos internos. Foi declarado que as pústulas ao redor da boca do bebê e em suas costas eram provas de sífilis, mas como elas poderiam ter desaparecido depois de uma simples aplicação de uma solução qualquer? O professor Majocchi não fez menção ao sinal clássico de sífilis no corpo do bebê, uma série de linfas inchadas, sintomas que, se tivessem aparecido, não poderiam ter escapado à atenção dos médicos do orfanato. Com relação ao cancro sifilítico inicial no seio de Bagnacavalli algumas semanas depois de ela devolver a órfã, perguntou Gamberini, era tão difícil assim acreditar que ela contraíra a doença por amamentar algum outro bebê que não fosse Paola?

Em resumo, o ex-diretor da clínica de sifilíticos de Bolonha apoiava amplamente as descobertas do professor Roncati. O bebê não apresentava sinais que poderiam efetivamente indicar aos médicos do lar para crianças desamparadas a suspeita de que a menina tinha sífilis.

Embora Baldini fosse capaz de expor a arenga do médico como prova, apresentando-a como um documento suplementar ao tribunal, o público que interessava mais a Gamberini não era os juízes, mas os colegas de hospital e universidade, que o forçaram a sair. Sua mensagem era clara: o novo chefe de sifilologia de Bolonha não era páreo para seu antecessor.

Se Gamberini estava enraivecido com a interferência de seu sucessor no caso, Francesco Roncati estava furioso. Em tantas décadas de prática, de ensino e na direção de um grande hospital, jamais teve sua competência questionada de tal maneira. Como Barbieri havia conseguido a publicação do testemunho de Majocchi, Roncati logo tinha uma cópia em mãos. Não precisou que os advogados do hospital o convencessem a escrever uma réplica para o tribunal e publicá-la. Ninguém poderia privá-lo de defender seu bom nome. Um mês após Gamberini enviar sua defesa de Roncati, o diretor do asilo para insanos entregou ao advogado sua própria refutação detalhada.

Foi com a sensação de profundo desprazer, começou Roncati, que ele lera a opinião de Majocchi. Entendia que este laudo não tinha fé oficial nos procedimentos d tribunal, mas dada a grande autoridade de Majocchi, cujas conclusões tão diretamente contradiziam as suas próprias, considerava seu dever respondê-las.

Por motivos que não podia explicar, escreveu Roncati, seu colega estava tão ansioso em defender o trabalho do dr. Dalmonte que acabara por ignorar todas as deficiências do depoimento do médico montanhês. Analogamente, ignorara ou inexplicavelmente interpretara mal todas as evidências médicas do orfanato mostrando que o bebê jamais teve sífilis.

Nos primeiros parágrafos, Roncati, com dificuldade evidente, adotou um tom respeitoso, até mesmo formal. No entanto, não conseguiu controlar a raiva por muito tempo e, ao final da carta, lançou um ataque devastador ao novo colega. O professor Majocchi, acusou ele, havia usado uma série de sofismas, alegações sem base, fatos dúbios e premissas falaciosas para ilegitimamente sustentar uma tese completamente arbitrária.

Agora Baldini tinha aquilo de que mais precisava: uma refutação ponto a ponto ao ataque de Majocchi. O formidável dr. Roncati havia demonstrado a fragilidade do argumento de Majocchi, e o predecessor deste, um gigante na área, revelara publicamente que rejeitava o argumento de Majocchi. O advogado do hospital encarava, agora, o estágio final do julgamento com grande confiança. Preparou suas alegações finais, sabendo que os juízes emitiriam sua decisão pouco depois.

*Capítulo 12*

# Opiniões conflitantes

Em 12 de junho de 1893, quase dois meses após Barbieri ter apresentado as acusações de Majocchi de conduta médica ilegal ao tribunal, os juízes reuniram-se para ouvir a defesa do hospital.

Eram tempos incertos para os profissionais de Bolonha. A economia ainda não havia se reerguido da crise na agricultura, o que ajudava a alimentar um movimento socialista crescente. Era especialmente alarmante para eles que, assim como os socialistas avançavam rapidamente, o Estado parecia desesperadamente inepto.

Os socialistas, havia muito divididos por conflitos internos, tinham mostrado sinais recentes de união. No ano anterior, no aniversário do quarto centenário da partida de Colombo do porto de Gênova, congregaram-se naquela cidade e – depois de um protesto no primeiro dia do encontro pela ala anarquista – fundaram o Partido Nacional dos Trabalhadores Italianos, que logo se tornaria o Partido Socialista Italiano.

Embora o movimento dos trabalhadores organizados, com sua rede espalhando-se rapidamente pelos sindicatos urbanos locais e pelas ligas camponesas, estivesse concentrado na parte norte da Itália, as melhores notícias daquele ano vieram de uma área que se pensava estar afastada dos modernos movimentos políticos. Apenas duas semanas antes da reunião do tribunal, centenas de delegados encontraram-se em Palermo para formar a Liga Camponesa Siciliana. Clamando pelo fim do domínio semifeudal dos grandes proprietários de terras, o encontro aconteceu depois do massacre de uma dúzia de camponeses que, em 20 de janeiro, haviam sido fuzilados nos arredores de Palermo, enquanto protestavam por terras para cultivo. Jornais por todo o país estavam repletos de polêmicas ferozes sobre o papel dos *carabinieri* neste confronto sangrento.

Com os socialistas organizados no norte e no sul, o governo italiano parecia paralisado. O primeiro-ministro, Giovanni Giolitti, da esquerda moderada, mal conseguia manter-se no poder, vítima de um grande escândalo financeiro. Em janeiro, os presidentes de diversos dos maiores bancos do país haviam sido presos sob acusação de corrupção. A raiva popular cresceu quando, no mesmo mês, os jornais anunciaram o assassinato do vice-presidente do Banco da Sicília, pouco depois de ter denunciado o diretor do banco por corrupção.

No entanto, as desordens espalhadas por todo o país favoreceram Baldini. Como proprietários de terras, os juízes estavam assustados. A época parecia pedir menos do senso de *noblesse oblige* e mais do sentido de proteger o perímetro, uma proteção das devidas linhas de autoridade. Pelo menos era o que o advogado do conde esperava quando se levantou para contestar o argumento da ama de leite sifilítica.

Amalia Bagnacavalli, começou Baldini, havia claramente falhado em provar seu argumento, quer por seu próprio depoimento, quer pelo laudo do dr. Ravaglia. Os juízes decidiram procurar uma segunda opinião médica,para se certificarem de que a justiça fosse feita. O homem que chamaram, o ilustre professor Roncati, foi uma escolha inteligente. De fato, era difícil julgar qual era o melhor, a vasta autoridade científica de Roncati ou sua lendária integridade, disse Baldini. Depois de examinar todas as provas cuidadosamente, ele achou, sem sombra de dúvida, que Paola Olivelli jamais tivera sífilis e, portanto, nunca poderia ter passado tal doença à própria ama de leite.

Em desespero, o advogado da pobre mulher foi procurar uma maneira de salvar a causa perdida. No professor Majocchi, reconheceu Baldini, Barbieri finalmente encontrara alguém disposto a contestar os achados do professor Roncati. Mas quem sabe, perguntou ele, quantos outros especialistas ele havia procurado antes de encontrar um que lhe servisse? No entanto, ele poderia ter-se poupado desse esforço. Não era, alegou Baldini, com opiniões não oficiais como esta, preparadas a pedido de uma das partes, que alguém poderia seriamente minar a autoridade das avaliações de uma investigação requerida pelo tribunal. Ao contrário de Majocchi, Roncati agira a pedido do tribunal, tendo como único alvo estabelecer a verdade e ver a justiça ser feita.

Tendo feito o máximo para mostrar que Amalia não contraíra sífilis da órfã que lhe fora dada, mesmo sabendo que este não era o ponto mais forte da sua argumentação, o advogado do hospital encaminhou-se para sua segunda linha de defesa.

Mas vamos admitir, disse ele, que as provas mostrassem que Paola sofria mesmo de sífilis e passou esta doença terrível para Amalia. Ainda assim, insistiu o advogado, a queixa dela não teria base legal, pois o dano que sofreu não adveio da falta ou da negligência do conselho do hospital ou dos médicos do orfanato.

O conselho entendia que o lar para crianças desamparadas era regido por uma série de regras apropriadas: bebês que, após cuidadosos exames médicos, não apresentavam sinais de sífilis eram entregues para amamentação dentro da instituição e depois para amas de leite externas. Se, por algum motivo, se suspeitasse de que um recém-nascido tinha sífilis, ele era entregue para ser amamentado por uma sifilítica ou alimentado artificialmente. Por meio destas regras, argumentou Baldini, o conselho atendia duas necessidades cruciais: assegurar que as amas de leite não eram desnecessariamente expostas ao perigo de contaminação e fornecer aos bebês abandonados o tipo de alimentação que a natureza requeria, fonte de vida para eles. De fato, normas médicas quase idênticas eram utilizadas em orfanatos por todo o país.

Certamente, disse o advogado do hospital, mesmo com estas e outras providências, era impossível evitar todos os casos de infecção, pois algumas vezes os primeiros sinais de sífilis não apareciam até alguns meses depois do nascimento. Eliminar qualquer risco para a ama de leite significaria privar do leite de que tanto precisam até mesmo aqueles órfãos que não apresentavam sinais da doença. Adotar tal medida perversa seria, alegou Baldini, o equivalente a condenar a maioria deles à morte certa.

Então, Baldini dirigiu-se confiante para o que sabia ser o ponto mais forte de sua argumentação. Considerem, disse ele, as implicações dos depoimentos contrastantes dos doutores Roncati e Majocchi. Se simplesmente víssemos tais testemunhos como opiniões respeitáveis de dois eminentes homens de ciência, teríamos de concluir que, ao examinar os fatos antes deles, os médicos do orfanato poderiam ter chegado a conclusões diferentes, cada uma perfeitamente respeitável. Imputar culpa legal a um médico por seu diagnóstico, quando as questões diante dele motivavam interpretações conflitantes dentro da profissão, seria, declarou o advogado, uma afronta.

Neste ponto, Baldini citou uma série de jurisprudências no sentido de que um médico não poderia ser responsabilizado por qualquer erro, a não ser que ficasse comprovado que fora resultado de sua própria negligência, ignorância ou total incompetência.

Como, perguntou o advogado, alguém poderia alegar que os médicos do orfanato eram culpados de negligência ou mesmo imprudência? Um homem estudioso, respeitável e íntegro como o professor Roncati não declarara, em sua investigação meticulosa, que os médicos haviam seguido todos os cuidados necessários neste caso? E se foram enganados pelos sinais de sífilis que Paola apresentava antes de ser entregue a Amalia – algo, acrescentou rapidamente Baldini, que o professor Roncati claramente refutara –, como alguém poderia dizer que tal erro era o efeito de tão indesculpável ignorância, quando um dos homens mais ilustres, que honra sua profissão, poderia ter incorrido no mesmo erro?

A outra parte, disse Baldini aos juízes, alega que, quando um empregador contrata alguém para fazer um trabalho perigoso, deve assumir a responsabilidade pela segurança do empregado. Mas, de fato, disse o advogado, tal ônus legal consistia apenas na obrigação do patrão em certificar-se de que as condições eram tão seguras quanto razoavelmente possível. Uma vez que fez isso, não poderia ser responsabilizado por qualquer dano que o empregado sofresse.

Verdade, admitiu Baldini, que, nos últimos anos, tanto a moderna ciência quanto a moderna legislação procuravam oferecer maior proteção ao trabalhador. Mas, se eles já gozavam do tipo de proteção ampla que a outra parte alega, perguntou ele, por que havia tanta controvérsia no Parlamento sobre as novas leis propostas pela extrema esquerda para proteger o trabalhador ainda mais? Se tais proteções já existiam, por que o movimento trabalhista fazia tanta agitação por tal legislação hoje?

Finalmente, disse o advogado, havia a questão dos pagamentos que o conselho do hospital fizera no passado às mulheres que contraíram sífilis dos bebês. Era verdade que, nesses casos em que a ama de leite contraíra a doença, o hospital se oferecera para pagar o tratamento. Mas isso não poderia ser usado para mostrar que o hospital reconhecia a responsabilidade de compensar tais mulheres pelos danos. Longe disso, tais pagamentos eram requeridos pela circular ministerial de 1887 com a única intenção de proteger o público da disseminação da doença.

Para concluir, Baldini lembrou ao tribunal que, em uma ação cível como aquela, cabia ao acusador o ônus da prova e não à defesa refutá-la. Mesmo assim, declarou ele, a versão que a outra parte tinha do caso mostrou-se claramente errônea, a falha que eles declararam ter sido apresentada jamais aconteceu, a obrigação que alegavam que o hospital tinha com Amalia mostrou-se não derivar nem da lei nem do acordo sob o qual foi contratada.

Não somente o conselho do hospital deveria ser considerado inocente das acusações contra ele, exortava Baldini, como o tribunal deveria obrigar seus acusadores a pagar todas as despesas legais que tal ação descabida lhes custou.

Barbieri podia sentir que o caso não ia bem. Sua estratégia dependia de ter a opinião de Majocchi como última palavra, e, ao apresentar o laudo do médico em sua conclusão, estava confiante de que havia sobrepujado a oposição. Porém, quando soube que Roncati preparara uma resposta detalhada, uma refutação ponto a ponto da crítica de Majocchi e que a réplica de Gamberini ao mesmo laudo também seria arquivada como prova, novamente ficou nervoso.

O que podia fazer? Era privilégio da defesa ter a última palavra no julgamento, então teve de ouvir Baldini enquanto ele, triunfantemente, citava a refutação de Roncati ao ataque de Majocchi. Mas precisava fazer alguma coisa. Poucos dias antes, recebera uma cópia do texto de Roncati e a enviara a Majocchi. Não precisou usar seus poderes de persuasão para que o novo professor preparasse uma réplica.

Baldini mal havia acabado de concluir sua argumentação quando Barbieri entregou ao tribunal o que chamou de *addendum* ao seu próprio argumento final. Embora não pudesse expor sua refutação oralmente, apresentou-a por escrito, esperando contornar a exigência de a defesa ser ouvida por último. Dificilmente poderia ter sido mais agressivo, tendo em vista o refinamento exigido pela etiqueta do tribunal.

Ele já havia apresentado suas conclusões, escreveu ele aos juízes, quando recebeu um documento extraordinário. Era uma cópia da correspondência extrajudicial do médico perito do tribunal no caso, professor Roncati, em relação à opinião apresentada pelo professor Majocchi. Era difícil dizer, escreveu Barbieri, o que era maior, a incongruência do tom combativo de Roncati ou a impropriedade de um homem, indicado pelo tribunal, abandonar seu papel imparcial e revelar de forma tão clara ser um paladino de uma das partes do caso.

Tendo em vista a essência científica das alegações de Roncati, escreveu Barbieri, não poderia haver melhor resposta do que a do próprio professor Majocchi. Barbieri, então, apresentou a réplica de Majocchi, que era, de fato, consideravelmente mais longa que seu laudo inicial.

Majocchi iniciava dizendo que era difícil descrever o desprazer provocado pela leitura da réplica de Roncati. Dado o tom acrimonioso que o médico havia usado e seu fracasso em observar o mais ínfimo respeito a sua pessoa, acrescentou ele, achava difícil responder calmamente, mas se esforçaria para tratar o assunto com a objetividade que a ciência requer.

Esta abordagem serena, argumentou Majocchi, havia marcado sua opinião inicial. Ele revira as provas, o fato de Paola Olivelli claramente sofrer de sífilis congênita, de ter desenvolvido o segundo estágio da doença, que é altamente contagioso, e de Amalia Bagnacavalli, pouco depois de amamentar o bebê, ter apresentado um cancro inicial no mamilo, e havia demonstrado a relação causal entre os dois fatos. Detalhara tudo isso, insistiu ele, sem qualquer ataque pessoal aos estimados colegas. O oposto, disse Majocchi, do que fizera o professor Roncati, que havia lançado um ataque agressivo e pessoal contra ele, repleto de expressões descabidas em uma discussão sobre questões científicas.

Seu único desejo, insistiu Majocchi, era trazer a verdade à luz. A insinuação de que sua opinião fora afetada pelo desejo pessoal de apoiar a queixa da ama de leite era absurda. O conselho do hospital sabia muito bem que, se fosse o tipo de homem cuja consciência permitisse acatar qualquer argumento que achasse conveniente, ele teria apoiado o conselho do hospital, a que estava ligado profissionalmente, e não uma ama de leite analfabeta que jamais havia visto.

Então Majocchi abordou todos os detalhes da crítica de Roncati, exibindo sua própria erudição médica. A cada ponto, explicava por que o diretor estava errado. A cegueira de Paola era realmente do tipo que poderia ser causada pela sífilis. O fato de as duas amas de leite do lar para crianças desamparadas não terem contraído sífilis de Paola significava apenas que ela ainda não havia entrado na fase de alto grau de contágio enquanto estava na instituição. A autópsia realizada pelo dr. Berti, sem uma investigação microscópica, podia facilmente deixar passar os sinais da doença. O desaparecimento das erupções ulceradas, ao redor da boca de Paola e em suas costas, com a aplicação de uma simples solução, quando voltou ao orfanato, não significava nada. Os especialistas sabiam que tais feridas podiam sumir rapidamente com o uso de um tratamento simples. No entanto, ele não agia sobre a infecção latente, que inevitavelmente aparecia em outro lugar.

Só poderia concluir sua réplica ao professor Roncati, escreveu Majocchi, reiterando suas descobertas anteriores. A órfã Paola Olivelli havia mostrado claros sinais de ter sífilis antes de ser entregue a Amalia, deveria ter sido enviada à enfermaria para bebês com suspeita de ter a doença e não havia dúvida quanto ao fato de ela ter passado o mal para Amalia.

Barbieri acrescentou uma contestação final por conta própria. O hospital, declarou ele, estava tão desesperado pela falta de provas para apoiar sua argumentação que se limitara a apresentar uma opinião emocional e, nesta fase final do processo, extrajudicial, do psiquiatra. O professor Roncati era indubitavelmente um homem proeminente, um médico talentoso, reconheceu o advogado. Mas, em se tratando de sífilis, ele não tinha nem o treinamento nem a experiência que lhe permitissem qualquer pretensão a especialista. Entre os dois homens, o tribunal não poderia ter dúvidas sobre em qual julgamento confiar.

Barbieri considerou que aumentaria suas chances ao apresentar o caso como tendo implicações que iam muito além do destino de uma obscura camponesa, então elaborou sua apelação final dizendo aos juízes que o caso aparentemente pequeno oferecia-lhes a chance de ter um papel histórico. O lar para crianças desamparadas de Bolonha, acusou ele, era responsável por espalhar doença e desastre por todo o interior. Agora era a hora de o tribunal colocar um fim nesta terrível praga. Era dever dos juízes assegurar que os homens responsáveis por arruinar tantas vidas fossem, finalmente, responsabilizados pelo que fizeram.

Barbieri terminou. Dera o melhor de si.

*Capítulo 13*

# O tribunal decide

Os juízes do tribunal chegaram a uma decisão na quinta-feira, 20 de julho, mas a mantiveram em segredo até que pudessem redigir sua opinião, a qual leram em sessão na terça-feira seguinte, 8 de agosto.

Amalia tomou seu lugar na sala do tribunal. Os três últimos anos haviam sido um pesadelo para ela. Depois da morte da filha, ficara grávida duas vezes. Na primeira vez, dera à luz um menino, Domenico, ansiosamente ficara atenta aos sinais de sífilis, que não demoraram a chegar. Em setembro de 1891, Domenico morreu, antes de completar dois meses de vida. A segunda vez aconteceu um ano depois, e o bebê, que chamaram Giuseppe, nasceu um mês antes do esperado, no meio da noite. Mas nem chegou a respirar. Natimorto, ele foi a terceira criança de Amalia a sucumbir à doença.

Nada poderia trazer Adele, Domenico ou Giuseppe de volta à vida. Mas finalmente, esperava Amalia, os médicos do lar para crianças desamparadas pagariam pelo que fizeram a ela. Apenas três meses depois do nascimento de Giuseppe, anunciaram sua decisão.

"Em 24 de março de 1890", começava a sentença, "Amalia Bagnacavalli, uma mulher jovem e robusta de Oreglia, em Vergato, foi entregue para amamentar um bebê de nome Paola Olivelli, pelo lar para crianças desamparadas desta cidade." Seguindo a recitação dos fatos do caso e dos procedimentos prévios da corte, os juízes apresentaram sua visão sobre o assunto:

"A gravidade do caso diante de nós e a dificuldade de determinar a verdade são excepcionais, pois o que está em questão é se foi por falha dos médicos que trabalham para o respeitável hospital desta cidade, que serviu ao bem público por muitos anos, que a pobre jovem perdeu a flor de sua saúde e foi ferida no mais sagrado de seus sentimentos, o de mãe, com a perda de sua criança, tirada dela pela terrível doença."

Os fatos essenciais diante deles pareciam claros o suficiente, disseram os juízes. Era verdade, apontaram, que em seus depoimentos o dr. Pinzani e o dr. Bruers haviam sugerido que Amalia poderia sofrer de uma sífilis prévia. No entanto, o dr. Ravaglia determinou que ela desenvolveu os primeiros sinais da doença somente após devolver a órfã. Neste ponto decisivo – sobre quem infectou quem –, os juízes citaram o "ilustre sifilologista", professor Majocchi, como sendo o que apresentou a melhor resposta que a ciência poderia dar.

Antes de rever sua análise, os juízes se detiveram para justificar sua confiança na opinião deste último, uma opinião contra a qual os representantes legais do conde Isolani haviam lutado tanto para contestar. Era verdade, observaram eles, que Majocchi não estava entre os peritos indicados pelo tribunal. No entanto, os juízes, acentuaram eles, eram completamente livres para determinar qual prova achavam mais convincente, qualquer que fosse a fonte.

Era uma simples questão de lógica, afirmaram, que, se Amalia contraíra sífilis ao amamentar uma criança, como revelado pelo cancro inicial em seu seio, e, se isso acontecera após amamentar a órfã, tal criança deveria ter sífilis. A única objeção a isso seria se fosse mostrado que Amalia estivera amamentando alguma outra criança com sífilis. No entanto, declararam os juízes, a defesa não havia apresentado a menor prova da existência de um outro bebê.

Ainda restava a questão, continuaram, se Paola sofria de sífilis desde o nascimento ou se, de alguma forma, contraíra a doença mais tarde. O assunto era de extrema importância, porque, se ela a contraíra pouco antes de ser entregue a Amalia, os primeiros sinais de má saúde poderiam não ser sintomas de sífilis e os médicos do orfanato seriam inocentados.

No entanto, concluíram os juízes, ironicamente a própria defesa do hospital apresentara a prova de que Paola nascera com a doença. Se não tivesse nascido com o mal, somente poderia tê-lo contraído da ama de leite do orfanato. Os arquivos do hospital mostraram que, na época em que foi entregue a Amalia, ela fora amamentada por duas mulheres. Todavia, o dr. Ravaglia as examinara cuidadosamente em fevereiro de 1891, um ano depois de terem amamentado Paola, e encontravam-se livres da doença. Conclui-se daí que, se Paola sofria de sífilis, ela devia ter nascido com a doença. Não poderia tê-la contraído de outra forma.

Em um aparte, que enfureceria os doutores Ravaglia e Roncati, os juízes expressaram sua dúvida quanto à qualidade da investigação dos médicos indicados pela corte. De acordo com os juízes, ambos erraram ao não observar, em sua totalidade, os diversos sintomas apresentados pelo bebê e pela sua ama de leite. Falharam ao não abordar os sintomas na sequência em que apareceram, primeiro, em Paola, depois, em Amalia, numa visão mais ampla que deixaria clara uma relação causal. Sendo assim, estes dois homens de ciência, concluíram os juízes, ignoraram um dos principais cânones da lógica que governam a medicina. Se simplesmente tivessem utilizado um método diferente em suas investigações, isto é, o verdadeiro método racional usado por Majocchi, disseram os juízes, eles teriam de reconhecer que Paola nascera sifilítica e passara o mal-francês para Bagnacavalli.

A referência dos juízes bolonheses à sífilis como "mal-francês" seguia uma prática curiosa, tão velha quanto a própria enfermidade. Em todos os países, acreditava-se que a doença se originara em outro lugar. Relacionada com a depravação moral, desde seus primeiros dias, a sífilis sempre foi creditada a outros. Os britânicos a chamavam de "varíola francesa"; na França, era "a praga alemã"; os florentinos, séculos antes, a haviam chamado de "mal-napolitano"; os japoneses a conheciam como "mal-português" ou "mal-chinês". O nome "sífilis" foi uma inovação italiana. Em 1530, um médico de Pádua publicou um poema em latim no qual associava a doença a um pastor chamado Sífilo, que, na mitologia antiga, havia ofendido Apolo e fora condenado a ter terríveis feridas por toda a pele. A partir de então, o nome "sífilis" começou a ser usado.[1]

Amalia achou impossível acompanhar os procedimentos. Eram falados em italiano, uma língua que ela não falava e mal compreendia, de tão diferente que era do dialeto bolonhês. Mesmo que falasse italiano, ainda teria problemas, pois o misterioso idioma legal da corte vinha de outro mundo. A única maneira que tinha de saber como o caso andava era olhar para o advogado. Pela expressão dele agora, havia motivo para pensar que tinham uma chance.

Barbieri estava excitado, mas sabia que os juízes ainda precisavam decidir a respeito de um ponto crucial. A argumentação dos advogados do hospital apoiava-se em dois pilares principais. Se os juízes haviam acabado de demolir um deles, somente agora começavam a revelar seu parecer sobre o outro, a alegação de que, mesmo que Amalia tivesse sido infectada por Paola, os médicos do orfanato não poderiam ser incriminados.

Logo se tornou desconfortavelmente claro para Barbieri que, embora os juízes tivessem achado as opiniões dos professores Ravaglia e Roncati deficientes no primeiro ponto, lhes deram mais credibilidade no segundo.

Certamente, afirmaram os juízes, o bebê apresentava sinais de sífilis. Entre eles estava o surgimento de pústulas úmidas ao redor da boca e nas costas, que, especialmente junto com o nariz escorrendo e a severa depauperação, eram sintomas claros da doença. Mas quando apareceram estes primeiros sinais? As provas demonstravam, disseram os juízes, que ocorreram depois de 24 de março de 1890 – depois de Paola ter deixado o orfanato.

Os juízes recapitularam as evidências como as viram. O bebê nascera de gestação completa, com tamanho normal e chegara ao lar para crianças desamparadas com o atestado do hospital-maternidade dizendo que nem ela nem a mãe apresentavam sinais de sífilis. Depois de cinco ou seis dias no orfanato, teve febre devido a uma pleurisia, que a deixou com a coluna retorcida. Sua depauperação também datava da época em que se encontrava na instituição, mas os médicos tinham boas razões para acreditar que isso também era resultado da infecção pulmonar. A bem da verdade, o bebê ainda sofria de uma infecção nos olhos que a deixou cega, mas, como observou o professor Majocchi, não era necessariamente um sinal de sífilis, a menos que viesse acompanhada de outros sintomas da doença. Ali havia algo que valia a pena observar, disseram os juízes. Na época em que foi dada a Amalia, Paola havia vivido 87 dias, e os especialistas em sífilis concordam que três meses é o período em que os bebês com sífilis congênita mais frequentemente apresentam os primeiros sinais claros da doença. Certamente, como admitiu o próprio professor Roncati, havia casos conhecidos de crianças que apresentavam os primeiros sinais muito mais tarde, às vezes apenas na puberdade, mas os médicos do orfanato não poderiam ser acusados de tal grau de negligência ou ignorância profissional a ponto de serem incriminados legalmente por terem confiado na probabilidade de que Paola não tinha sífilis. De fato, a regra prática de três meses era tão bem aceita que o governo austríaco fizera disso uma política e, em todos os orfanatos do império, os bebês suspeitos de ter sífilis poderiam ser entregues a amas de leite se, depois de três meses, não desenvolvessem sinais claros da doença.

Era da natureza da medicina, declararam os juízes, ter inúmeras opiniões diferentes e hipóteses concorrentes. Seria um absurdo, para não dizer um golpe contra a ciência, concluíram eles, considerar uma opinião respeitável na qual um médico baseia seu diagnóstico e seu tratamento e então, quando o diagnóstico fosse provado errôneo, julgá-lo legalmente culpado pela falha e pelos danos que se seguiram.

Nesta controvérsia, decidiram os juízes, a vívida polêmica entre os professores Roncati e Majocchi mostrava a impossibilidade de se culpar o lar para crianças desamparadas por negligência ou ignorância. Sendo assim, consideravam o conselho do hospital inocente. A acusação seria arquivada.

Agora Amalia foi deixada sem nada, suas esperanças, encorajadas pelo defensor legal, extinguiram-se. Embora sempre inclinado a ver o melhor de tudo, o próprio Barbieri, pelo menos naquele momento, parecia não saber o que fazer.

No escritório do conselho do hospital, no entanto, o moral estava alto. O alívio do conde Isolani ao ouvir a decisão do tribunal foi enorme por conta da grande quantidade de queixas similares que vinham se somando àquela. Os informes sobre camponesas que culpavam o orfanato por sua sífilis pareciam não ter fim, e o caso Bagnacavalli, ele estava convencido, havia encorajado não apenas estas pobres mulheres, mas também toda uma gama de prefeitos e médicos do interior e, o que era pior, advogados, cujas cartas ameaçadoras ocupavam muito espaço em sua mesa. Agora, isentado pelo tribunal, pensou estar mais uma vez na posição de evadir-se deles.

Muitos destes casos envolviam mulheres que contraíram sífilis nos anos anteriores, mas, ao ouvir falar sobre a ação de Amalia, acharam que também deveriam conseguir algum tipo de compensação por parte do orfanato. Esse era o caso de Rosa Magelli, a mulher que testemunhara no julgamento de Amalia e que contraíra a doença de um órfão em 1884. Ao saber da ação, Rosa retornara à clínica de sifilíticos, desta vez com suas duas crianças infectadas, e pedira ao orfanato que pagasse o tratamento. Embora alertado pelo próprio advogado de que a diretiva do ministério de 1887 requeria que o hospital pagasse por tais tratamentos, o conde Isolani estava ansioso para fazer algo a respeito daquela sangria em seu orçamento. Em 17 de agosto de 1893, apenas uma semana depois de saber de sua vitória sobre Amalia, informou a Rosa que o hospital faria um último pagamento de 300 liras, mas somente se ela assinasse um termo abrindo mão do direito de pedir qualquer coisa ao hospital novamente.

Ao mesmo tempo, o conde cuidou de outro caso que se arrastava, envolvendo a mulher que havia sido forçada a servir como ama de leite no orfanato.

Em 1888, Stella Fiorini, uma jovem solteira do interior que trabalhava como doméstica em Bolonha, ficou grávida. Sua situação era típica de uma mulher não casada levada pelo desespero para o hospital-maternidade. Viver como doméstica na cidade era um estágio comum da vida de muitas garotas de famílias rurais pobres, e elas frequentemente se tornavam presas de seus empregadores. Mas quer o patrão tivesse tirado vantagem delas, quer tivessem sido seduzidas por um amante persistente, estas mulheres logo perdiam o emprego quando sua gravidez se tornava conhecida. Para tais mulheres, o hospital-maternidade oferecia uma espécie de abrigo e, com isso, a esperança de um dia poderem voltar à antiga vida.

Quando não conseguia mais esconder a barriga, Stella andou os poucos quarteirões até o hospital-maternidade de Bolonha, onde passou as últimas semanas da gravidez. Depois do nascimento do bebê, o hospital a mandou ao orfanato para servir como ama de leite interna. Sua primeira ferida sifilítica apareceu poucas semanas depois.

O conde Isolani viu o caso de Stella como outro exemplo de sangria nos recursos do hospital, que era sua função estancar. O tratamento dela aparentemente não havia progredido. De fato, os sintomas pareciam ter piorado. Ele disse a Stella que receberia um pagamento final de 280 liras, se renunciasse a quaisquer queixas futuras contra o hospital. Em 29 de agosto, a doméstica assinou um documento legal com esse teor. Ela recebeu 100 liras no ato e as 180 restantes seriam pagas em parcelas de 15 liras por mês durante o ano seguinte.

Isolani parecia acreditar que o conselho do hospital estava agora fora de perigo, mas seu advogado, Odoardo Ferrari, estava muito menos certo disso. O hospital ganhara o caso contra

Amalia, mas o comportamento do conde o preocupava. Em 1º de setembro, Ferrari mandou-lhe um aviso.

Tiveram sorte, escreveu ele para o conde, de o tribunal aceitar sua argumentação de que o conselho do hospital não era responsável pela infecção de Amalia Bagnacavalli. Porém, lembrou ele, a corte havia mostrado grande deferência pelo professor Majocchi e acatara a opinião dele de que o bebê havia sido, de fato, a fonte da sífilis de Amalia. Era bom lembrar que Majocchi também havia acusado o orfanato de expor mulheres do interior a um risco desnecessário por não utilizar os mais modernos métodos científicos para identificar os primeiros sinais de sífilis em crianças. Seria prudente, aconselhou ele, não esperar por nenhum outro caso para introduzir os novos procedimentos para mitigar o perigo de contágio.

Um dia depois, o conde recebeu outro aviso do advogado, dizendo que, por terem vencido o caso, não deveria supor que a decisão da corte havia sido inevitável. A vitória se baseara na decisão do tribunal de que um empregador não era responsável pelo dano causado a um empregado no curso de sua função. Porém, os tempos estavam mudando, dizia Ferrari, e, recentemente, outras cortes tiveram visões diferentes. Cada vez mais, a nova teoria ganhava terreno, responsabilizando patrões pelos prejuízos causados aos funcionários.

Para protegê-los de juízes que pudessem adotar esta nova filosofia legal, o advogado recomendou que o hospital revisse a caderneta que cada ama de leite recebia quando pegava um órfão. Propôs adicionar uma negação de responsabilidade: "Se o órfão entregue a uma ama de leite e aceito por ela com a aparência de boa saúde, e a ama de leite, em seguida, desenvolver sífilis por amamentar o bebê, não incorrerá nenhuma responsabilidade cível ao lar para crianças desamparadas."

Ferrari acrescentou que também seria uma boa ideia fazer a mulher assinar um termo, quando pegasse a criança, afirmando que concordava com isso.

Mesmo assim, novos casos continuavam a aparecer. Um dos mais memoráveis surgiu pouco depois de o advogado fazer suas recomendações, quando o médico da remota vila montanhesa de Castiglione escreveu ao orfanato informando sobre uma epidemia de sífilis no lugar, causada pela chegada de apenas um órfão. A informação era tão séria que o diretor da instituição pediu ao dr. Berti que enfrentasse a árdua viagem, durante o inverno, até Castiglione, para investigar. No início de dezembro, o médico retornou com uma história assombrosa para contar.

Em março, uma das parteiras de Bolonha trouxera uma menina ao orfanato, junto com o atestado de que a mãe da criança não tinha sífilis. O bebê era prematuro, pesava pouco mais de um quilo e meio, parecia fraco e tinha a pele fria. Apesar de, nos dias que se seguiram, sofrer de diversas enfermidades, nenhuma foi estimada como sintomática de sífilis e, como começou a crescer e mostrar sinais de melhora, em 12 de maio foi entregue a Annunziata Biacchesi.

Ela já tinha dado à luz sete filhos. Um morrera pouco depois do nascimento, e outros quatro morreram de difteria ou escarlatina. Somente as últimas crianças, duas meninas, sobreviveram. Entre seus diversos trabalhos de parto, ela amamentara quatro bebês do lar para crianças desamparadas de Bolonha.

Em poucas semanas, este quinto órfão ficou doente. Perdeu a voz, o nariz não parava de escorrer e pouco mamava. Preocupada por a menina não comer nada, Annunziata fez várias tentativas frustradas de amamentá-la. Esguichou leite diretamente em sua boca e, quando isso não funcionou, ofereceu-lhe o leite com uma colher ou na ponta do dedo. Como Annunziata ainda trabalhava nos campos, ocasionalmente deixava o bebê com a cunhada, Gelsomina. Grávida de seis meses do primeiro filho, ela fez o que pôde pela criança, até mesmo lhe deu o seio sem leite na esperança de acalmá-la.

Annunziata finalmente levou o bebê ao médico da cidade. Ele disse que, embora não tivesse certeza, o bebê poderia ter sífilis e que ela deveria procurá-lo ao sinal de qualquer novo sintoma. Mas, antes que pudesse voltar, o bebê morreu. Quando o doutor foi examinar o corpo da criança, Annunziata mostrou-lhe uma ferida que acabara de aparecer em seu mamilo. Dois meses depois, ela começou a apresentar todos os sintomas da doença.

Pouco depois de Annunziata descobrir a ferida, sua cunhada horrorizou-se ao perceber que ela também tinha tal cancro. Logo as duas sofriam com feridas genitais e cervicais e outras imensas na boca. As duas filhas de Annunziata também apresentaram sinais da doença. Tal fato era relatado em um grande número de casos: as mães sifilíticas transmitiam o mal não apenas para os bebês, mas também, de alguma forma, para as crianças maiores. Era provável que os mais novos fossem infectados pela amamentação, mas, nas crianças de três, quatro ou cinco anos, a questão não estava clara. Teriam sido colocadas ocasionalmente no seio materno ou haveria outras formas de infecção? Médicos da época atribuíam tal transmissão a outros tipos de contato corporal entre a mãe e a criança, embora sua natureza exata ainda permanecesse um mistério clínico.

Quando Annunziata percebeu a primeira ferida, seu marido trabalhava na Toscana, seguindo a prática comum dos montanheses de Bolonha de migrar sazonalmente à procura de trabalho. Ao retornar para casa, ela estava envergonhada demais para dizer-lhe que tinha a praga, então, na primeira noite, ele a "usou", como o dr. Berti relata em seu informe. O irmão também "usou" Gelsomina e, não era de surpreender, eles logo desenvolveram a doença.

Em resumo, concluiu Berti, a partir de um único órfão sifilítico, seis membros da família da ama de leite acabaram por contrair a doença. Ele deixara-lhes ingredientes para a confecção de unguento de mercúrio, como também pílulas de mercúrio, mas, infelizmente, as duas crianças recusavam-se a tomar as pílulas e os pais só conseguiam lhes passar a nefasta pomada com muito esforço.

A leitura do informe irritou o conde. Seu único consolo era que nenhum advogado sabia disso, pelo menos por enquanto.

*Capítulo 14*

# A apelação de Amalia

Enquanto o conde Isolani, com o auxílio de seu advogado, esforçava-se para livrar o hospital das acusações feitas pelas mulheres sifilíticas, ele não estava especialmente preocupado com a reabertura do caso de Amalia. No entanto, o advogado dela não estava disposto a aceitar a derrota, e, duas semanas depois de o tribunal proferir sua decisão, ele enviou uma apelação à instância superior do Judiciário de Bolonha.

A própria Amalia não sabia coisa alguma sobre o Tribunal de Apelações e não podia sequer imaginar como o seu caso, que já havia durado bastante e fora tão solenemente decidido pela corte, ainda poderia apresentar qualquer esperança. Barbieri fez o possível para explicar-lhe que tinha o direito de apelar e tentou levantar-lhe o moral dizendo que ainda havia uma chance de se fazer justiça.

Depois da decisão da corte, um outro homem qualquer poderia tentar limitar suas perdas deixando o caso ou buscar um acordo extrajudicial com o orfanato. Nenhuma das duas soluções satisfazia Barbieri. O conde Isolani sentia-se vingado pela decisão do tribunal e, ofendido pela presunção de Amalia em levá-lo à corte, não estaria propenso a recompensá-la agora. Barbieri também sabia que caberia pouco a ele mesmo, se o conde se dispusesse a dar algo para Amalia. Ele certamente não ia querer encorajar o advogado que lhe causara tanto transtorno, e, caso tivesse ganho no tribunal e o conde fosse obrigado a lhe pagar algo, Barbieri sabia que seria uma quantia ínfima.

No entanto, havia outra razão para Barbieri não desistir. Com a cobertura do julgamento pelos jornais, junto com a distribuição de seus resumos publicados e os comentários da pequena comunidade de advogados de Bolonha, ele já atraíra certa atenção. Seu poder de oratória e seus conhecimentos legais se tornaram mais conhecidos, num contexto que o projetava como um defensor dos pobres e oprimidos, um paladino da moderna ciência e do governo esclarecido. Levar a ação a instâncias superiores lhe prometia ainda mais visibilidade. Orgulhoso da argumentação final no tribunal, que publicara recentemente, estava ansioso por colocar ainda mais eloquência em suas considerações junto ao Tribunal de Apelações, considerações estas que, depois de publicadas, catapultariam ainda mais sua reputação.

Barbieri passou a maior parte dos três meses seguintes preparando sua argumentação. Seguindo os procedimentos do Tribunal de Apelações, tinha de apresentá-la por escrito e, ao levá-la à corte, no final de novembro, já impressa por Azzoguidi, possuía 75 páginas.

Esforçou-se por apresentar o caso como a história da pobre, porém virtuosa, jovem, vítima de um explorador poderoso. Uma camponesa de reputação ilibada, o orgulho da família, escreveu ele, envenenada por uma das pragas mais monstruosas da humanidade, como resultado da negligência do orfanato. Apesar disso, tragicamente, o tribunal falhara em fazer justiça. Ao absolvê-los da responsabilidade pelo seu infortúnio, acusou Barbieri, o tribunal havia decidido, de fato, que somente Amalia deveria pagar pelo que fora feito a ela.

Já que não poderia chamar nenhuma testemunha, a estratégia de Barbieri era convencer os juízes do Tribunal de Apelações que o tribunal havia interpretado mal as provas e as leis. Os juízes haviam errado ao decidir que os médicos do orfanato seguiram as regras prescritas. Os regulamentos, argumentou Barbieri, exigiam que, antes que uma criança fosse entregue à ama de leite, os médicos deveriam fazer um exame físico detalhado. No entanto, acentuou ele, os juízes procurariam em vão na transcrição do julgamento por qualquer prova de que tal exame houvesse sido, de fato, realizado. Verdade, o dr. Pinzani havia testemunhado que ele mesmo examinara o bebê, mas, em seu depoimento, não dissera absolutamente nada a respeito de em que consistira o exame e não dera prova alguma para apoiar tal alegação. Este não era um caso, argumentou Barbieri, que se baseava em meros desentendimentos entre opiniões médicas conflitantes, como decretou o tribunal. Era um caso de falha no cumprimento dos princípios mais básicos de prudência e diligência que governam o trabalho de todos os médicos.

Depois de dar uma espetadela nos médicos do orfanato, Barbieri voltou-se para o conselho do hospital. O tribunal, disse ele aos juízes do Tribunal de Apelações, falhara ao não decretar a culpa do próprio conselho por sua negligência. O hospital alegara que o caso de Amalia foi algo incomum e que, se o orfanato tivesse de manter os bebês sob alimentação artificial até que a mais remota possibilidade de sífilis tivesse passado, o resultado seria o assassínio de pequenos inocentes. No entanto, até que ponto era incomum o caso de Amalia?, perguntou Barbieri. De fato, garantiu aos juízes, o caso dela era apenas um entre muitos.

O lar para crianças desamparadas, considerou ele, havia emitido 116 recibos para pagamento de mulheres que havia infectado na década passada, e isso era apenas uma rápida visão do enorme dano que o lar provocara. Muitas e muitas jovens que tiveram a vida arruinada ficaram tão envergonhadas com a doença que não se revelaram, logo não havia como mensurar a verdadeira extensão do tormento. O conselho do hospital só se preocupava com os interesses do orfanato, ignorando o problema da saúde das jovens amas de leite, na verdade, mais importante. Era um princípio básico de humanidade e de justiça, alegou o advogado, que, diante do perigo de infectar uma mulher saudável, era melhor correr o risco de que um órfão não sobrevivesse ao receber uma alimentação artificial.

Nada demonstrava melhor a negligência do hospital, sustentou Barbieri, do que não se preocupar em comprar microscópios modernos. Foi preciso este caso, com o alerta do professor Majocchi, para que o hospital rapidamente adquirisse, finalmente, o material necessário no verão anterior.

O maior inimigo do orfanato era a sífilis, afirmou o advogado, e esperava-se que a instituição usasse todas as medidas possíveis para evitar sua disseminação. No entanto, ela não tomara a precaução mais elementar de todas, pois jamais se preocupara em contratar um especialista em sífilis para examinar os bebês antes de serem mandados para a amamentação. O conselho do hospital havia deixado o problema nas mãos de médicos como Pinzani e Bruers, nomes respeitáveis, com certeza, mas com tão pouca experiência em sífilis que, como revelado no caso, não podiam reconhecer os mais óbvios sinais de alerta.

Diante desta inexplicável indiferença, perguntou Barbieri, a corte podia deixar de ouvir o apelo de uma pobre mãe que confiou nas garantias de que a criança entregue para amamentação não apresentava sinais da doença? A corte podia deixar de se comover com a inocente crença de uma mulher nas garantias de que o bebê que lhe foi entregue havia passado por exames completos e rigorosos? A corte podia ignorar o pedido de tal mulher que, por ter sido tola o suficiente para acreditar que o hospital seguia as próprias regras, havia perdido a saúde, viu os filhos terem uma morte agonizante e o marido ser devastado pela doença?

Se, argumentou ele, desde os primeiros casos, em vez de se contentar com o gesto infame de dar a tais mulheres algumas liras, o conselho do hospital tivesse dado ao orfanato um laboratório para análises microscópicas, contratado um especialista em sífilis e agilizado o envio de uma criança com sinais suspeitos para a enfermaria com alimentação artificial, imaginem quanto sofrimento humano poderia ter sido evitado.

Com isso, Barbieri terminou. Para saber se sua argumentação havia tido algum efeito no Tribunal de Apelações, teria de esperar um pouco, pois o juiz, aparentemente sem pressa de concluir o caso, deu ao advogado de Isolani quatro meses para preparar a resposta.

Agora que a apelação de Amalia estava encaminhada, o otimismo anterior do conde começou a desvanecer. Numa reunião do conselho em 10 de janeiro de 1894, quarta-feira, ele disse aos colegas que precisavam adotar novas medidas. No sigilo do salão do conselho, ele podia admitir o que seus advogados estavam diligentemente negando no tribunal. O caso Bagnacavalli demonstrou que eles entregavam órfãos para serem amamentados sem observar todas as precauções necessárias. Falara de novo com o dr. Pinzani e exigiu que os médicos tomassem mais cuidado no futuro.

O conselho tinha um comitê consultivo médico que recentemente havia enviado seu próprio alerta. Como os primeiros sintomas de sífilis congênita frequentemente apareciam algumas semanas depois do nascimento, disseram ao conde, a única maneira de deter a infecção de mulheres do campo era manter os órfãos no lar para crianças desamparadas pelo menos nos três primeiros meses de vida. Apesar de não eliminar o problema completamente, reduziria drasticamente o número de casos.

Tudo faria sentido, disse o conde ao conselho, se tivessem uma forma de manter viva uma quantidade tão grande de bebês que teriam de permanecer no orfanato se tal regra fosse implantada. No entanto, a triste verdade era que não tinham.

Enquanto tais discussões prosseguiam, os advogados do hospital apresentaram sua alegação final ao Tribunal de Apelações de Bolonha. Enquanto particularmente orientavam o conselho do hospital a adotar ações dramáticas para deter a infecção de tantas mulheres do campo, na corte eles continuavam a negar que os procedimentos do hospital haviam sido deficientes.

Dois dias depois de receberem a alegação, os juízes convocaram uma sessão pública para ouvir os réus. Era 20 de março, terça-feira. Pietro Baldini clamou aos juízes que reafirmassem a sentença do tribunal de que nem o hospital nem os médicos do orfanato tinham qualquer responsabilidade legal pela condição de Amalia.

Não se contentando em apenas manter a decisão da corte inferior, Baldini chamou os juízes do Tribunal de Apelações a derrubar a parte das avaliações da corte que foram contra o hospital. A corte, ele os lembrou, havia concluído que Paola tinha sífilis quando foi entregue a Amalia e consequentemente a infectou. Isso, argumentou ele, não poderia ser mantido. Cabia ao acusador o ônus da prova de que Paola tinha sífilis e não ao hospital provar que ela não estava doente. Os depoimentos haviam sido contraditórios: o dr. Dalmonte alegou que o bebê era sifilítico, e os médicos do orfanato, que não era. Tudo se baseava na opinião dos peritos médicos externos. Os dois indicados pela corte, assinalou Baldini, haviam levantado fortes dúvidas sobre a queixa de Amalia, e apenas o perito dela própria argumentou em seu favor. Ao decidir favoravelmente a Amalia neste ponto, insistiu Baldini, o tribunal havia cometido um grave erro, pois de fato rejeitara a opinião dos peritos que havia indicado em favor de uma opinião que não tinha qualquer valor legal.

Por outro lado, disse o advogado, o tribunal havia sabiamente decidido que, mesmo que Amalia houvesse sido infectada pela órfã, o hospital não poderia ser legalmente responsável. Por sua própria natureza, mesmo com todas as precauções possíveis, a amamentação de órfãos apresentava o risco de contágio. Baldini então repetiu suas argumentações anteriores sobre como o orfanato tinha procedimentos cuidadosos para assegurar que os bebês entregues às amas de leite não apresentavam sinais de sífilis e novamente citou o depoimento dos dois peritos indicados pela corte no sentido de que os médicos do lar para crianças desamparadas não tinham como saber ou mesmo suspeitar de que Paola tinha a doença.

Uma semana depois, os cinco juízes encontraram-se para discutir a apelação. Embora o caso já se arrastasse por mais de quatro anos e, até aquele momento, tivesse gerado um processo enorme, chegaram a uma decisão surpreendentemente rápida. No decorrer das duas semanas seguintes, eles prepararam seus textos pormenorizados e informaram às partes que, em 24 de abril, deveriam apresentar-se à corte para ouvir a leitura da decisão.

Barbieri sentou-se ansioso em um lado da sala com sua cliente, enquanto Baldini e seu colega Ferrari sentaram-se do outro lado. Novamente os juízes tomaram seus lugares à mesa de frente para a sala.

O caso que se apresentava, explicaram eles, consistia em não apenas uma, mas duas apelações. De sua parte, o hospital havia apelado quanto à avaliação do tribunal de que Amalia Bagnacavalli fora infectada com sífilis por seu contato com a órfã Paola Olivelli. Amalia havia apelado da decisão do tribunal de que o hospital não era responsável pelo dano causado a ela. Sendo assim, disseram os juízes, de fato, eles haviam sido chamados para a reabertura do caso. Voltaram-se primeiro para a apelação do hospital, considerando a questão de como Amalia contraíra sífilis.

Não fica claro quanta esperança o conde e seus advogados depositavam nesta apelação. A questão não tinha nenhuma consequência legal, a apelação fora feita mais para satisfazer os médicos do orfanato. É provável que Baldini, um advogado experiente, não tenha se surpreendido com o resultado. Mas certamente ficou chocado com a ferocidade com que os juízes refutaram sua argumentação. Eles estavam claramente irritados com a insinuação de Baldini de que, de alguma forma, eram obrigados a aceitar as conclusões dos peritos indicados pela corte. A argumentação de Baldini de que o tribunal tinha a obrigação de concordar com a autoridade de tais peritos, decidiram os juízes, não tinha absolutamente nenhuma validade. Sua visão, se adotada, levaria os juízes a se tornarem servos de homens que eles indicaram para os servir. Ao solicitar peritos externos, proclamaram eles, a corte não estava restringindo sua autoridade em decidir por si mesma quais argumentações eram mais persuasivas.

Com este ponto esclarecido, os juízes voltaram-se para o exame das evidências médicas. Todos os peritos concordaram que uma criança sifilítica poderia transmitir a doença à mulher que a amamenta. As provas também eram claras, e praticamente todas as testemunhas que tinham condição de saber do fato admitiram que, depois de algumas semanas da amamentação de Paola, Amalia havia desenvolvido um cancro sifilítico inicial. Tal ferida só poderia aparecer em uma mulher que jamais teve sífilis. Contra isso, o hospital se limitara a argumentar que Amalia poderia ter contraído a doença de alguma outra fonte. Mas, concluíram os juízes, eles não poderiam dar nenhum peso a tal suposição, pois não havia provas para apoiá-la.

O fato de Amalia ter contraído sífilis por meio da amamentação, na primavera de 1890, estava absolutamente claro, decidiram os juízes. Já se Paola tinha ou não sífilis, foi uma questão arduamente discutida. No entanto, ao examinar as provas, concluíram os juízes, o professor Majocchi havia claramente oferecido o relato mais convincente.

Barbieri ouvia a análise dos juízes com excitação crescente. Permitiu-se ter esperanças de que este dia seria diferente daquele na instância inferior alguns meses antes. Mas não podia deixar de lembrar que, também na leitura da decisão do tribunal, os juízes haviam sido favoráveis a sua parte. O ponto crucial seria quando os juízes do Tribunal de Apelações se voltassem para a questão se o hospital deveria ser legalmente responsável pelo que acontecera com Amalia.

Esta corte, anunciaram eles, não pode concordar com o modo pelo qual o tribunal viu o caso. As regras que governam o orfanato decretavam que bebês que, após cuidadosos exames, não apresentassem razões para se suspeitar de que tivessem sífilis seriam entregues a amas de leite saudáveis. Já os que apresentassem qualquer sinal de sífilis seriam dados a uma ama de leite sifilítica ou colocados em alimentação artificial. Se Paola havia mostrado qualquer sinal suspeito, teria sido culpa dos médicos do orfanato entregá-la a Amalia.

As provas mostram claramente, disseram os juízes, que, na época em que Paola foi entregue a Amalia, o bebê já havia apresentado uma variedade de sintomas que sugeriam que ela pudesse ter a doença. É fato que as feridas no lábio e nas costas ainda não haviam aparecido, mas ela já sofrera uma infecção ocular que a deixara cega, e a depauperação era tão visível que Amalia, primeiramente, não queria levá-la. Em face destes sintomas, decidiram os juízes, considerando especialmente as origens desconhecidas da menina, era obrigação dos médicos colocá-la sob intensa observação e certamente não permitir que deixasse o orfanato até que, pelo menos, três meses completos se passassem, quando os primeiros sinais de sífilis normalmente apareciam.

O hospital alegara que, mesmo que tenha havido alguma negligência por parte dos médicos, a instituição não tinha qualquer responsabilidade legal. Baldini havia declarado que um patrão que contrata técnicos profissionais não poderia ser responsabilizado por qualquer dano que sofressem durante seu trabalho. Mas tal argumento, decidiram os juízes, não tinha qualquer base, pois se apoiava numa distinção entre tipos de trabalhadores que não seria encontrada em lugar algum do texto da lei. Nem os médicos nem os empregadores tinham qualquer status legal em especial.

A decisão do tribunal foi um erro, declararam os juízes do Tribunal de Apelações. O conde Isolani e o conselho do hospital eram legalmente responsáveis pelo dano material e moral causado à mulher de Vergato. Até uma próxima sessão, na qual o exato montante destes danos seria determinado, o conselho do hospital deveria pagar a Amalia 15 liras por mês. Além disso, sentenciou a corte, o mesmo conselho deveria pagar todas as custas legais decorrentes da ação.

Barbieri estava em êxtase. Finalmente seria levado a sério como advogado em Bolonha. Sentia-se vingado diante de todos aqueles que o acharam maluco por dedicar-se tanto a este caso. Provou que estavam errados. Só é possível imaginar a reação de Amalia. Depois de anos de sofrimento, finalmente havia vencido. Mas faz parte da natureza dos camponeses das montanhas suspeitar de tais vitórias, não se permitir muita esperança, não se deixar levar por sonhos de um futuro melhor. Amalia tinha muitas razões para celebrar, mas também o bom senso de não permitir que as esperanças lhe subissem à cabeça.

*Capítulo 15*

# O empréstimo

Na terça-feira, 1º de maio, o conde Isolani encontrou uma cópia da decisão do Tribunal de Apelações em sua mesa. Escreveu dois recados à margem da primeira página do documento para seu advogado, Odoardo Ferrari. O primeiro pedia-lhe que consultasse Pietro Baldini, e então opinar se deveriam apelar à Suprema Corte. O segundo perguntava se ele deveria demitir os médicos do orfanato. Isso, acreditava Isolani, poderia diminuir o risco de que o caso Bagnacavalli servisse de exemplo para uma série de ações similares.

Ferrari encontrou-se com Baldini e levou os informes para o conde. Não falaram sobre mandar os médicos embora, mas eram favoráveis a uma apelação. O que estava em jogo, alegaram eles, era um princípio que traria consequências desastrosas não apenas para os hospitais de Bolonha, mas para todos os empregadores de médicos por todo o país, em todos os níveis. Se aqueles que empregassem tais homens da medicina fossem responsabilizados por qualquer prejuízo que causassem a seus pacientes, o embate seria enorme. Não somente os hospitais das cidades seriam responsabilizados por seus médicos, mas até pequenas vilas seriam responsáveis por seus doutores. O conselho do hospital, ou o governo de uma cidade, não poderia supervisionar o trabalho de um médico com seus pacientes e criticar suas decisões. Era ultrajante, escreveu Ferrari, a corte considerá-los responsáveis pelos erros de seus médicos.

No mesmo dia em que o conde recebeu a decisão do Tribunal de Apelações, Amalia e o marido, Luigi, pegaram o trem para

Bolonha para um compromisso que deve ter-lhes enchido de apreensão. Desde que deram entrada com a ação contra o hospital de Bolonha, o conde Isolani e o conselho haviam se recusado a pagar pelo caro tratamento que faziam, parte na clínica de sífilis e parte em casa. Os custos das passagens, mercúrio e iodo já chegavam a centenas de liras e ainda havia o terrível problema das despesas legais. Desde o começo, Barbieri lhes dissera para não se preocuparem, que, no final, o hospital pagaria por tudo. Isso já fazia anos, e, embora tivessem apenas uma vaga noção do tamanho das somas envolvidas, sabiam que Barbieri estava gastando à vontade ao preparar o caso. Também havia a questão do dr. Majocchi. Sem ele, não teriam chance alguma, mas como exatamente ele seria pago não estava claro. Barbieri fez o que pôde para tranquilizá-los. O médico, também, disse ele, ficaria por conta do hospital, depois que ganhassem.

Quando, no ano anterior, o tribunal havia decidido contra eles, Barbieri tivera de tomar a difícil decisão: abandonar o caso ou continuar com a apelação. Explicou para Amalia que, se abandonassem a ação, ela não obteria nada, e ele não teria como ajudá-la a pagar suas contas médicas. Se apelassem, estava confiante de que poderiam ganhar, e então o hospital tanto pagaria suas contas como a compensaria por todos os prejuízos que teve. No entanto, as custas do caso haviam crescido a tal ponto, disse ele, que só poderiam prosseguir em sua batalha se encontrassem alguém que os ajudasse a pagar as dívidas.

Felizmente, disse o advogado a Amalia, ele conhecia um homem que poderia auxiliá-los, um homem que viera da terra natal dela, Vergato, e agora possuía um hotel modesto na cidade. Barbieri garantira a ele, Nono Veggetti, que estava certo de que Amalia venceria a ação e que, com a vitória, receberia uma boa quantia em dinheiro com a qual ela poderia facilmente pagar o empréstimo. Embora normalmente não emprestasse dinheiro a alguém tão pobre quanto Amalia, contou Barbieri, Veggetti estava disposto a abrir uma exceção para ela.

Amalia estava profundamente constrangida com a situação, mas o advogado assegurou-lhe que tomaria conta de tudo.

Quando Amalia concordou, o advogado conseguiu que o notário de Vergato que esboçara o acordo original entre ele e a mulher fizesse um novo contrato. Este tornava Veggetti representante legal de Amalia, emprestando-lhe dinheiro e negociando com seus credores. Somente depois de conseguir o empréstimo Barbieri deu entrada em sua apelação ao tribunal.

Agora, após a vitória no Tribunal de Apelações, Amalia queria saber quando veria o dinheiro do hospital. O advogado explicou que ainda poderia levar um tempo. Nesse ínterim, o hospital lhe pagaria 15 liras todo mês, e infelizmente ela teria de conseguir mais dinheiro. O problema, disse ele, é que teriam novas despesas para preparar a sessão que determinaria quanto ela ganharia. Também havia a questão dos gastos adicionais que enfrentariam, caso o hospital apelasse à Suprema Corte.

Não tinham outra escolha, falou, a não ser pegar mais dinheiro com seu patrocinador, *signor* Veggetti. Era por isso que ela e Luigi estavam no trem para Bolonha em 1º de maio. Com os riscos crescendo, Barbieri não se sentia seguro para deixar o assunto nas mãos do notário montanhês. Em todas as transações futuras com Amalia, ele trabalharia apenas com seu parceiro de negócios, Alberto Pallotti, um notário que tinha escritório no mesmo *pallazzo* em que ficava o dele.

Se a habilidade de Amalia para lidar com questões financeiras nunca foi muito boa, agora estava ainda pior, porque engravidara novamente. Era difícil concentrar-se em qualquer outra coisa que não fossem seus próprios problemas físicos e os de sua família. Temia que esta gravidez não terminasse melhor que a última.

O próprio Barbieri achava-se em uma situação difícil. No decorrer da apelação, suas despesas continuavam crescendo; no entanto, a compensação ainda parecia distante. Até a decisão do Tribunal de Apelações, nem mesmo Veggetti se dispusera a emprestar-lhes muito. Agora, com a vitória nas mãos, Barbieri não perdeu tempo em contar ao dono do hotel sobre o triunfo de Amalia e persuadiu-o a ceder um empréstimo maior. Para o advogado, isso era crucial, porque, quanto mais o caso se arrastava, mais credores ele acumulava. Se desistisse agora, nem ele nem Amalia receberiam nada. Conseguir um empréstimo para Amalia significava conseguir dinheiro para manter os credores a distância.

No escritório de Pallotti, Veggetti encontrou-se com Amalia e Luigi, e o notário procedeu à leitura do longo e complexo documento que elaborara de acordo com as instruções de Barbieri. O relacionamento entre notários e advogados nem sempre era tão harmonioso. O maior prestígio de um advogado era um ponto nevrálgico, em parte porque um notário só precisava cursar dois anos na faculdade de direito, enquanto os advogados tinham de completar o curso todo. Quando alguns notários da época, num esforço para melhorar seu status, sugeriram ao governo que exigisse o diploma de direito para eles também, foram chamados de pretensiosos. Como disse um membro do Parlamento, um notário "deve saber pouco, mas saber bem".[1] Era crucial que os documentos que elaboravam cobrissem todas as eventualidades e não deixassem espaço para futuros desentendimentos. Barbieri tinha toda confiança em Pallotti e usava seus serviços sempre que possível.

O documento que o notário redigiu registrava um empréstimo de 5 mil liras de Veggetti para Amalia e Luigi, uma grande soma em dinheiro. Mesmo que estivessem saudáveis, cada um não conseguiria ganhar mais de uma lira por dia no campo, e este trabalho era, no máximo, sazonal. Em troca do empréstimo, prometeram dar um terço de todo o dinheiro que, em última instância, recebessem do hospital. Caso não recebessem nada ou recebessem menos que 15 mil liras, eles ainda deviam a Veggetti o total que foi emprestado. Neste meio-tempo, o contrato exigia que lhe pagassem 7% ao ano de juros, mais as taxas cobradas pelo governo sobre as 5 mil liras, o que deveriam pagar adiantado, anualmente.

Dada a falta de experiência de Amalia, tanto em relação aos negócios quanto às leis – rezava o contrato –, e dada a completa confiança que depositava em Nono Veggetti, ela o nomeava seu representante legal, com direito de agir em seu nome e usar o dinheiro, que acabara de lhe emprestar, para pagar as inúmeras despesas dela. O contrato especificava que, no dia em que o acordo foi assinado, Veggetti usaria 2.500 liras do empréstimo para saldar quantas dívidas fosse possível, incluindo o dinheiro devido a Azzoguidi, que imprimira os diversos textos de Barbieri.

Apenas um item ficou excluído, os honorários do advogado de Amalia não foram cobertos pelo acordo. Aqui o jargão notarial – sugerido pelo próprio Barbieri – falava mais alto que o estilo burocrático que marcava o restante do documento: o advogado de Amalia, lia-se, que mais do que qualquer outra pessoa merecia compensação – o homem que havia não apenas abraçado sua causa com grande habilidade e diligência, mas demonstrado abnegação tão completa que preço nenhum lhe faria justiça –, insistira que nada lhe fosse dado. Solicitava que o pagamento correto fosse postergado para a época em que as autoridades judiciais competentes, em sua decisão final, fixariam o montante que a outra parte lhe pagaria por seus esforços.

Amalia sentia-se mal. Estava completamente perdida naquele mundo onde pessoas podiam falar sobre milhares de liras como se fossem nada, além de confusa com o documento legal, escrito numa língua que ela não entendia e que, além disso, não podia ler. Mas até mesmo o dr. Dalmonte, se lesse o documento, ficaria aterrorizado com a soma de dinheiro que ela pegou emprestado. Se até o médico que dirigia o lar para crianças desamparadas de Bolonha só recebia mil liras por ano. A garantia de Barbieri de que ela não deveria se preocupar, que conseguiriam aquela quantia e ainda mais do hospital, poderia ter acalmado um pouco sua mente, mas só um pouco.

Uma semana depois, em 8 de maio, Amalia e Luigi tiveram de fazer mais uma viagem à cidade, dessa vez para voltar à clínica de sífilis de Bolonha. Ao contrário das outras visitas, em que médicos assistentes lhes aplicavam o tratamento de mercúrio, foram recebidos pelo próprio diretor, Domenico Majocchi. Uma visita arranjada por Barbieri.

Majocchi examinou cuidadosamente cada um deles e redigiu seu laudo em forma de carta, que Barbieri apresentaria à corte como parte de suas alegações, justificando a dimensão dos prejuízos a serem compensados. Já fazia quatro anos desde que Amalia e Luigi haviam contraído sífilis. Neste momento, escreveu Majocchi, a saúde deles estava boa. Já haviam passado pelo estágio virulento e infeccioso da doença e agora se encontravam no que os médicos chamavam de terceiro estágio. O maior sintoma do mal era a dor que sentiam nos ossos, mas não era debilitante. O próprio Majocchi se atribuía algum crédito por terem sobrevivido tão bem ao segundo estágio, cumprimentando-os por terem se comprometido seriamente com o desagradável tratamento administrado pela clínica.

Barbieri havia pedido a Majocchi que descrevesse para a corte o que Amalia e Luigi poderiam esperar enquanto a terceira fase da doença seguia seu curso. O médico apresentou uma lista de possibilidades, observando que os casos variavam e que era impossível predizer exatamente o que aconteceria a eles.

É provável, informou ele, que desenvolvam lesões no tecido conjuntivo subcutâneo e que tais lesões ulcerem e se irradiem pelo corpo. Também podem apresentar lesões no tecido muscular, enfraquecendo-o no futuro. É bem provável que a doença afete os ossos, deformando-os permanentemente. Que isso já estava acontecendo no caso de Amalia e Luigi estava claro, devido às dores de que ambos reclamavam.

O poder destrutivo da sífilis neste terceiro estágio não para por aí. Os órgãos internos são, com frequência, afetados, especialmente o fígado e os rins, que podem parar de funcionar. Com o avanço da sífilis, o risco mais sério é a probabilidade de o sistema nervoso, tanto o cérebro quanto a medula espinhal, ser afetado.

Os sintomas mais comuns incluem perda da habilidade motora e, por fim, uma gama de distúrbios psiquiátricos, que, nos piores casos, podem levar o paciente à loucura antes de terminar em morte. Finalmente, observou o médico, Amalia e Luigi poderiam sofrer anomalias genitais, com lesões nos testículos de Luigi e nos ovários de Amalia.

Majocchi concluiu, insistindo que Amalia e Luigi começassem o tratamento com iodo de mercúrio, a fim de prevenir, ou pelo menos limitar, os efeitos deste terceiro estágio.

Do outro lado da cidade, o advogado deles dava os últimos retoques em sua solicitação formal ao presidente do tribunal de Bolonha. Passara um bom tempo enumerando todos os gastos que tivera ao preparar o caso de Amalia, bem como listando todo o tempo que dedicara a cada uma das fases. Ao final daquele dia, entregou à corte o pedido da vultosa quantia de 10.008 liras. A longa lista possuía 93 itens em entradas separadas, ao lado das quais estavam duas colunas com números, a primeira indicando os gastos de Barbieri, a segunda, o valor do tempo que empregara. Listados em ordem cronológica, começava com a entrada "Longa sessão informacional inicial", referindo-se ao primeiro dia em que Amalia fora vê-lo e pelo qual ele exigia 30 liras. O segundo item exigia 50 liras pelo tempo gasto e mais 7 liras pelas despesas na preparação da apelação, em favor de Amalia, para que tivesse direito ao auxílio legal gratuito. A lista prosseguia, desde seus encontros iniciais com o dr. Dalmonte (10 liras para cada um) até as diversas reuniões com dr. Majocchi (280 liras). Nada foi deixado de fora, incluindo, nas entradas finais, o valor da elaboração da própria lista (7,2 liras para organizar as despesas e 5 liras pelo tempo). Ao todo, exigiu 2.267 liras pelas despesas e um adicional de 7.741 liras pelo tempo gasto.

Numa velocidade maior que a costumeira, o presidente do tribunal de Bolonha aprovou rapidamente as exigências do advogado e, considerando a decisão recente em favor de Amalia, ordenou-a a pagar a Barbieri o montante completo dentro de 20 dias. Obviamente, o advogado não tinha a intenção de conseguir o dinheiro diretamente de Amalia, que jamais conseguiria lhe pagar. Seu objetivo era fazer com que a corte aprovasse o montante total do que ele acreditava ser o que lhe era devido, a fim de que passasse a fazer parte dos prejuízos que o conselho do hospital seria obrigado a pagar.

Felizmente nem Barbieri nem a corte acharam necessário incomodar Amalia com a reivindicação dele. Mal a tinta secava na ordem da corte informando que ela deveria pagar a Barbieri sua enorme solicitação, ela sentiu as primeiras contrações do parto. Seu bebê mais novo veio ao mundo como o último, sem vida, incapaz de dar sequer um suspiro.

Capítulo 16

# A contraofensiva

Enquanto Barbieri se preparava para a audiência do tribunal que fixaria os danos a Amalia, o hospital estava ocupado lançando uma contraofensiva com o auxílio de colegas do país inteiro. Antes mesmo de os advogados de Isolani darem entrada na apelação à Suprema Corte, os círculos médicos da Itália já fervilhavam com as notícias do caso.

Mal a discussão surgiu, uma das revistas médicas da Itália publicou uma longa e amarga réplica à corte, assinada pelo dr. Ermanno Pinzani.

Recentemente ele havia lido a sentença pronunciada pela Real Corte de Apelações de Bolonha, escreveu Pinzani, e ficou chocado ao saber que a corte, repetidamente, acusava os médicos do orfanato e do hospital-maternidade de *negligência* e *imprudência* – ele enfatizou tais termos. Refreou-se em responder até a decisão final para que então não parecesse tentar incorretamente influenciar o trabalho dos juízes, mas agora se sentia obrigado a mostrar que as coisas estavam erradas.

A corte, reclamou Pinzani, havia aceitado a acusação ultrajante de Barbieri de que os médicos deram um órfão a Amalia sem primeiro o examinar cuidadosamente. Mas, escreveu, ele havia testemunhado, sob juramento, que ele mesmo examinara o bebê naquele dia. Se não havia especificado que tal exame demandava observar dentro da boca do bebê, ver suas costas e afins, era simplesmente porque pensara não ser necessário abordar detalhes tão óbvios.

Pinzani negou que Paola houvesse mostrado qualquer sinal de sífilis antes de ser entregue a Amalia. Página após página de uma defesa calorosa, ele considerava cada alegação de Majocchi, tentando refutá-la. A infecção ocular de Paola apresentava todos os sinais de ser causada por gonorreia congênita, então fazer uma análise microscópica do pus teria sido "puramente luxo científico", mesmo que tivessem um microscópio. O argumento de Majocchi, de que a magreza do bebê era tão séria quando foi examinada pelo dr. Dalmonte, que não poderia ser resultado de sua estada em Vergato, apenas mostrava quão pouco ele conhecia de pediatria. De fato, na falta de alimentação correta, um bebê pode ficar subnutrido em poucos dias.

Mesmo que Majocchi estivesse correto e Paola sofresse de sífilis, argumentou Pinzani, os médicos não fizeram nada errado. Embora ele e seus colegas obviamente se entristecessem pelo que aconteceu com Amalia, rejeitavam a ideia de que deveriam ser culpados de qualquer coisa. Realizaram todos os exames necessários e não encontraram qualquer sinal de sífilis em Paola.

Para reforçar ainda mais seu argumento, Pinzani apresentou evidências do maior orfanato da Itália, em Milão, para mostrar que o que acontecera com Amalia estava longe de ser incomum; de fato, era o resultado inevitável dos esforços para manter os órfãos vivos. De 1855 a 1864, lembrou ele, 371 amas de leite haviam contraído sífilis dos órfãos de Milão. E os números mais recentes apresentavam o mesmo padrão: 1889, 37 amas de leite pegaram sífilis, e outras 29 em 1890. Do mesmo modo, no pequeno orfanato de Turim, em cinco anos entre 1886 e 1890, a instituição havia admitido a infecção com sífilis de 31 de suas amas de leite.

Pinzani concluiu com uma observação melancólica: certamente a humanidade chora ao pensar no infortúnio que se abate sobre estas pobres mulheres e, com bastante frequência, sobre toda a sua família. Mas, argumentou ele, um remédio efetivo ainda havia de ser descoberto.

Os protestos contra a decisão do tribunal não se limitavam aos homens cuja reputação estava diretamente em perigo. Em junho de 1894, num artigo em outra revista médica, Temistocle Santopadre, um dos colegas de Pinzani, apresentou seu próprio repúdio à sentença da corte.

Contra todas as provas científicas, alegou ele, os juízes do Tribunal de Apelações de Bolonha haviam, sistematicamente, distorcido os fatos. Rejeitando a análise acurada do dr. Ravaglia e, do mesmo modo, a lógica completa e incontestável do dr. Roncati, acataram a bizarra opinião do dr. Majocchi. Clamou os médicos da Itália a, juntos, levantarem suas vozes em protesto, uma revolta com o objetivo de mudar aquela decisão deplorável. Os riscos eram altos. Não apenas a decisão, se fosse mantida, minaria o trabalho de todos os médicos e colocaria em perigo a administração hospitalar em toda a parte, como também ameaçaria lançar um golpe mortal em todos os orfanatos da Itália. Ofereceria a eles uma escolha impossível: fechar as portas ou relegar incontáveis bebês à alimentação artificial. Depois da decisão do tribunal, perguntou ele, o que o diretor do lar para crianças desamparadas estaria disposto a arriscar ao mandar uma destas crianças infelizes para uma mulher amamentar?

Santopadre constituía um líder improvável para esta cruzada. Não somente não era conhecido nacionalmente por seus colegas, como sua reputação em Bolonha não era das melhores. Regularmente colocava anúncios no principal diário de Bolonha, solicitando pacientes para o seu dispensário de doenças venéreas no centro da cidade. Tais anúncios estavam em meio a outros tantos que prometiam cura para a sífilis, só diferindo deles ao alardear o uso de uma nova invenção para curar a doença: a corrente elétrica. Outros anúncios, postos por curandeiros sem as credenciais médicas de Santopadre, ofereciam resultados ainda mais certos por investimentos mais modestos. "Cura antivenérea radical", liase em um dos jornais de Bolonha da época. "Xarope antissifilítico para doenças secretas e para casos de sífilis resistente a outros tratamentos. Cinco liras."

O dr. Santopadre, como um dos curandeiros mais respeitáveis, estava, de fato, numa competição direta por pacientes com a clínica de sífilis de Bolonha e não ficou chateado com esta chance de publicidade ao questionar o julgamento de Domenico Majocchi, o diretor da instituição.

Enquanto isso, o conde Isolani e os advogados do conselho lutavam no caso Bagnacavalli em duas frentes diferentes. Deram entrada em sua apelação à Suprema Corte da Itália e preparavam novas petições, mas o tribunal de Bolonha recusou-se a adiar seus próprios procedimentos para determinar os danos. Os juízes chamaram ambas as partes para uma audiência inicial em 31 de maio.

Quando Barbieri anunciou suas exigências, ficou claro que ele optara por riscos maiores do que qualquer outro advogado com quem o hospital já havia lidado. Ele pediu à corte que mandasse o hospital pagar 4.311 liras pelas despesas legais de Amalia e exigiu a enorme quantia de 45 mil liras pelos danos.

Embora Barbieri pedisse aos juízes que autorizassem o ressarcimento imediato dos prejuízos, os advogados do hospital se opuseram a isso. Quando a audiência prosseguiu, em outubro de 1894, o juiz que presidia a sessão chamou Barbieri e seu adversário, Ferrari, e falou-lhes que seria melhor para todos se chegassem a um acordo fora da corte sobre a quantia que deveria ser paga. No entanto, isso se revelou impossível. O conde Isolani achava ter uma boa chance de vencer o caso na apelação e estava preocupado com o impacto que a decisão teria em futuros casos de amas de leite sifilíticas. Conhecido por sua prudência, se Barbieri estivesse disposto a aceitar uma soma bem menor, atendo-se ao que o hospital havia pago a outras mulheres na mesma condição, ele poderia ter considerado um acordo. Mas neste momento Barbieri esperava – e, tendo em vista os anos e o esforço que investira no caso – conseguir uma grande quantia do hospital.

No início de fevereiro de 1895, Barbieri e o advogado do hospital, Pietro Baldini, mais uma vez enfrentaram-se no tribunal.

Baldini viera preparado para mostrar por que a quantia que o defensor de Amalia havia proposto não era razoável, era até mesmo ultrajante, e abordou, item por item, desde os custos do tratamento médico para sífilis até a despesa com a melhor alimentação prescrita pelos médicos.

Baldini voltou-se, então, para os danos que Amalia alegou sofrer pela morte dos filhos: Adele Elisa, nascida em 1889, Domenico, nascido em 1891, e Giuseppe, nascido em 1893.

Se o hospital estava disposto a admitir, disse ele, que a morte da primeira criança – se fosse provado que morrera de sífilis – poderia ser considerada no cálculo de danos morais, já as mortes dos outros dois não poderiam. A segunda e terceira criança, apontou ele, foram concebidas quando Amalia já sofria da manifestação virulenta da doença e já iniciara a ação legal contra o conselho do hospital. Duas pessoas, e somente duas, argumentou Baldini, foram responsáveis pela morte destas crianças Amalia Bagnacavalli e seu marido. Eles se recusaram a dar ouvidos aos avisos de seus médicos e não tiveram remorso em dar vida a estas pobres almas, cujo sangue carregaria o estigma fatal da doença. Se, em vez de chorar pela dor insuportável da morte de suas crianças, alegou Baldini, tivessem mostrado qualquer preocupação real pela pouca e torturada vida que estas crianças teriam, mostrariam algum autocontrole e, em primeiro lugar, não as teriam concebido.

Amalia também pedia indenização pelo que havia acontecido com seu marido, pelo fato de ele ter contraído sífilis somente porque ela pegara a doença de um órfão infectado. Mas a corte, insistiu Baldini, não poderia conceder nenhum pagamento por danos materiais ou morais devido a tal fato. Se Luigi Migliorini contraiu sífilis, certamente não foi culpa do lar para crianças desamparadas. Somente ele era responsável, pois sabia que a mulher tinha sífilis e foi avisado pelos médicos de que era perigoso manter relações com ela. Se, em sua imprudência, não deu atenção aos conselhos, ele e a mulher não poderiam culpar o orfanato pelo resultado previsível.

Era também dever da corte, disse Baldini aos juízes, rejeitar a reivindicação de Amalia de receber compensações adicionais pelos danos que a doença provavelmente infligiria a ela no futuro. Todos os depoimentos médicos apresentados pelo advogado dela à corte eram, disse o defensor, irrelevantes. Era um notório princípio da lei, insistiu ele, que os danos não poderiam ser presumidos, mas deveriam ser provados, e que a compensação seria dada apenas pelos danos que foram realmente sofridos e não por aqueles que poderiam advir um dia.

A audiência mal havia terminado, a decisão dos juízes sobre o pagamento ainda não era conhecida, quando a atenção dos advogados foi desviada. A Suprema Corte decidira fazer sua própria audiência sobre a apelação do hospital e convocara Baldini e Barbieri para que fossem imediatamente para Roma. Se o hospital tivesse sucesso lá, todos os meses de debates em Bolonha sobre a quantia que deveria ser paga a Amalia teriam sido uma perda de tempo.

Capítulo 17

# Notícias divergentes da Suprema Corte

Ao pegar o trem de Bolonha para Roma, Augusto Barbieri vislumbrou Vergato coberta pela neve. Neste nível de apelação, não havia motivo para levar Amalia. Ele duvidava de que os juízes de um corpo tão augusto fossem influenciados pela visão daquela sofrida mulher, e Amalia ficaria completamente perdida na capital. Além disso, ela estava afundada em tantas dívidas que não poderia encarar esta despesa adicional.

Roma se transformava rapidamente. Havia apenas um quarto de século, as tropas italianas abriram caminho bombardeando os muros e tomaram a cidade ao papa Pio IX. Agora o papa Leão XIII, seguindo o exemplo de seu predecessor, proclamou-se prisioneiro do Vaticano e se recusava a aventurar-se fora de seus muros. Os representantes da Igreja estavam furiosos por perderem o domínio sobre a Cidade Eterna depois de um milênio e excomungaram o rei italiano e todos os seus ministros. Embora os clérigos e seus aliados estivessem infelizes, muitos outros neste momento desfrutavam o status de Roma como capital do novo Estado italiano. Prédios em construção se espalhavam por toda a parte e os empregos oferecidos pela construção civil e pela rápida expansão dos ministérios governamentais, muitos deles instalados em *palazzi* tomados da Igreja, serviam como um ímã para a migração. Apesar disso, os romanos nutriam sentimentos contraditórios, reclamando do aumento dos preços das residências e das hordas de estrangeiros – os não romanos – que agora viviam entre eles.

Tudo era familiar a Baldini, que havia, até pouco tempo, descido com frequência até Roma para participar de sessões no

Parlamento. Barbieri estava muito menos familiarizado com a cidade, seu esplendor e seu burburinho. De qualquer modo, ele não teria muita chance de contemplar os monumentos ou passear ao longo das margens do Tibre, pois logo teria de se apresentar no palazzo Altieri, o prédio da Suprema Corte. A imensa estrutura barroca – construída para o cardeal Altieri em meados do século XVII e concluída graças ao apoio financeiro de seu sobrinho, Emilio Altieri, que se tornou o papa Clemente X em 1669 – fazia o imponente fórum de Bolonha parecer pequeno. O prédio era tão grande que adjetivos comuns para descrevê-lo – "vasto" e "enorme" – mal lhe faziam justiça. Na época de sua construção, os romanos reclamavam que, se a compulsão da aristocracia auto-engrandecida por palácios ainda maiores não tivesse fim, em breve a cidade inteira seria coberta por um prédio imenso. Não era apenas o tamanho do palazzo Altieri que impressionava, suas centenas de quartos eram decoradas com mobília suntuosa, afrescos famosos e pinturas preciosas do século XVII.

Os juízes da Suprema Corte da Itália, confortavelmente instalados no palácio, já haviam lido os arquivos acumulados do processo e, na breve sessão de abertura iniciada na sexta-feira, 22 de fevereiro de 1895, eles deram a cada parte apenas um pouco de tempo para apresentar suas alegações. Baldini falou primeiro, começando por recapitular a história, dando ênfase particular às decisões iniciais da corte em favor do hospital. De acordo com as regras que regem o Judiciário italiano, as questões de fato só poderiam ser determinadas nos níveis mais baixos da corte, então Baldini tentou persuadir os juízes de que o Tribunal de Apelações havia cometido um erro ou no procedimento ou na correta interpretação da lei.

Baldini baseou sua argumentação em dois pontos. Primeiro, disse aos juízes que, mesmo que o orfanato tivesse infectado Amalia com sífilis, o Tribunal de Apelações se enganara ao decidir pela culpa dos médicos do orfanato. Se os médicos cometeram um erro ao interpretar os sintomas da criança, isso, sugeriu ele, fazia parte daqueles erros profissionais que não eram acionáveis legalmente. Como os juízes poderiam responsabilizar os médicos por um erro de julgamento tão grande que merecesse uma ação legal, quando, ao mesmo tempo, a corte reconhecia que outros médicos proeminentes haviam cometido o mesmo erro?

Então Baldini voltou-se para seu outro argumento. Se os médicos que trabalhavam para o orfanato fossem culpados de negligência ou outro erro maior no cumprimento de suas obrigações, poderiam ser considerados responsáveis, mas a administração do hospital não. O hospital contratava especialistas qualificados para trabalhar e não era culpa da instituição se eles cometiam erros, pois a administração não tinha como supervisionar cada uma das suas milhares de decisões médicas.

Baldini concluiu pedindo ao tribunal que revertesse a decisão do Tribunal de Apelações e fizesse Amalia pagar todas as custas legais do hospital.

Então Barbieri levantou-se e clamou que a Suprema Corte mantivesse a decisão, enaltecendo não apenas a sabedoria, mas também o senso de compaixão dos juízes que haviam decidido em favor da camponesa sofredora. Os autos, disse ele simplesmente, já falavam por si.

A sessão foi encerrada. Três semanas depois, em 15 de março, os advogados foram chamados para ouvir a decisão.

Como os fatos do caso eram para ser encarados como já apresentados, explicaram os juízes, a decisão diante deles restringia-se a apenas um problema: o engano dos médicos do orfanato, entregando Paola Olivelli a Amalia Bagnacavalli por julgar que ela não tinha sífilis era acionável legalmente? Certamente, consideraram os juízes, se os médicos agiram de forma negligente, seria o caso. Porém, o hospital argumentou que o erro dos médicos, se é que houve algum, foi completamente inocente.

Para o Tribunal de Apelações decidir de tal forma, o mais alto tribunal da Itália considerava que tinha a obrigação de providenciar provas irrefutáveis para rejeitar o argumento mais expressivo do hospital. Na visão da Suprema Corte, este argumento era a alegação de que, já que médicos mais proeminentes – como Roncati e Ravaglia – cometeram tal erro, a ação dos médicos do orfanato estava dentro dos limites da responsabilidade do julgamento profissional.

A corte anunciou que o Tribunal de Apelações de Bolonha havia apresentado bases insuficientes para justificar uma decisão contra o hospital. Sendo assim, seu veredicto em favor da ama de leite não poderia ser mantida.

A vitória de Amalia foi rejeitada. Baldini sentiu-se vingado, enquanto Barbieri estava desalentado. No entanto, ainda havia mais por vir.

Em casos desta natureza, a Suprema Corte tinha duas opções. Os juízes poderiam simplesmente reverter a decisão do Tribunal de Apelações e terminar o caso ali. A ação de Amalia teria então acabado. Porém, poderiam decidir mandar o caso de volta ao Tribunal de Apelações para uma nova audiência e dar a Amalia uma nova chance. Para alívio de Barbieri – e desapontamento de Baldini –, a Suprema Corte escolheu o segundo caminho. No entanto, o alívio de Barbieri foi temperado pela percepção de que não enfrentaria os juízes que já haviam se mostrado simpáticos à causa de Amalia, mas uma corte completamente nova. De acordo com o Judiciário italiano, quando uma decisão do Tribunal de Apelações era rejeitada, não poderia ser mandada de volta à mesma corte que a julgou anteriormente. A Suprema Corte enviou o caso para o Tribunal de Apelações de Ancona, uma cidade na costa central do Adriático, algumas horas de trem de Bolonha. Barbieri teria de tentar a sorte com a corte de uma cidade na qual jamais estivera.

O caso obscuro da ama de leite sifilítica havia atraído atenção nacional, não apenas no mundo médico, mas também na comunidade legal. Juízes dos tribunais inferiores do país começavam a citá-lo, e advogados se animavam a cuidar de casos de mulheres que sofreram destinos similares ao de Amalia.

Um caso em Gênova foi emblemático. Uma jovem que amamentou um órfão foi ao médico de sua cidade interiorana, que lhe disse que ela estava com uma ferida sifilítica no seio. Sob as instruções do doutor, ela devolveu o bebê, mas o médico do orfanato insistiu que a criança era saudável e enviou-a a uma segunda ama de leite, Domenica Righetti. Pouco tempo depois, Domenica contraiu sífilis do órfão e morreu, deixando o marido para cuidar de suas 10 crianças. O conselho do hospital de Gênova – repetindo o argumento do conselho de Bolonha – defendeu-se com a alegação de que não poderia ser culpado pelo erro de seus médicos. Mas a corte, citando o caso Bagnacavalli, decidiu em favor da família e ordenou ao hospital que pagasse 12 mil liras de danos.[1]

Do ponto de vista de muitos na comunidade legal, estas eram manifestações perigosas. Ao mesmo tempo que a decisão de Gênova era anunciada, um ataque feroz ao veredicto do Tribunal de Apelações de Bolonha apareceu em um periódico nacional de direito. O autor insultou os juízes: "Ler a decisão produziu a repugnância mais profunda. Imediatamente identifiquei a gravidade e os inadmissíveis resultados práticos do princípio legal que isso proclama, caso seja aceito como jurisprudência." Se a decisão fosse mantida, argumentava o especialista legal, os hospitais iriam arriscar seu patrimônio toda vez que um médico cuidasse de um paciente.[2]

De volta a Bolonha, depois da revogação do julgamento pela Suprema Corte, Barbieri estava preocupado. Sem qualquer experiência com os juízes do Tribunal de Apelações de Ancona, não sabia como eles veriam o caso. Suas expectativas, sabia ele, não eram auxiliadas pelo ceticismo que a Suprema Corte claramente expressou com respeito à base da decisão anterior em favor de Amalia.

No momento, o que mais preocupava Barbieri eram as consequências da ruína financeira, caso não vencessem. Não estava ansioso para negociar com Nono Vegetti se perdessem em

Ancona, pois lhe havia assegurado que Amalia receberia uma grande quantia em dinheiro do hospital. Ao longo dos muitos meses desde que Amalia pegara o último empréstimo, as despesas de Barbieri continuaram a se amontoar, ainda mais com as viagens para Roma e o tempo gasto para preparar a audiência do tribunal para fixar os prejuízos.

Se Barbieri estava nervoso, o conde Isolani sentia-se perseguido. Assombrado pelo espectro de uma procissão de camponeses doentes que culpavam o hospital por infectá-los com sífilis, estava impaciente com o fracasso do orfanato em cessar a disseminação da doença. No ano anterior, havia ordenado outra pesquisa para avaliar a possibilidade de introduzir métodos mais modernos de alimentação artificial como uma forma de minimizar o risco de contágio das amas de leite.

O conde considerava o dr. Berti o maior especialista em alimentação artificial. Como médico encarregado da enfermaria sifilítica, por anos ele se desesperou com a terrível taxa de mortalidade entre os bebês e estava sempre procurando uma melhor maneira de mantê-los vivos.

Em meados da década de 1880, realizou suas próprias experiências. Conseguiu uma vaca leiteira para o orfanato, selecionou quatro recém-nascidos saudáveis e deixou dois sendo amamentados por mulheres, enquanto os outros recebiam leite da vaca. Os dois primeiros foram entregues a mulheres longe do ideal. Uma teve o leite descrito por Berti como "medíocre", a outra não apenas tinha o leite "velho" – pois dera à luz 10 meses antes –, como ainda estava amamentando dois outros bebês ao mesmo tempo. Mesmo assim, os dois bebês cresceram, enquanto os que eram amamentados com o leite de vaca perderam peso rapidamente. Berti, temendo por suas vidas, viu-se forçado a encerrar a experiência e entregá-los a uma mulher.

Por séculos, os lares para crianças desamparadas foram os maiores centros para experiências com alimentação artificial de recém-nascidos, especialmente aqueles bebês com sífilis congênita.

Enfrentavam uma forte oposição à prática, não somente porque deixar um bebê ser alimentado por leite animal era largamente alardeado como sentença de morte, mas também devido à crença popular de que os bebês que sobrevivessem adquiririam as características dos animais que os amamentavam. Um bebê que tomou leite de cabra terminaria agindo como e parecendo uma cabra.

Diversos animais foram testados na esperança de encontrar o mais adequado para a amamentação de recém-nascidos sifilíticos. Por um tempo, em Turim, as cabras foram escolhidas e os bebês sugavam diretamente de suas tetas. Tentando tirar o melhor proveito disso tudo, os médicos banhavam a pele do animal com uma solução de mercúrio para que os bebês encontrassem algum mercúrio no leite. Tais tentativas foram abandonadas quando as cabras reagiram violentamente ao mercúrio e pararam de se alimentar.[3]

Em maio de 1894, após retornar de um congresso médico internacional, Berti preparou um laudo para o conselho do hospital. Se o lar para crianças desamparadas de Bolonha tivesse de esperar três meses para saber se todos os bebês que tivessem a saúde em questão eram sadios, mais ou menos 40 crianças permaneceriam ali normalmente. Isso, disse ele, exigiria também manter três vacas em um estábulo especial. Também significava ter 10 mulheres para dar a mamadeira aos bebês. Construir um estábulo e manter as vacas sairia caro, mas, alertou ele, custaria relativamente pouco manter as 10 mulheres adicionais. Poderiam recrutar, forçadamente, mulheres solteiras que deram à luz no hospital-maternidade. As regras do hospital exigiam que tais mulheres fossem para o orfanato depois do parto e passassem lá pelo menos dois meses amamentando as crianças. No entanto, algumas evitavam este dever desagradável, alegando que tinham um leite inadequado. Tais mulheres, sugeriu Berti, poderiam agora alimentar os bebês com mamadeiras.

O conselho recebeu o laudo de Berti pouco depois de saber que havia perdido no Tribunal de Apelações de Bolonha, um duro golpe que levou o conde e o conselho a uma ação ainda mais frenética para limitar seus encargos. Dias depois da decisão, Isolani recebeu a aprovação do conselho para as novas regras do orfanato, elaboradas para prevenir a disseminação da sífilis entre as amas de leite.

Agora os médicos dividiriam os bebês em diversas categorias. Somente aqueles sem absolutamente qualquer sugestão da possibilidade de sífilis e um atestado médico certificando que as mães não apresentavam nenhum sinal da doença deveriam ser entregues a amas de leite externas no primeiro mês. O restante seria separado em dois grupos. Aqueles que apresentassem sinais de sífilis – prematuridade, baixo peso, nariz escorrendo permanentemente ou qualquer infecção ocular que envolvesse pus – receberiam alimentação artificial; os que parecessem saudáveis, mas não tivessem o atestado médico das mães, seriam encaminhados a amas de leite no orfanato por três meses. Aqui algo novo era apresentado. Estas mulheres usariam capas de borracha para proteger o mamilo; uma pequena abertura permitiria que o leite passasse.

O conde, um homem cauteloso, começava a permitir-se o luxo de acreditar que eles haviam encontrado finalmente uma solução para o problema. Sua confiança, no entanto, não durou muito. Em agosto, apenas três meses após os novos procedimentos serem introduzidos, soube de um novo caso, que provocou sua ira.

Gelsomina Venturi, uma mulher de uma vila montanhesa, esteve no lar para crianças desamparadas em 10 de março e levou um bebê de um mês de idade para casa. Pouco depois, descobriu uma ferida no mamilo e foi com o bebê ao médico da cidade. De fato, ela havia contraído sífilis da criança, o que nem os médicos do orfanato negavam. O que especialmente enfureceu o conde ao ler o laudo foi que, antes de ser entregue à mulher, o bebê tinha uma infecção nos olhos que minava pus, um sintoma que parecia ter saído direto do caso Bagnacavalli.

Isolani escreveu uma carta amarga aos médicos do orfanato, censurando-os por continuar a falhar no cumprimento das precauções necessárias. Disse que achava especialmente irritante saber do comportamento deles quando estavam no meio de uma ação vexatória causada por um caso igual àquele.

Dois dias mais tarde, o conde recebeu em sua mesa uma longa resposta do dr. Pinzani, que também estava perdendo a paciência, pois estava sob ataque de todos os lados.

Não conseguira entender o que Isolani quis dizer, escreveu o médico, ao acusá-lo de falhar em seguir os procedimentos corretos. O bebê em questão havia sido trazido por uma ama de leite que declarou que a mãe não tinha sífilis. Era verdade que a criança desenvolvera uma aguda infecção em ambos os olhos, mas a equipe utilizara o novo microscópio para examinar o pus e determinara que era de origem gonorreica e não sifilítica. De qualquer forma, tudo isso aconteceu antes da introdução das medidas mais recentes, então estavam trabalhando sob as normas de 1892, que especificavam que tais bebês deveriam ser mantidos ali por apenas um mês. No decorrer deste tempo, ao recuperar-se completamente da infecção dos olhos, o bebê pareceu saudável, e o médico entregou-o para amamentação. Em resumo, não fizeram absolutamente nada errado.

Pinzani acrescentou que não havia sido menos afetado que o conde ou o conselho pelo caso Bagnacavalli. Não apenas o lar para crianças desamparadas tinha muito a perder financeiramente, mas, apontou ele, sua própria reputação estava em jogo. As pessoas não percebiam que, desde que assumira como médico diretor em 1888, a disseminação da sífilis entre as amas de leite tornara-se menos frequente. Anexou uma tabela a sua carta, listando o nome de 23 mulheres que haviam contraído sífilis dos órfãos de Bolonha na meia dúzia de anos de sua gestão. O médico prosseguiu comparando estes dados com a situação em outros orfanatos que, argumentou ele, era ainda pior.

Ao olhar a lista, Isolani notou que o médico havia colocado cruzes azuis ao lado de 11 nomes. Deu-se conta de que aquelas eram as mulheres que, na última década, os advogados do hospital conseguiram convencer a assinar uma declaração na qual renunciavam a quaisquer queixas futuras contra o hospital depois do pagamento de algumas centenas de liras. Caso Amalia ganhasse o caso e especialmente se ela conseguisse uma quantia próxima à que seu advogado estava pedindo, o conde temia que tal prática se tornaria coisa do passado. Somente as camponesas mais doentes e crédulas assinariam a renúncia a seus direitos por uma quantia irrisória.

Convencido de que qualquer solução passaria pelos modernos métodos de alimentação artificial, o conde se impacientava com o ritmo vagaroso da mudança. Propôs construir estábulos no orfanato e comprar vacas, mas se espantou quando soube dos custos de tal operação. Estábulos novos e higiênicos custariam 5 mil liras, e quatro vacas sairiam por mais de 2 mil liras. Além disso, havia o salário dos cavalariços e das pessoas que ordenhariam as vacas, mais o custo de 10 quilos de feno para cada vaca, do gás para ferver o leite e das 10 mulheres que seriam mantidas no orfanato para alimentar os bebês. Tudo sairia por mais de 11 mil liras por ano.

O conde decidiu então começar de modo mais modesto. Consertariam o estábulo já existente no orfanato – não era usado havia muitos anos –, comprariam apenas uma vaca e usariam somente duas mulheres para alimentar os bebês.

Nesse meio-tempo, as mulheres mantidas no orfanato começaram a se revoltar. Desde que as capas de borracha para os mamilos foram introduzidas, elas reclamavam e, os médicos logo perceberam, só utilizavam o aparato quando achavam que um dos médicos estava olhando. Era um esforço constante para que usassem os protetores, apesar de ser para o seu próprio bem.

O problema era que, apesar de uma boa ideia na teoria, na prática o grosso aparato de borracha deixava muito a desejar e os bebês tinham de se esforçar bastante para fixar a boca no seio das mulheres. Constantemente frustradas, as crianças não conseguiam sugar mais que um fio de leite. Por seu lado, as mulheres não apenas morriam de pena dos pobres bebês que pareciam minguar a sua frente, como se sentiam bastante desconfortáveis com o seio cheio de leite. Algumas, que esperavam conseguir dinheiro amamentando bebês depois de ser dispensadas pelo orfanato, também estavam preocupadas, achando que seu leite secaria se continuassem usando os protetores de borracha.

Em meados de dezembro, as mulheres anunciaram que não usariam mais o protetor. "Elas agora se recusam abertamente a usá-lo, manifestando sua aversão ao médico diretor", leu Isolani num relatório enviado pelo orfanato.

A revolta ameaçava todas as cuidadosas regras do conde para evitar a disseminação da sífilis, pois ele também sabia que, com a modesta produção de leite, o conselho dissera que não conseguiria alimentar as dúzias de bebês que, agora, teriam de permanecer no lar para crianças desamparadas nos primeiros meses de vida. Se uma solução não fosse encontrada logo, alguns destes bebês não sobreviveriam.

As boas-novas da Suprema Corte, que chegaram em março de 1895, poucas semanas depois da revolta dos mamilos de borracha, finalmente animaram o conde. Ele voltou a ter confiança em que o caso Bagnacavalli seria derrotado. No entanto, para sua irritação, o tribunal de Bolonha continuava exigindo que pagasse as custas legais do caso. No primeiro aniversário da decisão do Tribunal de Apelações, Isolani recebeu outra solicitação da chancelaria do tribunal, dando-lhe três dias para pagar 1.754 liras. Isolani escreveu uma nota no documento, dizendo a Ferrari para informar à corte que, dada a recente decisão da Suprema Corte, qualquer pagamento seria prematuro.

Dois meses depois, o conde recebeu outra conta que, ao contrário, ele se apressou em pagar. Totalizando 2.044 liras, fora enviada por Pietro Baldini, referente ao tempo que gastara preparando a apelação à Suprema Corte. Isso era um adicional aos milhares de liras que o conselho do hospital já lhe havia pago pelo seu trabalho no caso.

Enquanto o conde esperava pela decisão do Tribunal de Apelações de Ancona, parecia não haver outra coisa a fazer no orfanato a não ser lidar com uma crise depois de outra. Apesar de a enfermaria de alimentação artificial estar funcionando, casos de amas de leite sifilíticas continuavam a surgir.

Os últimos meses de 1895 encontraram o conselho do hospital discutindo o que deveriam fazer. Alguns exigiam que todos os bebês fossem alimentados artificialmente nos três primeiros meses, mas o conde insistia que isso não era o suficiente. Propôs colocar todos os bebês em alimentação artificial por um tempo duas vezes maior, entregando-os às amas de leite rurais somente quando tivessem seis meses.

O principal oponente do conde nesta batalha era Domenico Peruzzi, que recentemente fora nomeado diretor do lar para crianças desamparadas e do hospital-maternidade. Peruzzi atacou o plano do conde em diversas frentes. Antes de mais nada, disse ele, isso era completamente impossível. Bebês que foram amamentados com mamadeiras por seis meses não aceitariam o seio depois deste tempo todo. No entanto, argumentou ele, havia uma razão ainda mais importante. Apesar de todos os esforços para modernizar o sistema de alimentação artificial, os bebês alimentados com mamadeira estavam morrendo numa taxa assustadora. Dos 128 mandados para aquela enfermaria nos primeiros 10 meses do ano, 95 já haviam morrido, a maioria em dois meses. E todos os que sobreviveram, disse ele, podiam ser distinguidos facilmente dos outros da mesma idade, que foram amamentados no seio, pela palidez, o pouco tamanho e a suscetibilidade a doenças.

Reconhecendo a crise, Peruzzi propôs uma série de outras mudanças. Nenhum bebê seria entregue para amas de leite antes dos três meses de vida. Para prevenir mortandade em larga escala entre os bebês, pediu que fosse feito todo o possível para que eles fossem amamentados pelas próprias mães. Seria pedido às mulheres que deram à luz no hospital-maternidade que passassem três meses no orfanato amamentando seus próprios filhos. Isso obrigaria tais mulheres a ficarem no lar para crianças desamparadas um mês a mais que na regra vigente, mas a mudança mais radical era tê-las amamentando os próprios bebês.

Até recentemente, isso era absolutamente proibido, pois o ponto crucial do sistema, desde a Contrarreforma no século XVI, havia sido separar as mulheres solteiras de seus bebês. Com isso, a última coisa que os diretores do orfanato queriam fazer era encorajar o instinto maternal nestas mulheres, dificultando assim, ainda mais, a separação entre mãe e filho.

Depois de duas sessões tempestuosas, o conselho do hospital aceitou tentar o novo sistema. Mulheres que dessem à luz no hospital-maternidade seriam obrigadas a amamentar o próprio bebê por três meses, depois do que, se concordassem em ficar com a criança, receberiam a atrativa quantia de 20 liras por mês pelo resto do ano. Todos os outros bebês seriam mantidos no orfanato por três meses, sendo alimentados por mamadeiras por mulheres chamadas amas-secas. Cada uma cuidaria de pelo menos quatro crianças e dormiria perto de seu berço.

Uma semana depois da relutante concordância do conde com tal proposta, ele recebeu uma carta com um informe de Módena. Desde que o Tribunal de Apelações de Bolonha decidira contra ele, Isolani ficava curioso para saber o que acontecia em outras localidades, porque não lhe parecia justo que Bolonha houvesse sido escolhida para um escrutínio legal. Não muito longe de Bolonha, Módena lhe interessava particularmente, e o informe do advogado que representava o orfanato daquela cidade era uma leitura interessante.

O advogado dizia que já representara o orfanato de Módena em três ações legais recentes, apresentadas por amas de leite sifilíticas. Duas ainda estavam na corte e, certamente, não foram ajudadas em nada pelo caso Bagnacavalli. A terceira resultou na decisão em favor do orfanato. O tribunal de Módena decidiu que contrair sífilis deveria ser considerado um “risco profissional” intrínseco ao fato de ser uma ama de leite e que as mulheres assumiam o risco ao decidir fazer tal trabalho.

O advogado atribuiu a diferença entre as decisões de Módena e do caso Bagnacavalli ao fato de que, no primeiro, toda a comunidade médica declarara que os médicos daquele orfanato haviam feito tudo e que, apesar disso, a disseminação da sífilis entre as amas de leite fora inevitável. Ele comparou isso com o caso de Bolonha, no qual um médico prestigiado – Majocchi – se manifestara contra os colegas.

De fato, disse o advogado de Módena, as duas cidades estavam fazendo melhor que muitas outras instituições. Em Turim, nos últimos anos, informou ele, 7% das mulheres que pegaram órfãos para amamentar haviam sido infectadas com sífilis; em Milão, a taxa era assustadoramente mais alta.

Enfrentavam agora um momento delicado, advertiu o advogado. No passado, tais casos eram resolvidos fácil e rapidamente com um pequeno pagamento feito à pobre mulher. Tudo era mantido na surdina. Mas agora, se o precedente Bagnacavalli prevalecesse, os processos legais iriam certamente se multiplicar. Era prudente que eles fizessem todo o possível para limitar o próprio risco.

Como em Bolonha, os membros do conselho do hospital de Módena haviam proposto fazer as amas de leite assinarem uma declaração no momento em que levassem os órfãos, dizendo que não poderiam responsabilizar o lar para crianças desamparadas por qualquer doença que contraíssem. Mas, disse o advogado, tal cláusula não teria peso algum nos tribunais, pois os empregados não podiam abrir mão de seus direitos básicos. Em vez disso, ele surgiu com uma nova ideia. Propôs que o orfanato pagasse para que cada ama de leite contratasse um médico de sua escolha para examinar o bebê quando o pegasse. Este médico assinaria um documento afirmando que o bebê não tinha sífilis. Caso a criança desenvolvesse a doença, a mulher não poderia culpar o orfanato. Se ela quisesse processar alguém, poderia processar o próprio médico.

*Capítulo 18*

# Uma decisão dividida

Barbieri sabia que só lhe restava esta chance e, tinha de admitir, estava em desvantagem. A decisão do Tribunal de Apelações de Bolonha em favor de Amalia havia sido um choque para o *establishment* médico e legal da Itália, e os juízes da Suprema Corte, mesmo que circunspetos na linguagem, pareciam também surpresos com que a queixa de Amalia tivesse sido recebida de forma tão favorável.

Nos meses que antecederam a deliberação do Tribunal de Apelações de Ancona, Barbieri tentou freneticamente conseguir uma cópia das regras que regiam o lar para crianças desamparadas de Bolonha, pois era crucial ao seu caso mostrar que os médicos não as seguiram. Quando Isolani se recusou a entregar-lhe uma cópia, ele dirigiu-se diretamente ao governador de Bolonha, buscando seu apoio. No entanto, quando este pediu uma cópia para honrar o pedido de Barbieri, o conde se negou novamente a entregá-la, dizendo que não poderia ser forçado a ajudar alguém que o processava.

Em abril de 1896, mais de um ano depois de a Suprema Corte indeferir o veredicto de Bolonha, Barbieri finalmente apresentou-se ao tribunal de Ancona para expor seu caso. A cidade costeira do Adriático, mais ou menos equidistante de Roma e de Bolonha, havia sido um porto importante, conectando os Estados papais ao mundo dos turcos otomanos. Para Barbieri, não parecia muito mais que uma cidade provinciana; com 30 mil habitantes, não tinha nem um terço do tamanho de Bolonha. No entanto, Barbieri não estava interessado em locais turísticos nem no porto. Ele tinha problemas mais prementes a resolver, pois ainda não conseguia uma cópia das normas do lar para crianças desamparadas. Na sala do tribunal, teve de alardear sua argumentação, fazendo referências genéricas às normas sem citar nenhuma de forma específica.

A Suprema Corte, disse ele, acatara os fatos básicos do caso tanto quanto o tribunal de Bolonha. A Suprema Corte também decidiu, disse Barbieri, que o hospital poderia ser responsabilizado se fosse mostrado que os médicos haviam sido negligentes ao não suspeitar de que o bebê tinha sífilis ou se falharam em seguir as diretrizes corretas ao examinar a criança.

Neste ponto, temendo desesperadamente que o caso se voltasse contra ele, Barbieri decidiu que sua única chance era torcer um pouco as provas. Precisava convencer os juízes de que os médicos do orfanato haviam sido incompetentes ou negligentes. Para isso, tentou deixar a impressão de que os últimos sintomas de Paola apareceram antes de a menina ser entregue a Amalia. Então, quando listou os sintomas com que todos concordavam que a menina apresentara previamente, ele incluiu não apenas aqueles que estavam em discussão, como sua depauperação, mas até os que ninguém havia alegado que surgiram antes de Amalia levá-la. Neste ponto, os sintomas cruciais de Paola eram o nariz escorrendo e especialmente as lesões na boca e nas costas. Apresentando-os como se sua ocorrência anterior tivesse sido confirmada pelas provas, atacou a alegação de que, no dia em que foi entregue a Amalia, o dr. Pinzani a examinara cuidadosamente.

Barbieri ridicularizou a argumentação do hospital de que, se houve qualquer falta a ser assinalada no caso Bagnacavalli, seria apenas dos médicos e não do conselho do hospital. O que, perguntou ele, o conselho do hospital havia feito com relação à epidemia de sífilis que o orfanato criou nas áreas rurais? Novamente, citou todos os recibos de pagamento a amas de leite que contraíram a doença num período de nove anos, ao todo mais de 100. No entanto, ele não mencionou que muitos destes foram feitos à mesma mulher, levando os juízes a acreditarem que o conselho havia pago a mais amas de leite do que o número verdadeiro. O conselho achara necessário tomar alguma providência?, perguntou. Não, disse ele, eles não fizeram absolutamente nada. Até mesmo encarregaram o dr. Pinzani de determinar se os bebês tinham sífilis, apesar de ele não ser um especialista no assunto.

Dando um toque emocional à sua argumentação, Barbieri pediu aos juízes que pensassem por um momento na pessoa que era o centro do caso: a pobre e desafortunada Amalia Bagnacavalli. Ali estava uma jovem mulher que teve a vida arruinada, condenada a suportar desamparadamente as horríveis lesões que se espalhavam pelo seu corpo. Ali estava uma mulher, disse ele, que um dia sonhou ser mãe de uma família numerosa, mas, em vez disso, encarou a dolorosa morte de todos os filhos e a triste enfermidade do marido, tudo devido ao que o lar para crianças desamparadas de Bolonha fizera com ela.

Com isso, Barbieri concluiu sua defesa.

Em 11 de julho de 1896, depois de ouvir Baldini apresentar os mesmos argumentos que usou nos estágios anteriores do caso, os cinco juízes reuniram-se para deliberar. Embora não pudessem ouvir novas provas na apelação, não estavam limitados a decidir com base na lei e começaram sua deliberação determinando qual versão básica dos fatos seria preferida.

Apesar da negação reiterada do conselho do hospital, os juízes não tiveram dificuldades em deliberar que Paola havia nascido com sífilis e que a órfã infectara Amalia. Focaram-se especialmente nos sintomas da doença que o dr. Dalmonte havia encontrado. Consideraram também importante que, quando Amalia devolveu o bebê ao orfanato, os médicos não questionaram quando disse que Paola tinha sífilis e, de fato, colocaram imediatamente a criança na enfermaria especial para sifilíticos, onde ela permaneceu até morrer, um mês depois.

Os juízes não mostraram mais simpatia por outro dos argumentos básicos do hospital: que a relação do hospital com os médicos que empregava diferia de outras relações patrão/empregado e, portanto, o hospital não tinha responsabilidade legal por qualquer dano causado pelo julgamento profissional dos médicos. O Código Civil, decidiram os juízes, especificava que os empregadores eram responsáveis por danos causados por seus empregados no curso de suas obrigações. Não havia exceção na lei para médicos.

Os cinco juízes concordavam com tudo isso. Mas ainda havia motivo para esperança por parte de Baldini e do conde. Na vitória do hospital no tribunal de Bolonha, os juízes haviam decidido contra a alegação de que Paola não havia passado sífilis para Amalia e a de que o hospital não poderia ser responsabilizado pelos danos causados pelos médicos. A questão crucial – e na qual a argumentação do hospital era mais forte – era se os médicos haviam sido negligentes ou falharam no cumprimento de suas funções. Os juízes do tribunal consideraram a argumentação do hospital convincente: se até mesmo os dois médicos peritos da corte, Ravaglia e Roncati, consideraram que Paola não apresentava sinais de sífilis antes de ser entregue a Amalia, como os médicos do orfanato poderiam ser considerados negligentes ou incompetentes ao chegarem à mesma conclusão?

Embora nem Barbieri nem Baldini participassem da deliberação secreta dos juízes naquela manhã de sábado de verão, ambos teriam motivo para otimismo se tivessem ouvido o debate. De um lado, o juiz presidente, Gioacchino Bonelli, argumentou que os sinais de sífilis – ou qualquer forma de sinais que deveriam levar os médicos a suspeitarem de sífilis como uma possibilidade – eram claros desde o primeiro dia da vida de Paola. Ele também admitiu que, se Amalia achara o bebê tão magro quando chegou ao orfanato que nem queria levá-lo, devia haver motivo para que os médicos suspeitassem de que o bebê tinha a doença. As normas do lar para crianças desamparadas, como Barbieri argumentara corretamente, apesar de não possuir uma cópia, especificavam que os bebês que apresentavam sinais que levassem à suspeita de sífilis não deveriam ser entregues a uma ama de leite. Ali estava um caso claro, disse o juiz presidente, de que os médicos agiram com negligência.

Mas nem todos os seus colegas concordavam com isso. Para Giovanni Gelli e Adriano Adriani, as provas favoreciam claramente uma conclusão contrária. Como os juízes podiam alegar ter mais experiência que os ilustres professores de medicina consultados pela corte? Gelli e Adriani achavam que o juiz presidente estava excessivamente influenciado pela sequência de acontecimentos. Em retrospecto, era claro que Paola tinha sífilis e passou a doença para sua ama de leite. Mas os médicos do orfanato só poderiam ser culpados de negligência se tivessem ignorado os sintomas da doença que apareceram antes de entregar o bebê a Amalia. Os sintomas que a criança teve foram muito mais ambíguos. Ravaglia e Roncati apresentaram uma argumentação convincente de que os médicos tinham uma boa razão para acreditar que a infecção nos olhos de Paola não era causada pela sífilis, mesmo que no final estivessem errados. E a depauperação do bebê era menos explícita do que o juiz presidente pensava, alegaram eles. Embora Amalia tivesse testemunhado que ficou horrorizada ao ver a criança pela primeira vez e tenha atribuído o sentimento de repulsa a sua aparência esquálida, sua reação poderia ter sido produzida pelo horror aos olhos vítreos da criança.

O destino de Amalia seria decidido pelos dois juízes restantes, Domenicantonio Galdi e Nicola Limoncelli. Quando ficou claro que os cinco juízes jamais chegariam a um consenso, o juiz presidente decidiu pedir uma votação. Ele precisaria conseguir o apoio dos seus dois colegas hesitantes se Amalia fosse vencer o caso.

A semana antes de os juízes convocarem os dois advogados para ouvirem a decisão foi muito longa para Barbieri. Já fazia praticamente seis anos desde que Amalia lhe contara pela primeira vez sua triste história. Ele dedicara mais tempo a este caso do que a qualquer outro em sua vida e, embora sentisse que havia sacrificado muito por Amalia, também estava ciente de que, como resultado de seu aconselhamento, ela agora corria o risco de ficar sem nada. Ela agora tinha uma dívida enorme, que jamais teria contraído se, naquele dia de agosto de 1890, simplesmente a tivesse mandado para casa.

Era um sábado quando o tribunal de Ancora emitiu sua decisão. Na edição de domingo, um jornal diário de Bolonha – sabendo que os leitores estavam ansiosos para saber as últimas notícias desta longa saga – informou a conclusão dramática do julgamento:

> Dado o grande interesse que gerou, o caso da ama de leite Amalia Bagnacavalli contra o hospital de Bolonha é agora bem conhecido dos leitores. Ao amamentar uma órfã, ela foi infectada por sífilis, que passou ao marido e aos dois filhos pequenos.
>
> Com o lar para crianças desamparadas sendo acusado de responsável pelo grave dano causado pelo contágio, o conselho do hospital, a que o orfanato está subordinado, questionou os fatos básicos do caso. De qualquer modo, eles alegaram que o que estava em questão era, quando muito, um erro profissional cometido pelos médicos e que o hospital não poderia ser responsabilizado pelo erro inocente dos médicos.
>
> A questão levantada neste caso foi de grande importância e de grande interesse, tanto do ponto de vista científico como pelas consequências que a decisão teria para qualquer um dos lados...
>
> Na decisão, anunciada ontem, o tribunal de Ancona reconfirmou completamente a decisão de nossa corte. Responsabilizou o hospital pelo trabalho dos médicos e ordenou-lhe o pagamento de todos os danos morais e materiais, acrescentando ainda as custas legais de ambos os lados.

Baldini, que estava em Ancora para a leitura da decisão, voltou a Bolonha no final daquela semana e escreveu ao conde Isolani uma pequena carta, informando que os juízes haviam decidido, por três a dois, contra eles. Incluiu uma cópia da decisão, acrescentando que, em sua opinião, o raciocínio utilizado era ainda pior que o do Tribunal de Apelações de Bolonha. Depois de ler a carta, Isolani, irritado, rascunhou um bilhete ao conselheiro legal do hospital, Ferrari, perguntando-lhe se deveriam apelar da sentença de Ancona à Suprema Corte.

*Capítulo 19*

# Uma soma monumental

O caso Bagnacavalli já havia custado ao hospital alguns milhares de liras e o montante continuava a crescer. Baldini apresentou sua última conta, cobrindo a apelação de Ancona, que incluía 1.140 liras em despesas e outras 1.700 liras por seu tempo. Nesse ínterim, a corte de Ancona havia notificado ao conde Isolani que o hospital devia 2.238 liras de custas judiciais.

Aquele tribunal também havia ordenado que o conselho do hospital pagasse Barbieri pelo trabalho legal de defender Amalia na Suprema Corte e em Ancona. Sua compensação pela fase de Bolonha deveria ser acordada em separado pela corte da mesma cidade. Em outubro de 1896, o conde aprovou o pagamento de 3.100 liras a Barbieri. Embora fosse apenas a metade do que ele pagara ao próprio advogado somente pelo trabalho em Roma e Ancona, o conde achou a quantia razoável. Afinal, Barbieri tinha somente 34 anos e era um advogado, pensou o conde, com tão poucos clientes respeitáveis, que vivia correndo atrás de camponeses analfabetos. Entretanto, Barbieri não estava satisfeito. Esperava conseguir muito, mas muito mais por todo o trabalho que teve no caso e pelo risco que correu. Isto deveria ser a primeira parcela.

Enquanto as manobras legais continuavam, o efeito da nova política de amamentação nos orfanatos de Bolonha estava ficando claro. Durante o ano de 1896, 470 bebês deram entrada no orfanato. Destes, 157 haviam nascido no hospital-maternidade, sendo a maioria amamentada pela própria mãe. No fim do ano, 19% dos bebês haviam morrido, uma porcentagem que não era dramaticamente mais alta que a taxa de mortalidade de bebês em toda a população. Porém, o efeito da nova política naqueles que não tinham uma mãe para amamentá-los era bem diferente. De 313 crianças colocadas na ala de alimentação artificial, 202 já haviam morrido ao final do ano. Esta taxa de 64% na realidade não representava o total da mortalidade porque alguns bebês que nasceram perto do final do ano ainda morreriam antes de completar três meses. Os médicos também estavam preocupados porque a nova política havia sido posta em prática no final de março, então os bebês nascidos no começo do ano haviam sido amamentados por amas de leite. O pior, sabiam eles, ainda estava por vir, e tudo devido ao caso de Amalia trazido à luz pelo persistente Barbieri.

Durante esses meses, a corte de Ancona, que havia ordenado que o hospital indenizasse Amalia, estava cada vez mais preocupada, pois não recebera nenhuma notícia de Bolonha de que tal pagamento fora feito. No começo de janeiro de 1897, o tribunal escreveu ao conde questionando-o a respeito. Isolani respondeu imediatamente que, como apelaram da decisão de Ancona à Suprema Corte, ele não pretendia pagar nada a Amalia antes de saber qual o veredicto final da corte.

O conselho do hospital votara unanimemente para prosseguir com sua última chance de vencer o caso, levando-o à Suprema Corte pela segunda vez. Na reunião que aconteceu no outono, quando a votação foi feita, um dos membros do conselho argumentou que suas chances de vitória cresceriam se, em vez de ser representados somente por Baldini – um bom advogado, um dos melhores de Bolonha, mas não muito conhecido pelos juízes de Roma –, encontrassem alguém com mais peso político para defendê-los. Contataram Alessandro Fortis, o advogado romano mais bem relacionado que conheciam, e perguntaram se ele os representaria. Membro do Parlamento por seis anos, recentemente feito vice-ministro do Interior e um homem que seria depois, mesmo que brevemente, primeiro-ministro da Itália, Fortis parecia a melhor opção para o papel.

Depois de assegurar-se de que Baldini faria todo o trabalho, Fortis concordou em ajudá-los, e o conde permitiu-se uma nova esperança de que finalmente venceriam. Afinal, da outra vez em que o caso fora levado aos juízes da Suprema Corte, eles indeferiram a decisão do Tribunal de Apelações de Bolonha e, aos olhos do conde, claramente mostraram sua pouca simpatia pelo caso.

Em 28 de abril de 1897, os sete juízes da Suprema Corte ouviram a apresentação oral dos argumentos de Barbieri, em defesa de Amalia, e de Baldini e Fortis, pelo hospital. Quatro semanas depois, em 24 de maio, segunda-feira, a odisseia legal de Amalia chegou ao seu dia final na corte, quando os advogados de ambos os lados foram chamados ao Palazzo Altieri para ouvir o veredicto. Nicola Tondi, presidente do tribunal, leu a decisão.

A corte mais alta da Itália, anunciou ele, considerou que não havia base para uma revogação da sentença de Ancona. Não era papel da Suprema Corte determinar os fatos do caso, mas apenas se qualquer erro havia sido cometido na interpretação da lei. O tribunal de Ancona determinara que Paola havia infectado Amalia com sífilis e que, na época em que o bebê foi entregue à mulher, apresentava sinais de que poderia ter a doença. Mesmo assim, a criança fora entregue a Amalia, em clara violação às normas do lar para crianças desamparadas. Este, concluiu a Suprema Corte, não era o caso de um erro profissional desculpável. Era, sim, um caso de negligência.

Baldini teve a desagradável missão de mandar uma cópia da decisão ao conde. Os juízes da Suprema Corte, disse ele, haviam utilizado um raciocínio deturpado e, se lido cuidadosamente, feito uma ultrajante acusação. Eles haviam simplesmente sugerido que os médicos do orfanato sabiam que entregavam um bebê com suspeita de sífilis para uma mulher saudável amamentar. Se os juízes realmente acreditavam nisso, disse Baldini, eles não deveriam simplesmente confirmar o que foi decidido na ação civil. Eles deveriam ordenar a prisão dos médicos e julgá-los criminalmente.

Os advogados do conselho do hospital não esperaram pela decisão final da Suprema Corte para partir para uma ofensiva que limitasse sua responsabilidade ao constatar a rápida proliferação de queixas por parte de antigas amas de leite lesadas que a vitória de Amalia em Ancona havia causado. No final de 1896 e no início de 1897 os advogados encontravam-se ocupados em tentar resolver tais casos. Como antes, o objetivo era conseguir que as mulheres assinassem um termo abdicando de qualquer direito futuro de entrar com uma ação contra o hospital.

Pouco antes da decisão de Ancona, em julho de 1896, o hospital fez um acordo de 500 liras com Cattarina Tonelli, a mulher que contraiu sífilis no ano anterior de um órfão e em seguida a passou para o marido. Mas agora os advogados da área de Bolonha estavam mais do que ansiosos em ajudar tais mulheres, e o prêmio para que elas assinassem o termo estava subindo. Em janeiro de 1897, Argia Matteuzzi e seu marido receberam 1.500 liras como compensação pela sífilis que ela contraíra de um órfão três anos antes. No mês seguinte, foi a vez de Maria Masi e o marido. Ela pegara um órfão em 24 de março de 1890, três dias antes de Amalia ter se aventurado pela primeira vez no lar para crianças desamparadas, e ainda sofria de um caso ativo de sífilis. Ela fez o acordo por 1.100 liras. Mais tarde naquele ano, o hospital negociou com Giuditta Caselli, que pegara sífilis ao amamentar um bebê do orfanato, durante o período obrigatório na instituição, depois de seu bebê ter nascido no hospital-maternidade. Em setembro de 1897, o próprio Barbieri avisou ao advogado do hospital que ele entraria com uma ação em defesa da mulher, caso não fosse feito um acordo satisfatório, então Giuditta recebeu a quantia de 1.200 liras em troca da promessa de não acionar a instituição. No entanto, o maior pagamento de todo o ano – de fato, o maior pagamento que jamais havia sido feito a uma ama de leite sifilítica – aconteceria dois meses depois. Envolvia outra mulher, Luigia Guernelli, que pegou sífilis enquanto era forçada a amamentar bebês no orfanato. Citando o caso Bagnacavalli, seu advogado, na verdade, entrara com uma ação. Em julho de 1897, Luigia concordou em retirar a ação e prometeu jamais pedir qualquer coisa ao conselho do hospital em troca do substancial pagamento de 3.500 liras.

O conde Isolani sentiu algum alívio de que o estoque de queixas começava, enfim, a diminuir, e a exposição do conselho do hospital ao risco de ações inspiradas em Amalia estava se reduzindo. Mas tudo isso tinha um preço. No final de 1897, o conde recebeu o relatório dos médicos do orfanato, referente ao primeiro ano completo da nova política: dos 126 bebês nascidos no hospital-maternidade, que deram entrada com as mães, apenas 13% haviam morrido. No entanto, dos 320 bebês abandonados, sem a mãe para amamentá-los, menos de um terço havia sobrevivido.

Durante todos estes anos de provação, Amalia e Luigi permaneceram em Oreglia, embora, conforme o tempo passasse, a família diminuísse. A irmã e um dos irmãos de Luigi se casaram e mudaram, então Amalia e o marido agora dividiam a casa apenas com os idosos pais de Luigi e seu irmão solteiro, Giuseppe. Juntos tiravam o sustento que conseguiam do solo rochoso.

No começo de 1898, depois da decisão final da Suprema Corte, o conde recebeu uma nova proposta de acordo de Barbieri e sentiu-se ultrajado. O advogado praticamente dobrara o pedido anterior – uma quantia que o conde já havia entendido como absurda – e agora pedia a soma exorbitante de 70 mil liras. O conde consultou seus advogados. Concordando que a quantia era enorme, eles o aconselharam a não negociar diretamente com Barbieri o que, acreditavam, poderia levar apenas a uma modesta redução. A única maneira de chegar a um valor mais baixo era ir mais uma vez à corte e conseguir que os juízes decidissem a questão.

Barbieri sabia que irritaria o conde ao pedir tanto e pensou que era improvável que conseguisse tudo que queria, mas, depois de todos os anos que gastou no caso de Amalia, era a hora de ele, finalmente, cumprir as promessas que fez a ela. Não menos importante, agora era a hora de ser bem-sucedido em suas próprias esperanças por uma recompensa generosa.

Ele compreendeu, e Amalia não, que esta fase final seria a mais delicada e teria de ser cauteloso. Embora a própria Amalia não pudesse ter sido menos sofisticada em transações legais e financeiras, ele sabia que as cortes ainda estavam observando o caso de perto. O tribunal de Ancona, regularmente, bombardeava o conde Isolani com pedidos de informações sobre o pagamento de Amalia e o que ela estava fazendo com todo o dinheiro. Era apenas prudente, pensou ele, proteger-se do que temia que estivesse por vir.

Com isso em mente, antes de apresentar seu pedido ambicioso ao conde, Barbieri pediu a Amalia que fosse com Luigi vê-lo em Bolonha. Quando chegaram ao seu escritório na terça-feira, 6 de janeiro de 1898, ele disse que havia um documento que precisavam assinar. Então levou-os para o andar de baixo, para o escritório de seu colaborador de longa data, Alberto Pallotti.

Barbieri jamais confiara plenamente em Nono Veggetti, que havia emprestado o dinheiro de que Amalia precisava para o caso. Tudo teria sido mais simples se ele tivesse conseguido alguém, dentre seus associados em Bolonha, que facilitasse os empréstimos, mas, naquela época, ninguém estava disposto a correr o risco. Agora, com o desembolso de fundos à vista, Veggetti ficaria em seu caminho.

Quando o advogado entrou no escritório do notário com Amalia e Luigi logo atrás, Riccardo Orlandi, amigo e parceiro de negócios de Barbieri, já estava lá. O advogado sabia que não seria difícil convencer Amalia e Luigi a assinarem o papel que colocara na frente deles. Orlandi, disse-lhes ele, era muito mais inteligente que Veggetti e mais capaz de ajudá-los. O hospital, avisou, não queria dar-lhes o que mereciam, então esta última parte da batalha não seria fácil. Mas, disse ele, com o auxílio de Orlandi, todas as questões financeiras e negociações complicadas seriam resolvidas. Só precisavam assinar o acordo.

O notário leu o documento em voz alta. Em prosa burocrática, afirmava que Amalia, com o consentimento do marido, nomeava Riccardo Orlandi como seu representante legal e o autorizava a cuidar de todas as questões financeiras relativas à ação. O documento atribuía-lhe especialmente a responsabilidade de determinar quanto o advogado deveria receber por seu tempo e seus gastos e excluía tudo que Barbieri já havia recebido do conselho do hospital do cálculo do que Amalia teria de lhe pagar.

Orlandi emprestaria dinheiro a Amalia para pagar o débito com Veggetti e, ao fazê-lo, permitiria que ela encerrasse a função dele como seu representante legal. Seriam cobrados dela 8% de juros, mais o imposto sobre a quantia que ela pegara emprestado.

O notário chamou Luigi para apor sua assinatura no final do documento. Se o advogado tinha algum escrúpulo pelo que acabara de fazer ou pelo que iria fazer, os registros que ficaram nos arquivos não dão qualquer sinal.

*Capítulo 20*

# O advogado de Amalia apresenta a conta

Para Amalia, deve ter parecido que juízes e advogados jamais se cansariam de discutir e ela deve ter se perguntado se algum dia veria os tesouros que Barbieri lhe prometera. Amalia sabia que as quantias que vinham sendo discutidas estavam muito além do que qualquer um de seus amigos ou de sua família jamais poderia esperar ver na vida toda. Com todo esse dinheiro, ela e Luigi poderiam comprar uma fazenda de bom tamanho e viver confortavelmente, contratando boias-frias para auxiliar no trabalho pesado de plantar e colher.

Até agora, Amalia havia sobrevivido ao segundo estágio da sífilis e não apresentava mais sinais óbvios da doença – nenhuma ferida no corpo, nenhum sinal de queda de cabelo, nem ulcerações na boca. No entanto, sentia-se cansada o tempo todo e não tinha a energia que costumava ter. A mulher que uma vez foi descrita como de bom aspecto físico tinha, agora, uma aparência doentia. Sua pele, mesmo que não mais descolorida pelo tratamento com mercúrio, tinha uma palidez malsã; o corpo, outrora robusto, agora estava esquálido.[1]

Quando o novo século chegou, Amalia estava tão pobre quanto sempre esteve. No entanto, o término de sua ação legal estava próximo. Nos primeiros dias de 1900, Barbieri enviou uma mensagem informando que o tribunal anunciaria em breve quanto o hospital lhe devia.

Com o pagamento finalmente em vista, Barbieri estava tão excitado quanto nervoso. Em sua relação com Amalia, reconheceu ele, a possibilidade de um mal-entendido de última hora era grande. Decidido a não dar chance ao azar, novamente procurou Alberto Pallotti. Juntos rascunharam o que esperavam que fosse um acordo bem definido entre o advogado e a mulher que, havia uma década, o considerava como seu defensor altruísta. Barbieri queria garantir que não havia qualquer dúvida a respeito de quanto ele tinha de receber.

Pouco depois do Ano-novo, Barbieri soube que o tribunal poderia emitir sua decisão a qualquer momento e, preocupado que chegasse no começo da semana seguinte, insistiu para que Amalia e Luigi viessem assinar o documento no domingo. Sendo assim, no primeiro domingo do século, quase dois anos depois da última vez que Barbieri lhes pedira para que fossem até seu escritório, o casal pegou o trem que atravessava as frias montanhas para encontrá-lo. Depois de todo o tempo que o caso levara, teria sido difícil para eles imaginar por que o advogado estava com tanta pressa.

Quando chegaram, Barbieri lhes disse que, com a decisão do tribunal prestes a sair, era importante que colocassem todos os seus negócios em ordem. Novamente, levou-os ao andar de baixo, ao escritório do notário, e mais uma vez sentaram-se para ouvir Pallotti ler outra declaração confusa.

O texto recontava a história da infecção de Amalia enquanto amamentava Paola, o começo da ação contra o hospital, a longa e árdua série de julgamentos que culminaram com sua vitória no Tribunal de Apelações de Ancona e a ordem para o hospital pagar seus prejuízos. Apesar da ordem do tribunal de julho de 1896, leu o notário, e a despeito de a saúde debilitada de Amalia significar que não podia trabalhar frequentemente e que suas despesas médicas continuavam a crescer, o conselho do hospital ainda resistia em pagar-lhe o que era devido.

Então, Pallotti chegou ao âmago do documento: embora Amalia tivesse assistência legal gratuita, provida pelos tribunais, seu valente e zeloso protetor, o professor Augusto Barbieri, havia, ao defendê-la, feito gastos substanciais tanto com viagens quanto com impressões de documentos, além das despesas por seu próprio tempo de trabalho. Ele ainda teve de recorrer a diversos colegas e colaboradores que, compreensivelmente, pediam agora sua remuneração.

Como fez dois anos antes, Pallotti leu mais uma vez as palavras que, embora fundamentais para Barbieri, não deveriam ter qualquer significado para Amalia e Luigi.

"O *signor* Barbieri, a despeito de qualquer reembolso das despesas e de qualquer montante devido a ele pago diretamente pelo hospital ou a ser pago a ele no futuro desta forma, tem o direito ao reembolso de suas despesas e à compensação que Bagnacavalli tem o mais solene dever de prover dada a longa e carinhosa assistência que lhe foi oferecida."

O texto voltou-se brevemente para as outras obrigações que Amalia deveria reconhecer. Ela também, leu o notário, teve a grande sorte de conseguir o auxílio do distinto professor Domenico Majocchi, cujas conclusões médicas, ao contradizerem os laudos pedidos pelas cortes, permitiram o seu triunfo. Ademais, ela havia descoberto, na Casa Editorial Azzoguidi, de Bolonha, um estabelecimento disposto a adiantar-lhe os gastos consideráveis envolvidos em imprimir as petições de seu advogado.

Então, Pallotti chegou ao ponto central.

Querendo garantir que ela quite seus débitos com aqueles que, tão valentemente, cooperaram para tornar seu triunfo possível, a *signora* Amalia Bagnacavalli, assistida e autorizada por seu marido, *signor* Luigi Migliorini, de livre e espontânea vontade reconhece as seguintes dívidas:

Com seu advogado Augusto Barbieri: a quantia de 3 mil liras em pagamento de empréstimos concedidos a ela em inúmeras ocasiões, a seu pedido, para pagar despesas com tratamento médico e gastos pessoais. Além disso, 10 mil liras como compensação por sua assistência zelosa e inteligente, dada desde 1890 devido a uma longa série de procedimentos judiciais envolvendo o conselho do hospital de Bolonha, esta quantia sendo independente de qualquer soma que o advogado Barbieri receba diretamente do hospital.

Mais 2.500 liras para o professor Domenico Majocchi, pelo tempo e despesas gastos no preparo de diversos laudos para a corte; e outras 2.500 liras para a Casa Editorial Azzoguidi.

Ao reconhecer tais dívidas, leu Pallotti, Amalia Bagnacavalli concordava que a soma, que totalizava 18 mil liras, seria deduzida diretamente da quantia que o hospital lhe pagaria. Na remota hipótese de que fizesse um acordo extrajudicial com a outra parte, ela jurava que não concordaria com uma quantia menor que esta.

O notário terminou a leitura do documento e pediu para Amalia fazer sua marca. Embora ela entendesse pouco do que fora dito, os montantes inebriantes de dinheiro que ele citou e a repetida referência a todas as pessoas às quais ela devia dinheiro não poderiam deixar de impressioná-la. Precisava ter nervos mais fortes que os dela para não se assustar. Mas Barbieri a encorajou, lembrando-lhe que a quantia que pediam ao hospital era muito maior do que aquela de que precisaria para pagar suas dívidas.

Logo se soube que Barbieri não precisava ter apressado Amalia e Luigi para irem até Bolonha naquele domingo, pois demoraria mais dois meses até que o tribunal de Bolonha anunciasse sua decisão.

Para compensar o dano material sofrido por Amalia, a corte mandou o hospital pagar 4.600 liras e mais outras 6 mil liras para despesas legais. A isso seriam acrescentados os juros desde quando a Suprema Corte rejeitara a apelação do hospital, quase três anos antes. Também ordenou-se ao hospital que pagasse todas as custas do tribunal, mais 2.500 liras para o professor Majocchi e outras 1.628 liras para outras despesas legais de Amalia. Finalmente, o hospital deveria pagar a Amalia 30 liras por mês pelo resto da vida. Tal pensão permanente lhe daria mais dinheiro do que ela poderia conseguir trabalhando, mesmo que fosse saudável. Para uma camponesa da montanha, era uma renda considerável.

Embora o conde Isolani considerasse que o tribunal havia sido demasiadamente magnânimo, seu advogado não estava insatisfeito, lembrando ao conde que Amalia havia pedido muito mais. Duas semanas depois da leitura do veredicto, Isolani convocou uma reunião do conselho do hospital para decidir se deveriam pagar a quantia pedida ou apelar para uma redução, no Tribunal de Apelações. Ferrari disse-lhes que estava certo de que o próprio Barbieri apelaria da decisão do tribunal.

Não demorou muito para Barbieri fazer as contas. A decisão do tribunal, se fosse deferida, significaria que ele receberia apenas 6 mil liras, das 10 mil liras que Amalia lhe devia por serviços prestados. Enquanto Majocchi receberia, por completo, a sua remuneração extremamente generosa de 2.500 liras – o médico assistente na clínica de sífilis tinha o salário anual de 1.200 liras –, o dinheiro das custas legais valeria a Amalia algumas centenas de liras que devia à editora. E havia as outras dívidas de Amalia, sem mencionar o pagamento das 3 mil liras que ele lhe empestara, e o pagamento do empréstimo original de 5 mil liras, que ele conseguiu para ela com Nono Veggetti, agora devido a Riccardo Orlandi.

Em 17 de abril, Barbieri deu entrada em sua apelação, renovando o pedido de que Amalia fosse recompensada com 70 mil liras, mas sua bravata não deu certo. Anteriormente ele resistira a qualquer acordo com o hospital, certo de que o tribunal, caso não aceitasse a quantia total que propôs, lhe concederia pelo menos a metade. Agora a pressão dos credores aumentava. Ele já não era tão jovem e, graças em parte ao sucesso da ação de Amalia, seus serviços eram requeridos por outros clientes. Do ponto de vista profissional, ainda poderia tirar um pouco mais do caso. Seus pensamentos também devem ter-se voltado para a própria família. Tinha mulher e dois filhos para sustentar e queria que eles tivessem uma vida condizente com a de um profissional de sucesso de Bolonha.

Em resumo, Barbieri estava nervoso e agora fazia algo que evitou por um longo tempo. Entrou em contato com Pietro Baldini e propôs que, em vez de entrar com a despesa adicional de uma apelação, eles chegassem a um acordo amigável e dessem fim ao caso. Baldini, conhecedor das táticas agressivas de Barbieri, estava cético. Preocupado com que a oferta fosse simplesmente um tiro inicial na batalha do Tribunal de Apelações sobre o tamanho do acordo, avisou Barbieri que o conselho do hospital jamais concordaria com qualquer coisa próxima das 70 mil liras que ele pedira. Tentando aparentar uma confiança que, na realidade, não sentia, disse a Barbieri que ele estava certo de que o Tribunal de Apelações deixaria a quantia muito mais modesta do tribunal intacta.

Embora Barbieri estivesse falando sério sobre querer um acordo em termos favoráveis ao hospital, não conseguia resistir em lembrar a Baldini que o hospital expressou confiança similar anos antes, quando a apelação original havia ido à corte de Bolonha. Ambos sabiam que a corte era mais simpática ao pedido de Amalia que o tribunal e poderia muito bem aumentar substancialmente o montante devido a ela.

Se coubesse a ele decidir, disse Barbieri a seu adversário, apelaria da decisão e não tinha dúvida de que ganharia. No entanto, existiam outras considerações. Já fazia 10 anos desde que a primeira ferida sifilítica aparecera no seio da pobre Amalia. Havia uma década que ela dera entrada na ação, 10 anos de vida na miséria. Ela não queria esperar mais. Se pudessem encerrar o caso com a oferta de um pagamento razoável, ela poderia tentar viver os dias que lhe restavam com algum conforto. Arrastar ainda mais o caso seria crueldade.

Em 18 de junho, Baldini enviou ao conde Isolani a surpreendente notícia de que ele e o advogado de Amalia chegaram a uma tentativa de conciliação para um acordo extrajudicial, sujeito à aprovação do conselho do hospital. Baldini estava satisfeito em informar que no final Barbieri estava se acomodando. Amalia aceitaria a quantia estipulada pelo tribunal com apenas uma condição. Ela pedia que o conselho do hospital concordasse em converter o pagamento de 30 liras por mês por toda a vida em um único pagamento. Barbieri havia sido muito claro neste ponto, sua cliente queria o dinheiro todo de uma vez. Baldini havia consultado inúmeras companhias de seguros sobre qual seria o montante equivalente ao pagamento principal. Estimaram que esta política que pagaria um prêmio anual de 360 liras custaria mais ou menos 7 mil liras. Adicionando os custos judiciais e outras quantias especificadas no montante do tribunal, Baldini calculou que a decisão original custaria ao hospital 16.318 liras mais 30 liras por mês pelo resto da vida de Amalia. Convertendo aqueles pagamentos mensais em apenas uma quantia de 7 mil liras, chegariam ao número de 23.318 liras. Porém, ele disse a Barbieri que eles queriam subtrair 780 liras que pagaram a Amalia como acordo preliminar dois anos antes, o que deixaria uma quantia redonda de 22.500 liras. O advogado de Amalia, em seu novo humor conciliatório, havia concordado. Surpreso, Isolani agendou uma reunião do conselho do hospital para considerar a proposta.

Nesse ínterim, Barbieri tinha seus próprios problemas para cuidar. Alberto Pallotti estava acostumado a fazer seus negócios em Bolonha, mas o advogado insistiu que a questão que tinha para ele não podia esperar e, na terça-feira, 26 de junho, os dois pegaram um trem. Quando saíram na estação de Vergato, tiveram de montar em mulas para chegar a Oreglia, um meio de transporte ao qual nenhum dos dois estava acostumado. Ambos não estavam felizes em fazer a viagem, mas Amalia já passara do sétimo mês de gravidez e não se sentia bem. Se eles precisavam que ela fizesse sua marca no acordo, teriam de chegar até sua cama.

No último minuto, Pallotti arregimentou duas pessoas da localidade para servirem de testemunhas. Uma delas era o sinaleiro da estação de Vergato, e a pressa de Pallotti era tamanha que a outra teve de ser uma mulher. Seguindo o formulário, ele perguntou qual era o nome do pai dela, mas ela não soube responder. Ela também era uma órfã.

O documento que Pallotti leu para Amalia enquanto ela permanecia na cama, com Luigi a seu lado, atestava que ela aceitava o acordo final de 22.500 liras e prometia que jamais pediria qualquer dinheiro ao hospital de novo. Ela também autorizava seu advogado, Augusto Barbieri, a receber todos estes fundos em seu nome e distribuí-los como bem entendesse.

Dois dias depois, no quartel-general do hospital em Bolonha, o conselho completo discutiu a proposta do acordo. Isolani estava satisfeito em ver tantos presentes, 10 ao todo. Ele informou a surpreendente oferta vinda do advogado de Amalia, aceitando os números do tribunal com a única condição de que o pagamento mensal devido a Amalia seria convertido em uma quantia apenas. Lembrou-lhes que, se rejeitassem a proposta, Barbieri continuaria a apresentar o pedido de Amalia por 70 mil liras perante uma corte que já se mostrara simpática demais à sua causa.

O vice-presidente do conselho, Aldo Gattoni, ele próprio advogado, falou em seguida.

Nenhum de nós, começou ele, estava satisfeito em pagar uma soma tão alta. O caso havia sido corretamente decidido em primeira instância quando o tribunal indeferiu-o, mas, lembrou ele, todos sabiam o que havia acontecido nos anos seguintes e quanto foi gasto em custas legais. Eles já tinham, acrescentou ele, dito bem o que realmente pensavam da decisão do Tribunal de Apelações ou da subsequente determinação da Suprema Corte. Muitos deles indiscutivelmente sentiram, tanto quanto ele, que era indigno forçá-los a pagar a Amalia qualquer coisa a mais do que seus impulsos caridosos os teriam certamente inclinado a dar, caso ela não os tivesse arrastado para a corte. Era como se admitissem que o que aconteceu com ela foi, de alguma forma, culpa deles. Mesmo assim, dada a situação na qual se encontravam, considerava que a proposta de acordo não era inapropriada. De fato, financeiramente não era de todo má.

No entanto, acrescentou ele, uma coisa o incomodava. Dizia respeito ao marido da mulher, Luigi Migliorini. Lembrou aos colegas que havia algumas especulações anteriores de que o homem poderia entrar com sua própria ação legal contra o hospital, baseada em queixa separada de ter sofrido danos devido à alegada negligência do orfanato. Dado o perigo, disse, Gattoni, ficaria mais confortável se a proposta de acordo incluísse uma promessa formal de Migliorini de que jamais entraria com uma futura ação contra a instituição.

Os homens à mesa, felizes por terem um advogado no conselho, murmuraram em concordância. Um deles perguntou ao conde qual seria o impacto do acordo nas finanças do hospital. Isolani replicou com alguma satisfação que, sabendo que a ordem da corte para pagamento por danos era iminente, eles tinham reservado 36.500 liras do orçamento do ano vigente para este propósito. Caso aceitassem o acordo de Barbieri, pagariam, de fato, a Amalia 14 mil liras a menos do que prudentemente tinham antecipado.

Levou ainda um mês para se fazerem os ajustes que faltavam. Barbieri avisou ao marido de Amalia que ele precisaria vir à cidade novamente para assinar um documento importante. Deixando Amalia agora muito próxima do fim da gravidez, Luigi embarcou no trem para Bolonha.

Mais tarde naquele dia, com a declaração de Luigi em mãos, Barbieri foi até o escritório de Isolani. O conde, seus advogados, Ferrari e Baldini, e o vice-presidente do conselho, Gattoni, o estavam esperando com seu próprio notário. A atmosfera, apesar de formal, deve ter mostrado o alívio que Isolani e seus advogados sentiam. A longa saga estava prestes a terminar.

Gattoni pediu para ver a declaração que insistiram para que o marido de Amalia assinasse. Barbieri passou o documento a ele, com a data de 25 de julho de 1900, aquele mesmo dia. Nela, Luigi explicitamente renunciava a qualquer queixa futura contra o lar para crianças desamparadas ou contra o conselho do hospital.

Baldini pegou a declaração das mãos de Gattoni e leu-a. Isolani e Barbieri então se sentaram à mesa e assinaram o acordo. O advogado de Amalia saiu da sala segurando um cheque de 22.500 liras em seu nome.

*Capítulo 21*

# Vidas perdidas e vidas salvas

Na tarde de 16 de agosto de 1900, quinta-feira, Amalia entrou em trabalho de parto. Desde quando conheceu Augusto Barbieri e seus problemas judiciais começaram, ela engravidara quatro vezes. Duas vezes, experimentou a dor de dar à luz bebês doentes, cujo sofrimento terminou em morte. Nas outras duas vezes, deu à luz crianças que já nasceram mortas.

Desta vez, porém, ela ousou ter a esperança de que a sua sorte mudaria. Embora a sífilis a tivesse deixado fraca, não tinha mais os sintomas que a atormentavam, e o novo médico de Vergato disse que, passado o estágio infeccioso da doença, era possível que ela desse à luz um bebê saudável.

Antes do pôr do sol, Amalia expeliu o bebê. Era uma menina e, para seu grande alívio, estava viva. A parteira segurou-a para que Amalia a pudesse ver. No dia seguinte, o pároco local a batizou com o nome de Maria.

Com sua nova e saudável criança, Amalia e Luigi esperavam ter o primeiro sinal do começo de suas novas vidas. Barbieri havia pedido que Luigi o avisasse do nascimento do bebê, para que fosse possível, então, agendar uma reunião final, em Bolonha, tão logo Amalia pudesse viajar.

Na terça-feira, 28 de agosto, com Maria – ainda sem duas semanas de vida – nos braços, Amalia e Luigi pegaram o trem que seguia o vale do rio até Bolonha. Quando chegaram à cidade, sentiram um calor que nunca sentiam em Vergato e, mais uma vez, devem ter pensado que a cidade era um lugar horrível. Esperavam que esta fosse a última vez que tivessem que ir até ali. Com o dinheiro que conseguiriam, comprariam uma fazenda nas montanhas e não ficariam mais sujeitos à piedade alheia.

Esperando por eles, Barbieri deve ter refletido sobre os últimos 10 anos. Apesar de não ser nem sentimental nem fraco, deve ter se sentido desconfortável a respeito deste último encontro com a mulher que tanto confiara nele. Talvez tenha tentado dissipar a nuvem de culpa que pairava sobre ele ao dizer para si mesmo quanta sorte Amalia teve ao achá-lo. Poucos advogados teriam pegado o caso. Quem mais teria se apressado para defender uma camponesa analfabeta contra o poderoso conselho do hospital e seus formidáveis advogados com, se muito, uma chance remota de pagamento? E, se qualquer outra pessoa pegasse o caso, ninguém, ele tinha certeza, teria continuado a lutar mesmo após a decisão do tribunal contra eles. Então, o que ela conseguiria? Nada ou praticamente nada. Os outros advogados se considerariam sortudos com um acordo anterior por algumas centenas de liras. Nenhum de seus colegas jamais teve uma vitória legal como esta, um caso que por duas vezes foi à mais alta corte da Itália e que advogados de Gênova até a Sicília agora estavam citando. Outros poderiam apenas expressar sua surpresa com a quantidade de dinheiro que ele extraiu do hospital.

Quando Amalia e Luigi chegaram com o bebê, Barbieri disse que teriam que descer as escadas até o escritório do notário para assinar o que ele prometeu ser o último documento que assinariam. Esta era uma promessa que ele cumpriria.

Pallotti os recebeu e então se voltou para o assunto em questão. Depois de alguns documentos complicados com que tiveram que lidar no passado, assegurou-lhes, este era muito simples. De fato, era apenas uma forma do casal reconhecer todo o trabalho que haviam feito por eles. Simplesmente leria o documento antes de colher a assinatura de Luigi.

Devido ao fato de seu advogado ter realizado tão bem a tarefa que recebeu, a *signora* Bagnacavalli, leu o notário, julgava ser dever seu expressar sua profunda gratidão a ele por sua generosidade de espírito ao concordar em pegar seu caso, o de uma mulher pobre reduzida ao mais miserável estado de indigência pela terrível doença que contraiu da criança que lhe foi entregue. Ela gostaria de agradecer a ele pela fé inabalável em sua causa e o zelo com o qual atuou durante estes 10 longos anos e felicitá-lo por conseguir um acordo final com o conselho. Por ter chegado a termo tão completa e satisfatoriamente com os deveres que ela lhe pediu, ela declarava que, com a assinatura do documento, todas as responsabilidades dele para com ela deveriam ser consideradas terminadas.

Quando Barbieri levou o casal de volta ao seu escritório, já estava ficando tarde e Amalia e Luigi deveriam estar aflitos para saber se conseguiriam pegar o último trem para casa. Não tinham ideia do que fariam caso o perdessem, pois não tinham dinheiro.

Não há arquivos sobre o que foi dito na última conversa do casal com o advogado. Barbieri claramente não tinha interesse em deixar um relato, e, obviamente, nem Amalia nem Luigi – cuja alfabetização não ia além da assinatura dos próprios nomes – eram capazes de escrever qualquer coisa. Muito provavelmente Barbieri tirou vantagem do desconforto do adiantado da hora e disse-lhes que explicaria as coisas rapidamente. Eles deveriam ficar orgulhosos, ele deve ter contado, pois pessoas importantes pelo país todo estavam falando da corajosa Amalia Bagnacavalli e de seu leal marido, Luigi. Eles tiveram uma vitória importante, não apenas por eles mesmos, mas por todos os pobres.

Mas, então ele deve ter dito, a vitória não viera fácil. Tiveram que superar muitos obstáculos, muitos desapontamentos e, acima de tudo, não graças ao hospital que continuava opondo-se a eles, suas despesas cresceram. Afortunadamente, o dinheiro que ganharam do hospital – mais dinheiro que qualquer hospital já havia pago a uma pessoa como Amalia – cobriria todas as dívidas. Provavelmente lembrou-lhes o quanto deviam ao dr. Majocchi. Caso o bom médico não tivesse enfrentado os seus colegas, eles jamais teriam vencido. Igualmente, o próprio Barbieri gastara boa soma em dinheiro ao longo dos anos lutando pela causa deles, viajando até Roma e até Ancona e gastando incontáveis horas do seu tempo.

Barbieri não podia mais adiar a notícia que tinha para dar-lhes. Infelizmente, disse ele, dados os gastos, depois que todas as dívidas foram pagas, não sobrou nada. De fato, o dinheiro do hospital não foi o suficiente para pagar todas as dívidas. Algumas sobraram, incluindo aquelas para Riccardo Orlandi. Ele gostaria de ter notícias melhores, mas sabia que eles entenderiam que conseguiram quanto puderam e, depois de 10 anos, sabia como estavam ansiosos para continuar com suas vidas. Por fim, Barbieri tentou tranquilizar-lhes com a promessa de que pagaria as centenas de liras restantes das dívidas que tinham com seus próprios recursos.

Como será que Amalia e Luigi reagiram às notícias? Será que usaram a rica gama de obscenidades que o dialeto da montanha lhes dava para condenar o seu antigo defensor? Será que o lembraram de todas as garantias que ele lhes deu durante todos estes anos, quantas vezes lhes disse que deveriam confiar nele completamente? Será que ficaram tentados a levantar e agarrá-lo pelo pescoço, ou Amalia simplesmente ficou sentada, chorou um pouco e abraçou o bebê, que não entendia nada? Será que Luigi, estarrecido, simplesmente olhou as mãos vazias?

O que quer que tenha acontecido, o casal saiu rapidamente e se dirigiu até a estação do trem. Jamais veriam Barbieri ou Bolonha novamente.

Se a ação deles contra o conde Isolani, o conselho do hospital e os médicos do orfanato, no final, não rendera nada para Amalia e Luigi, certamente teve um impacto crucial para as centenas de bebês deixados todo ano no lar para crianças desamparadas de Bolonha. Em 1896, assustados pela decisão da corte contra eles e pelo infindável número de amas de leite contraindo sífilis, o conselho do hospital havia mandado que todos os bebês cujas mães não pudessem ser coagidas a amamentar fossem colocados em alimentação artificial pelos primeiros três meses de vida. Nos dois primeiros anos, o resultado desastroso da nova política, um produto direto da ação de Amalia e do sucesso de seu advogado, ficou claro. Na época em que o caso de Amalia finalmente terminou, em 1900, o resultado dos primeiros dois anos mostrava que tudo piorara. Dos mais de 700 bebês deixados lá sem as mães, apenas 30% sobreviveram o bastante para conseguir mamar no seio de uma mulher. E muitos destes, que conseguiram chegar tão longe, estavam tão doentes que morreram em um mês ou dois.

A morte de centenas de bebês no meio de Bolonha, quando a elite da cidade estava lançando uma grande campanha de modernização e expansão, não passou despercebida. Depois de um ano da introdução da nova política, conselheiros provinciais denunciavam a carnificina e, em 1900, criaram uma comissão especial para investigar, chefiada pelo próprio presidente da província. Entre os seis membros da comissão, em deferência ao conselho do hospital, estava o conde Isolani. Seus outros membros incluíam Giuseppe Barbanti, o mesmo homem cuja espada cortou a bochecha de Barbieri mais de uma década antes, e o proeminente homem de medicina de Bolonha, dr. Augusto Murri.

Apesar de não ser um legislador, Murri era o maior crítico de Isolani e da nova política do orfanato, a qual via como um esquema para matar um grande número de bebês. Ironicamente, Murri logo seria objeto de um dos mais famosos casos de investigação de assassinato da Itália. Em 1902, seu filho, Tullio, enfiou uma adaga 13 vezes no peito e no pescoço do genro de Murri, conde Francesco Bonmartini, na extravagante casa perto do palácio do próprio Isolani, no centro de Bolonha. A filha de Murri, Linda, foi acusada de pedir ao irmão que matasse o marido, e havia rumores de que irmão e irmã tivessem uma relação incestuosa, o que assegurou que o médico mais importante de Bolonha tivesse sua foto nos jornais durante meses em toda a península.

Mas isso seria no futuro. Depois de um ano de deliberações, a comissão emitiu seu volumoso laudo.

Por que, perguntavam os membros da comissão, a Itália era tão pobre comparada a outros países civilizados, quando o assunto eram estas crianças infelizes? Por que a Itália tinha tantos bebês abandonados todos os anos? Atribuíam a origem do problema à época de "dominação teocrática", referindo-se aos Estados papais, da qual Bolonha fizera parte até quatro décadas antes. Mais ao norte da Europa, sob o que eles chamavam de sistema germânico ou anglo-saxão, era exigido dos pais – homens e mulheres – que tomassem a responsabilidade por suas ações e, em caso de criança nascida sem o laço do matrimônio, pagassem as consequências por seu comportamento. No sistema latino, inspirado pela Igreja, buscas por paternidade eram proibidas, e os homens ficavam livres de quaisquer responsabilidades por serem pais de uma criança ilegítima. Igualmente, enquanto a Igreja insistia que a honra da mulher não casada deveria ser protegida, permitindo que ela se desfizesse do produto de seu comportamento ilícito, no Norte da Europa tais mulheres deveriam ficar com seus bebês.

O modelo protestante era aquele que os membros da comissão achavam que a Itália deveria seguir. As mulheres pobres que geravam os bebês abandonados deveriam ser pagas para que fossem encorajadas a manter seus bebês consigo. Mesmo assim, avisaram eles, para instituir tal sistema, certas precauções deveriam ser adotadas. Muitos bebês ilegítimos, descobriram eles, não eram a prole de uma virgem que momentaneamente caíra em pecado, mas a descendência de mulheres com um longo histórico de comportamento promíscuo. De fato, uma grande porcentagem dos bebês era o segundo ou o terceiro ou até mesmo o quarto filho de tais mulheres. O lar para crianças desamparadas não tinha como ajudá-las, argumentaram os membros da comissão, pois elas não tinham honra a ser protegida e não mereciam a caridade da sociedade. A comissão recomendava que a prática centenária de oferecer o anonimato às mães que abandonavam bebês deveria acabar. No futuro, todas estas mulheres seriam identificadas para separar o joio do trigo. As mulheres de moral frouxa deveriam ser deixadas à própria sorte, os bebês seriam de sua responsabilidade.

Uma vez que tais medidas fossem tomadas e o fluxo de bebês deixados no orfanato fosse reduzido, a atual política de colocar os bebês abandonados em alimentação artificial deveria, aconselharam os membros da comissão, ser modificada. Nenhuma sociedade moderna poderia tolerar tantas mortes de órfãos e a única maneira de manter as crianças vivas era permitir que fossem amamentadas pelo seio de uma mulher.

Com o risco de infecção das amas de leite e também o risco de futuras ações legais, os membros da comissão recomendaram que se tivesse o máximo de cuidado ao identificar os bebês que apresentassem o menor sinal de sífilis. Tais crianças deveriam ser colocadas em uma enfermaria especial para suspeitos de sífilis e alimentadas artificialmente. Para este fim, um médico especializado na doença deveria ser contratado pelo orfanato.

A comissão também apoiou a ideia que Isolani ouviu de um advogado, consultado em Módena alguns anos antes. Sugeriram que deveria ser exigido de cada ama de leite um médico de sua escolha para examinar o bebê antes de ela aceitá-lo e atestar que o mesmo não tinha nenhum sinal de sífilis. O lar para crianças desamparadas pagaria o médico pelo serviço, depois do qual a mulher colocaria sua assinatura – ou marca – em um documento informando que o procedimento fora seguido.

Primeiramente a comissão apresentou o laudo ao conselho da província de Bolonha em uma reunião, em 22 de junho de 1901, um sábado. O conde Isolani, sentindo-se pessoalmente atacado pelas críticas às políticas que introduziu no orfanato, apresentou a longa história de esforços do hospital em manter os órfãos vivos enquanto protegia a saúde das amas de leite. Somente depois de tudo que tentaram ter falhado, contou-lhes, decidiram que não havia alternativa a não ser colocar as crianças em alimentação artificial.

Os argumentos do conde tiveram pouca repercussão junto ao agitador socialista Giuseppe Barbanti, colega de Isolani na comissão e antigo antagonista de Barbieri. O problema fundamental, argumentou ele, ia muito mais fundo. Estava numa sociedade baseada na desigualdade, uma sociedade cujas massas oprimidas eram pobres demais para sustentar uma criança. De cada 100 mulheres que abandonavam bebês, alegou ele, 98 poderiam ficar com sua prole se tivessem sequer os meios para fazê-lo.

Embora Barbanti mal pudesse fazer um discurso sem primeiro condenar os males do capitalismo, logo focou no ponto que estava mais propenso a atacar, o conde em si. "Vamos nos perguntar", disse ele, "o que é considerado pior: ter feito quatro ou cinco ou mesmo 10 amas de leite doentes com sífilis, uma doença que pode ser tratada em alguns meses se a higiene correta for seguida, ou ter causado o imenso massacre de órfãos?" Respondendo à própria pergunta, ele trovejou: "Melhor, muito melhor, ter três ou quatro mulheres doentes, que podem se curar, do que causar 70 mortes!"

O chefe do conselho da província, vendo que já era tarde e que o debate prosseguia, acalorado, interrompeu a sessão. Na sexta-feira seguinte, o martelo batendo pedindo ordem, a nova sessão começava com um longo parecer da Sociedade Médica de Bolonha. Tal instituição devotara pelo menos três reuniões à crise dos órfãos, durante as quais os médicos do lar para crianças desamparadas haviam apresentado seus próprios laudos. Os membros daquela sociedade haviam chegado a uma conclusão não muito diferente daquela à qual a comissão havia chegado. Se todas as precauções fossem tomadas, consideraram eles, e todos os bebês com sinais de sífilis fossem identificados, não mais que 2% dos restantes desenvolveriam a doença. Um número tão pequeno não poderia justificar a atual prática de colocar todos os bebês saudáveis em alimentação artificial, prática que transformou o orfanato em um "matadouro das pobres crianças abandonadas".

Depois do protesto do conde sobre o uso feito pelos conselheiros da palavra "matadouro" para descrever o orfanato, a sessão foi encerrada. Uma semana depois, na terceira sessão dedicada ao laudo, as recomendações foram colocadas em votação e aprovadas. Os órfãos voltariam a ser alimentados no seio.

Nos anos anteriores, centenas de bebês haviam morrido devido à ação de Amalia. Ainda assim, nestes mesmos anos, dúzias de jovens camponesas deviam sua saúde e a vida de suas crianças ainda por nascer à mulher de Vergato.

Em retrospecto, o drama que envolveu a improvável figura de Amalia Bagnacavalli foi a última das crises de uma era que estava prestes a terminar. A enxurrada de grandes números de bebês das cidades abandonados enviados para famílias no interior marcou a sociedade italiana por séculos. O fim do governo papal e a erosão das velhas normas que forçou mulheres não casadas a abandonar seus bebês logo começariam a reduzir tal fluxo. E, ainda mais dramaticamente, as terríveis escolhas que os diretores de orfanatos eram forçados a fazer – confrontar o destino dos bebês contra o das mulheres que os amamentariam – logo desapareceriam. Com a revolução que foi a introdução da pasteurização e a descoberta, nos anos 1920, de uma fórmula que chegaria mais perto do volume do leite materno, relegar recém-nascidos às mamadeiras não significaria mais condenar a maioria deles a uma morte prematura.

## Capítulo 22

# Aristocratas, advogados, médicos e camponeses: Amalia olha para trás

Enquanto o conde Isolani, o dr. Murri, Giuseppe Barbanti e os membros do conselho da província discutiam o que fazer a respeito das amas de leite sifilíticas, Luigi e Amalia estavam de volta a Oreglia com seu novo bebê. Na casa que um dia dividiram com a grande família de Luigi agora só restava a mãe dele, que se esforçava para ajudar nos afazeres domésticos e nos cuidados com o bebê. O pai de Luigi havia morrido no ano anterior e o outro irmão casou-se e mudou-se.

Com o enfraquecido Luigi, o único homem da casa, a frágil Amalia e sua idosa sogra, as únicas mulheres, estava difícil manter a fazenda. Não demorou muito, o senhorio informou-lhes que teriam de sair.

Incapazes de encontrar outro dono de terras disposto a deixá-los viver em uma fazenda, Amalia e Luigi tiveram de se mudar para um casebre em outra freguesia de Vergato. Lá o casal, o bebê e a mãe de Luigi dividiam um único cômodo. De alguma forma, com o trabalho ocasional que ele conseguia encontrar como boia-fria e a caridade da prefeitura, eles sobreviveram. Mais uma vez, Amalia engravidou e, em agosto de 1905, deu à luz outra garota, que chamaram de Marcellina.

Estranhamente – pois casamentos múltiplos entre famílias de camponeses não eram comuns –, em meados dos anos 1890, o irmão mais novo de Amalia, Quintilio, havia se casado com outra irmã de Luigi, Emília. Em resumo, os dois irmãos de Amalia se casaram com as irmãs de Luigi.

Embora o pai de Amalia tivesse começado a vida no lar para crianças desamparadas de Bolonha, a mãe dela possuía a própria fazenda em Vergato. Sendo assim, os Bagnacavalli estavam em melhor situação que os Migliorini. No entanto, embora relativamente bem entre os camponeses das montanhas, os irmãos Bagnacavalli não hesitaram em fugir do trabalho árduo da fazenda. Pouco antes da virada do século, Alfonso conseguiu emprego como funcionário da ferrovia na pequena cidade de Pracchia, que ficava do outro lado da linha regional, na divisa com a Toscana, e logo conseguiu trabalho para o irmão. Os irmãos e suas famílias receberam o pai viúvo.

Quando a mãe morreu, Luigi, Amalia e as duas filhas não tinham mais ninguém em Vergato. Por muitos anos, Amalia tivera poucas razões para querer ficar. Por um tempo, ela fora vista como uma rebelde, pelo menos entre as mulheres da cidade, uma mulher disposta a lutar pelos diretos dos camponeses e das mulheres exploradas. Mas, quando acabou com menos do que tinha antes, ela era, na melhor das hipóteses, objeto de piedade dos vizinhos. Além disso, o fato de todos saberem de sua sífilis deve ter-lhe ferido o orgulho, a vergonha diminuída apenas porque todos sabiam como ela contraíra a doença.

Há boas razões para crer que nem os irmãos de Amalia nem as irmãs de Luigi estavam ansiosos para que o casal se juntasse a eles na nova cidade. A notoriedade de Amalia e Luigi havia, pelo que parece, sido uma das razões pelas quais todos estavam tão dispostos a sair de Vergato e começar uma nova vida, libertos das associações embaraçosas com o nome Bagnacavalli. Mas, finalmente, houve uma hora em que Amalia conseguiu amolecer Alfonso e Quintilio e em que o orgulho de Luigi deu lugar ao desespero. Pelo visto, os irmãos insistiram em uma condição para ajudá-los a mudar-se. Amalia não poderia deixar ninguém saber que ela era a infame Amalia Bagnacavalli de Vergato. Em vez disso, diria a todos que era de uma província diferente, de Módena, e não deveria usar o próprio nome, mas o nome do marido. Seria aparentada com eles, não uma irmã, mas sim uma cunhada. É difícil entender como ela seria reconhecida no censo anual da paróquia de Pracchia. Na época em que mudou-se para lá, em 1916, ela era Amalia Migliorini, nascida em Módena.

Quando se mudaram para Pracchia, Maria tinha 15 anos e Marcellina, 10. O fato de ter filhos para dividir o fardo e alegrar sua vida era um consolo para Amalia. Ainda assim, tinha muitas razões para se preocupar com o futuro. Pobres como ela e Luigi eram, não poderiam oferecer dotes para as meninas e, sem isto, era difícil conseguir um marido decente.

Amalia deve ter ficado aliviada quando Maria lhe contou um dia sobre o jovem que conheceu, Torquato Venturi. Verdade, eles vinham de uma família pobre de boias-frias, mas Amalia sabia que não podia esperar por mais que isso. Em 30 de dezembro de 1920, Maria, então com 20 anos, casou-se com Torquato. Catorze meses depois, ela deu à luz um menino saudável, Franco, o primeiro e único neto de Amalia (como se saberia mais tarde). Mas este breve período de felicidade chegou ao fim três anos depois, quando Maria, talvez devido a uma gravidez condenada, ficou doente e morreu. Quatro anos mais tarde, aos 22 anos e ainda solteira, Marcellina também morreu. A causa de sua morte é um mistério.

Pela primeira vez na vida, Amalia e Luigi viviam sozinhos. Só sobreviviam porque os irmãos de Amalia conseguiram um emprego para Luigi como vigia na estação de trem em que trabalhavam.

Quando o novo padre da cidade fez sua primeira visita para abençoar o pequeno apartamento e fazer o censo anual dos paroquianos, achou estranho que Amalia desse o último nome do marido como sendo o seu próprio. Procurando nas listas dos anos anteriores, ele viu que, desde que chegara a Pracchia, ela usava o sobrenome de Luigi. Ele insistiu que – como a prática da Igreja mandava – ela lhe informasse o nome com o qual nasceu.

A imaginação de Amalia era claramente limitada, pois o nome que ela deu ao pároco foi Cavalli. Embora entre os vizinhos fosse conhecida simplesmente como Amalia ou Amalia, mulher do Migliorini, pelo restante de seus dias, ela apareceria nos arquivos da paróquia como Amalia Cavalli.

Nesta época, Amalia e Luigi já estavam envelhecendo. Décadas antes, poucos imaginariam que ela viveria tanto. Eles tiveram sorte, pois haviam escapado da degeneração do sistema nervoso de que muitos sifilíticos sofriam, chegando à loucura e à morte. Embora Luigi não estivesse bem, as pessoas na estação de trem se apiedaram dele e o mantiveram na folha de pagamentos. Diariamente ele chegava, varria as entradas e a plataforma e limpava os vidros dos guichês. Poucas vezes por dia, o trem de Bolonha parava brevemente na estação, no seu caminho para Pistoia e depois Florença.

Dois dias depois do Natal de 1936, Luigi Migliorini – aos 79 anos de idade e debilitado, mas ainda listado no censo da paróquia como vigia da estrada de ferro – recebeu a extrema-unção e morreu. Agora, Amalia estava sozinha.

Enquanto a velha mulher refletia sobre sua longa vida com Luigi, seus pensamentos voltaram-se para aqueles tempos estranhos e terríveis quando sua vida mudara radicalmente. Junto com as recordações dolorosas da morte da pequena Adele e dos outros recém-nascidos, estavam as lembranças da dor física dela e de Luigi. Também deve ter se lembrado da primeira viagem de trem até Bolonha e de todas as outras que se seguiram.

Se pensou no advogado que ela vira como sendo seu paladino, o homem que a defenderia contra todas aquelas forças poderosas que ela jamais esperaria entender, do que deve ter se lembrado? Das esperanças que um dia se permitiu alimentar? Imaginou o que havia acontecido com ele e com outros que fizeram parte desta vida distante? O que aconteceu com o médico da clínica que lutou por ela e depois recebeu tanto dinheiro? E quanto ao conde, que ficou tão enfurecido com sua tentativa de obter o que lhe era devido, ou o velho doutor pomposo, que saiu do asilo de loucos e insistiu que Paola não podia ter lhe passado sífilis, e que ela devia ter pego a doença de outra criança qualquer?

De todas estas pessoas que ela deve ter recordado, o único de quem ela sabia o destino era o dr. Dalmonte, um homem que ainda lembraria com afeição, aquele que lhe disse que não deveria deixar os médicos do orfanato saírem impunes pelo que fizeram a ela. Ele morrera em 1896, bem antes de envelhecer, lutando contra o prefeito de Vergato até o fim.

Ela não vira mais ninguém desta vida distante depois daquele fatídico dia em que Barbieri lhe dissera que não havia sobrado dinheiro algum, que, depois de 10 anos de luta, não havia nada. Ela havia voltado para seu mundo, o mundo no qual ela, os pais, os avós e todos os seus ancestrais sempre viveram. E os advogados, e os professores, e os juízes da cidade, e o conde também voltaram para seu mundo.

Se soubesse que ela, uma camponesa sifilítica em cuja sobrevivência nenhum deles apostaria, havia vivido mais que todos, isso não lhe seria de muito conforto. O conde Francesco Isolani morrera em 1906, pouco depois do seu septuagésimo aniversário, ainda presidente do conselho do hospital de Bolonha, um cargo que ocupou por 32 anos. O professor Francesco Roncati, quatro anos mais velho que Isolani, havia morrido no mesmo ano, ainda diretor do asilo para insanos, para o qual ele deixou tudo que tinha. A cidade homenageou-o, chamando o hospital, ao qual ele devotara grande parte de sua vida, Hospital Psiquiátrico Francesco Roncati, nome que o prédio carrega até hoje. Ironicamente, os arquivos empoeirados da saga legal de Amalia encontram-se agora dentro dos muros do asilo, junto com os arquivos do orfanato e do conselho do hospital.

Domenico Majocchi havia morrido em 1929. Depois de seu papel decisivo no caso de Amalia, sua carreira continuou numa escalada meteórica, apesar dos sentimentos ruins que deixou entre alguns colegas em Bolonha. Famoso pelos novos métodos que desenvolveu usando iodo no tratamento da sífilis e admirado por sua erudição filosófica e histórica, foi repetidas vezes reeleito presidente da Sociedade de Dermatologia e Sifilologia da Itália. Foram tempos inebriantes para pessoas como Majocchi, pois, em 1905, a patogenia responsável pela sífilis foi finalmente identificada através do microscópio e, um ano depois, um exame de sangue foi desenvolvido para o diagnóstico da doença. Não haveria mais qualquer incerteza para se saber se um bebê nasceu com sífilis. O debate de séculos sobre se um homem poderia transmitir a doença diretamente à sua prole enquanto deixava a mãe intacta tinha finalmente acabado. Os médicos agora sabiam que os bebês podiam nascer com sífilis apenas se a mãe tivesse a doença. A identificação da causa, um tipo de bactéria chamada espiroqueta – não um vírus como os médicos pensavam antes –, levou a novas quimioterapias que finalmente dominariam a doença. Nem Amalia nem Luigi viveriam o bastante para ver o primeiro tratamento verdadeiramente bem-sucedido para a sífilis com o surgimento da penicilina em 1943.

Depois de ver Amalia pela última vez, Augusto Barbieri não escreveu mais tratados sobre boa governança, nem panfletos defendendo os direitos da classe trabalhadora e do campesinato. Lançou-se em sua próspera carreira de direito, visitando de vez em quando as fazendas que comprou no interior. Tentou até mesmo entrar na política – como conservador, abandonando o entusiasmo juvenil pela esquerda –, concorrendo, sem sucesso, a uma vaga como conselheiro da província de Bolonha. Pelo que parece, o que ele fez melhor em seus últimos anos foi ganhar dinheiro. Quando morreu, no verão de 1916, com apenas 54 anos de idade, havia acumulado uma fortuna notável e era conhecido por apreciar as coisas boas da vida. De fato, presidiu durante anos a seção bolonhesa da Sociedade Wagneriana.

Bolonha mudou muito desde que Amalia a visitou pela última vez. Se tivesse de pegar o trem hoje, não encontraria nenhum muro, pois administradores da cidade – apesar da oposição daqueles que disseram que isso destruía a história do lugar – colocaram abaixo o que circundava a cidade. O portão pelo qual Amalia passara em março de 1890 permaneceu, mas agora era um portal isolado, uma testemunha muda do muro que não existe mais. Não há mais guardas para inspecionar as protuberâncias sob as roupas dos camponeses.

Os socialistas que tanto preocupavam o conde Isolani e o dr. Roncati foram bem-sucedidos, elegeram um prefeito e um conselho municipal em 1911. Apenas nove anos depois, antes mesmo de os seguidores de Mussolini marcharem sobre Roma e seu regime nascer, os fascistas invadiram a fortaleza medieval do governo da cidade que Amalia havia visto no primeiro dia e escorraçaram o prefeito de Bolonha e o conselho da cidade de seus salões. Quando Luigi morreu, Mussolini estava no auge de seu poder e de sua popularidade, acabara de conquistar a Etiópia e já preparava seu pacto com Hitler.

Se Amalia viveu entre mudanças decisivas na sociedade italiana, ela não sabia o que estava acontecendo. O universo de Pracchia era parecido com aquele que conhecera quando jovem, em Oreglia.

Amalia, que partilhara tanta coisa com Luigi, não viveu muito sem o marido. Poucos meses depois de ficar diante do túmulo dele em Pracchia, foi enterrada ao seu lado. Alguns anos depois, seus restos mortais foram retirados, sem cerimônia, para dar lugar a outros. Somente àquelas famílias que podiam pagar era permitido deixar seus mortos em solo sagrado por toda a eternidade.

Amalia só existia através de seu neto de 15 anos, Franco. No entanto, ele se tornaria o último da linhagem. Apesar de ter se casado em 1956, ele e a mulher jamais tiveram filhos, e ele acabou morrendo nove anos depois do casamento, com a idade de 43. Pode-se atribuir este destino a uma maldição lançada contra a família algumas décadas antes, quando uma jovem entregou cinco moedas ao caixa da minúscula estação de Vergato e tomou o rumo da cidade.

Quando Amalia e Luigi mudaram-se para Pracchia, juraram jamais contar a ninguém o que acontecera a eles. Amalia Bagnacavalli, rapidamente famosa nas colinas de Vergato, cuja triste história era conhecida pelos estudantes de direito no século XIX – a protagonista de uma das primeiras ações por negligência médica da história da Itália –, deixou de existir no dia em que chegaram àquela pequena cidade das montanhas. Embora Franco, seu neto, tenha deixado uma viúva, que ainda vive, é bem provável que ela jamais tenha ouvido falar sobre a história de Amalia.

*Post-Scriptum*

# Redescobrindo a história enterrada

A ação de Amalia Bagnacavalli contra o conde Isolani e os hospitais de Bolonha já tinha sido esquecida faz tempo quando eu, inesperadamente, me deparei com ela enquanto trabalhava nos arquivos do lar para crianças desamparadas de Bolonha para uma história da infância abandonada. Esta pesquisa me levou ao livro *Sacrificed for Honor*, no qual tento descrever a extensão do abandono na Itália do século XIX e procuro fazer isso tudo ter sentido. No entanto, desde que me deparei com os primeiros documentos descrevendo a odisseia de uma década de Amalia, da obscuridade até a proeminência pública, não pude tirar tal coisa da cabeça.

Existem muitas maneiras de se escrever a história e, ao longo dos anos, tentei algumas delas. Escrevi sobre reis, papas, primeiros-ministros, grandes mudanças mundiais e também escrevi sobre a vida e o drama de camponeses analfabetos. Embora houvesse muito mais camponeses que reis, papas e primeiros-ministros, comparativamente, os pobres e analfabetos receberam muito menos atenção dos historiadores e menos ainda daqueles que escrevem livros de história para públicos bem maiores.

Aqueles que gostariam de fazer algo em relação a este desequilíbrio enfrentam problemas óbvios, pois não é fácil recuperar a história de pessoas que não escreviam cartas, não mantinham diários e sobre quem os contemporâneos não deixaram registros. No entanto, algumas décadas atrás, historiadores que procuravam desenterrar estas provas começaram a tentar resolver este impasse de diversas maneiras. A "nova história social" que esteve em voga

– pelo menos nos círculos acadêmicos – nos anos 1970 assumiu como missão tirar das sombras esta maioria invisível. Um dos métodos mais usados naquela época, que influenciou fortemente o meu próprio livro, ficou conhecido como micro-história. Os livros que seguem esta tradição trazem uma série dramática de eventos à baila, focando-se em personagens obscuros do passado que representam, apesar de todas as peculiaridades, a grande população analfabeta ignorada pela história. O meu próprio uso de um julgamento como peça central para esta narrativa reflete a técnica usada por outros, mais reconhecidamente por Natalie Zemon Davis, em *O retorno de Martin Guerre*, e Carlo Ginzburg, em *O queijo e os vermes*. O foco em julgamentos nestas obras não é mera coincidência. Julgamentos não oferecem apenas um drama que cria uma história envolvente. Eles também deixam grande quantidade de provas documentando o difícil encontro entre o mundo dos oprimidos e o dos poderosos. Mais importante ainda, julgamentos fornecem arquivos escritos – frequentemente volumosos – da vida diária do povo analfabeto do passado.

Enquanto uso métodos da micro-história, complemento isso com outra técnica utilizada na agora não tão "nova" história social. Se os camponeses não mantinham arquivos de sua vida, muitos administradores públicos o faziam. Mais notavelmente, toda vila rural tinha um pároco, que não apenas anotava todos os eventos da vida – nascimentos, casamentos e mortes –, mas também fazia o censo anual dos lares. Graças a esta prática, podemos acompanhar Amalia, Luigi e sua família em um tempo anterior ao nascimento de qualquer um deles até depois de sua morte. Junto com estes arquivos eclesiásticos, os historiadores italianos têm a sorte de contar com arquivos civis detalhados deste período, pois, por lei, cada cidade devia manter um censo contínuo da população, registrando nascimentos, mortes, casamentos, migrações e mudanças de quem morava com quem. Infelizmente os arquivos destes eventos da família de Amalia, em Vergato, foram destruídos pelo bombardeio aliado durante a Segunda Guerra Mundial.

Só me restaram os da cidade de Pistóia, que tem autoridade sobre a vila montanhesa de Pracchia.

Um dos grandes prazeres deste tipo de pesquisa histórica é fazer descobertas inesperadas. Trabalhar neste livro levou-me aos arquivos do orfanato e do conselho do hospital que o supervisionavam, nos quais centenas de documentos relevantes se encontravam, aos arquivos do Estado de Bolonha, onde alguns laudos do dr. Dalmonte estavam enterrados, e ao *Archiginnasio* de Bolonha – a biblioteca histórica da cidade –, que guarda valiosos documentos do julgamento de Amalia. Ir até Vergato – guiado pelo pesquisador e colaborador Giancarlo Dalle Donne – para verificar se os registros do final do século XIX da paróquia ainda existiam, foi uma experiência prazerosamente tensa. A igreja que Amalia e Luigi frequentavam, na minúscula vila de Vimignano, agora mal consegue sustentar o próprio padre, então tivemos de aguardar uma hora em que ele, que serve em diversas igrejas semelhantes, pudesse nos atender. Até abrirmos o armário empoeirado que guarda os velhos arquivos da igreja, nem o padre nem nós sabíamos se aqueles que precisávamos ver ainda estariam ali. Por sorte estavam, incluindo a anotação que o padre fez pouco antes da Páscoa de 1890, quando visitou o lar dos Migliorini e registrou a existência da órfã Paola Olivelli.

Algumas fontes que só descobri mais tarde, ao esquadrinhar os arquivos, eu deveria ter procurado antes. Um bom exemplo são os arquivos dos cartórios. Eu já estava concluindo meu trabalho com os arquivos, e nenhum documento mencionava qualquer coisa sobre o uso que Barbieri fez de notários em seus tratos com Amalia. Somente quando, dando um tiro no escuro, Giancarlo e eu decidimos vasculhar o maior arquivo notarial de Bolonha, começamos a desenterrar tais documentos dispersos. Juntos, eles detalhavam o fatídico desenrolar dos acordos financeiros de Barbieri com Amalia. Isso revelou um outro lado da história, tão dramático quanto a disputa médica e legal em que eu estivera concentrado até então.

Ao vasculhar uma rede tão ampla, felizmente fiz inúmeras outras descobertas. Enquanto examinava os arquivos históricos do Museu do Risorgimento de Bolonha, esperando achar material para ampliar a parte referente a alguns protagonistas do caso, os arquivistas Mirtide Gavelli e Otello Sangiorgi mencionaram um advogado da época que deixara seus arquivos pessoais para o museu. Não havia por que acreditar que teria alguma coisa a ver com a história de Amalia, mas, mesmo assim, comecei a dar uma olhada no inventário. O homem que doara seus arquivos chamava-se Giuseppe Barbanti e, para minha surpresa – e evidentemente alegria – , encontrei ali uma grande seção de documentos concernentes ao duelo que teve com um jovem advogado de Bolonha, chamado Augusto Barbieri.

O prazer da pesquisa em arquivos não vem apenas das descobertas de tais documentos, mas de manusear papéis que uma vez estiveram nas mãos das pessoas, cujos pensamentos e ações de muitos anos o historiador está tentando reconstruir. Uma simples lista de fontes de arquivo usadas – como apresentarei nas páginas a seguir – não dá conta de sua riqueza. Os leitores podem notar, por exemplo, uma carta dos arquivos do conselho do hospital de Bolonha que o governador mandou para o conde Isolani em uma certa data, mas não têm noção de todos os comentários do conde – alguns são burocráticos, mas outros apresentam forte emoção –, anotados com a caligrafia perfeita nos ângulos das margens. Poderia listar o registro das mulheres que deram entrada na clínica de sifilíticos de Bolonha em 1890, mas não conseguiria transmitir a emoção de ver os comentários sobre o tratamento de cada mulher, comentários escritos por médicos que estavam ao mesmo tempo tratando de Amalia. Até mesmo a lista de livros e artigos de jornais consultados para o trabalho não é capaz de mostrar o que é, por exemplo, trabalhar na histórica biblioteca da clínica de dermossifilologia de Bolonha, segurando nas mãos os empoeirados livros italianos e franceses do século XIX sobre o tratamento da sífilis que os próprios doutores Gamberini e Majocchi um dia consultaram.

Mas nenhuma pesquisa como esta é de grande utilidade, a menos que possa ser transcrita numa narrativa que torne esta história viva, permitindo que aqueles que não tiveram a sorte de esquadrinhar velhos documentos em Bolonha possam sentir como se estivessem entrando em outro mundo. O desafio é escrever um drama que surpreenda, uma história que fale tanto ao coração quanto à mente.

Se este livro trata da luta de uma mulher que há muito tempo foi infectada por uma terrível doença, é também o produto de uma batalha mais recente, o meu próprio esforço de lidar com dois desejos conflitantes. Como acadêmico, sou treinado para me fiar em provas. Este é, no final das contas, um trabalho de história e não de ficção. De acordo com a interpretação deste imperativo muito comum no mundo acadêmico, isso significa não fazer qualquer observação sem indicar a fonte primária na qual ela é baseada. Há razões muito boas para tal rigidez. Mas isso tem um preço, pois vai de encontro ao meu segundo objetivo ao escrever este livro, o desejo de alcançar além do mundo acadêmico, recontar uma história dramática para um público maior.

Não tenho dúvidas de que o caminho que segui para conciliar estes objetivos conflitantes atrairia críticas de ambos os lados. Alguns leitores comuns podem achar estranho que certos detalhes a respeito dos quais ficaram curiosos foram deixados fora do livro. Adoraria ter sido capaz de descrever, por exemplo, como eram Amalia e Luigi fisicamente, mas, com exceção das descrições genéricas sobre sua saúde e as descrições posteriores sobre os sintomas da sífilis, não há qualquer registro se eles eram altos ou baixos, se o cabelo de Amalia era escuro, castanho-claro ou ruivo, ou se sorriam muito ou pouco. E como seria valioso saber o que Amalia e Luigi disseram um ao outro quando ficaram doentes, quando enfrentaram o doloroso tratamento, quando tiveram de tomar decisões a respeito do processo contra o hospital. No entanto, não há evidências de tais conversas e, aliás, não há detalhes que eu possa inventar.

Por outro lado, os acadêmicos podem ter ficado insatisfeitos com dois elementos que distinguem este livro de uma monografia acadêmica. O primeiro é que não fiz notas de rodapé para cada afirmação de um fato nestas páginas. Se tivesse feito isso, o texto se tornaria um amontoado de centenas de notas. A grande maioria delas – citando documentos individuais em arquivos obscuros, no qual o livro é largamente baseado – teria sido usada por não mais que meia dúzia de leitores, aqueles que podem querer ir aos arquivos para conferir alguns documentos em particular. Como antropólogo, não posso deixar de observar que tal imensa quantidade de notas de rodapé tem uma função: agir como um tipo de água benta acadêmica que, espargida nos textos, ajuda-os a ter uma aura de autoridade.

Em vez disso, coloquei no final do livro uma lista de todas as fontes de arquivo e jornais que usei. Caso os acadêmicos queiram conferir cada faceta da minha história, não terão muito problema para encontrar os documentos nos quais ela é baseada.

Este livro também transgride as normas da escrita acadêmica, porque, ao procurar trazer a história de volta à vida, apresentei pequenos detalhes do comportamento das pessoas que não poderiam ser diretamente conhecidos pelos documentos que deixaram. Isto é claramente uma escarpa escorregadia para qualquer um que queria escrever seriamente sobre história. Os detalhes que tinha em mente aqui, porém, são aqueles destinados a fazer a narrativa fluir. As primeiras páginas do livro são um bom modelo. Sei, por exemplo, que Amalia se encontrou com seu advogado no escritório em Bolonha pela primeira vez no começo de agosto de 1890, que então contou a ele o que havia acontecido e lhe pediu ajuda. A essência do que ela disse naquele dia é conhecida pelo arquivo histórico, mas o que ela falou exatamente não, e como ele reagiu deve ser inferido de uma variedade de outros materiais de arquivo e não é possível saber com certeza.

Se fui bem-sucedido ao tentar escrever uma história séria para o público em geral, deve ser deixado aos leitores decidirem. Se tive sorte, os leitores sentiram-se tocados com a história e encontraram nestas páginas vislumbres de um passado desconhecido e insuspeito. Além disso, espero que, com o passar do tempo, não apenas olhem para um passado que parece dramaticamente distante do presente, mas pensem sobre os terríveis paralelos com o nosso mundo atual. Hoje em dia, também testemunhamos o drama da terrível doença passada entre bebês e seios, mas agora são os bebês, e não as mulheres que os amamentam, que correm o risco, ameaçados de infecção por mães HIV-positivas. Também a questão da responsabilidade de médicos e hospitais pelo dano causado no cumprimento de seus deveres não é simplesmente histórica. Hoje o tipo de ação legal levada a efeito por Amalia, que na época sequer tinha nome, se tornou tão comum que é parte de uma categoria bem conhecida: ação por erro médico. Além disso, as questões morais e legais que os juízes tinham de enfrentar na Bolonha do final do século XIX não são, em seu cerne, muito diferentes daquelas que as cortes enfrentam hoje. Quanto ao destino de Amalia e Luigi, talvez tudo que se possa dizer é que, naquela época, como hoje, quando o mundo dos ricos colide com o dos pobres, raramente os ricos sofrem.

# Agradecimentos

Agradeço especialmente a Giancarlo Dalle Donne, respeitável arquivista e historiador de Bolonha, que colaborou comigo nesta pesquisa, ajudou-me a identificar muitas fontes de arquivo e ofereceu-me informações valiosas sobre a história local.

Esta pesquisa recebeu grande ajuda de muitos arquivistas que conseguiram acesso a materiais que, de outro modo, não estariam disponíveis. Entre eles, estão Ingrid Germani e Carmela Binchi, do Archivio di Stato di Bologna; Anna Manfron, da Biblioteca Comunale Archiginnasio di Bologna; Letizia Bongiovanni, do Archivio Storico della Provincia di Bologna; Monica Biagioni, do Archivio Storico del Comune di Pistoia, e de Mirtide Gavelli e Otello Sangiorgi, do Archivio Storico do Museo del Risorgimento Italiano a Bologna. Gostaria de agradecer também, pela ajuda, ao pessoal de outros arquivos e bibliotecas nos quais trabalhei.

Estou em dívida com os párocos que se dispuseram a abrir seus arquivos históricos a mim, o que me permitiu acompanhar a vida de Amalia e Luigi. Isso inclui don Leonardo Masetti, de San Lorenzo di Vimignano (junto com Angiolina Cortini, que se ofereceu para ajudar), don Giorgio Pederzini, de Sacro Cuore di Gesù di Vergato, e don Maurizio, de San Lorenzo di Pracchia (e Leida Vivarelli, por sua ajuda).

Na Universidade de Brown, meu lar acadêmico pela última década e meia, gostaria de agradecer a minha talentosa aluna e pesquisadora assistente Simone Poliandri e ao quadro de pessoal do Departamento de Antropologia, Katherine Grimaldi e Matilde

Andrade. Gostaria de agradecer também, por todo o auxílio, a Paul Dupee Jr., da University Professorship of Social Science.

Em Bolonha, além das pessoas citadas anteriormente, gostaria de agradecer a Arturo Parisi e Anna Piga, por hospedarem a mim e minha esposa, Susan, em sua casa, pelos tantos meses que ficamos em Bolonha enquanto eu trabalhava neste projeto. Gostaria também de agradecer a outros colegas da Universidade de Bolonha pelo aconselhamento, incluindo Pier Cesare Bori, Giovanna Endrici, Andrea Lollini e Massimo Nobili.

Por encorajar minha crença no valor deste projeto de livro não-ortodoxo, agradeço a Janet Silver, da Houghton Mifflin, e a meu agente literário, Ted Chichak. Por me aconselhar enquanto eu lutava para descobrir como escrever o livro, agradeço a meu amigo Jonathan Harr e a meu editor na Houghton Mifflin, Webster Younce. Pelo excelente trabalho ao editar o texto final deste livro, agradeço a Luise Erdmann. Pelos comentários nos primeiros rascunhos do livro, além de Webster, agradeço a Giancarlo Dalle Donne e a Giovanni Pizzorusso, a minha filha e editora tarimbada, Molly Kertzer, e a minha velha amiga, a dermatologista Nancy Egan, que em seus muitos anos de prática médica já viu de tudo, mas jamais teve um paciente que contraiu sífilis, como Amalia.

# Notas

## Capítulo 2. *O dia fatídico*

1. François Mauriceau, *The Accomplish Midwife*, citado em Fildes, 1986b, 101.

## Capítulo 3. *Os primeiros sinais*

1. Em 1888, a lei que regia a prostituição foi substituída por uma nova, que abolia a internação forçada de prostitutas infectadas na clínica de sífilis. Tal acontecimento sofreu a oposição da classe médica, que se referia a isso como um desastre de saúde pública, e uma nova lei, de 1891, reinstaurou parcialmente as velhas práticas (Gattei, 1984; Lelli, 1988).
2. Buret 1891, 13.

## Capítulo 4. *Processando o conde*

1. A citação é de uma carta de 1780 enviada por Boncompagni para Pallavicini (Cardoza, 1982, 28).
2. Sarti 1896.
3. Raymond 1892, 70.
4. Citado em Bulkley 1894, 171. Ver também a discussão de Fournier (1878, 8) sobre o tema.
5. Rollet, 1887, 24.
6. Baldwin, 1999, 355; Raymond, 1892, 115.
7. Bulkley, 1894,161-62; Ransel, 1988, 280.
8. Crissey e Parish, 1981, 80-81; Paci, 2004, 369; Musti, 1998, 22-24.
9. Hayden, 2003, 25-31.
10. Griffini, 1868, 486.

## Capítulo 5. *O tratamento com mercúrio*

1. Crissey e Parish, 1981, 360.

2. Baldwin, 1999, 470. Ecos curiosos de tal crença são encontrados hoje em partes da África como sendo a cura mais eficaz para a AIDS.

Capítulo 7. *Contestando o médico*

1. Fournier, 1878, 23.

Capítulo 8. *A marcha dos camponeses sifilíticos*

1. Proni, 2006, 53-54.

Capítulo 10. *O sifilologista sovina*

1. P. Gamberini, *Trattato teorico-pratico delle malattie veneree*, Milão, Brigola, 1872, 19-23; discutido por Forzoni, 2003, 70.

Capítulo 13. *O tribunal decide*

1. Forzoni, 2003, 19; Paci, 2004, 368.

Capítulo 15. *O empréstimo*

1. Senador Conforti, 3 de dezembro de 1868, citado em Santor, 1996, 97.

Capítulo 17. *Notícias divergentes da Suprema Corte*

1. *Giurisprudenza Italiana,* quinta série, vol. 48 (1896). Turim: Unione Tipográfico-Editrice, 19-21.
2. Gabba, C. F., 1895. "Commento." *Il Foro italiano. Raccolta generale di giurisprudenza civile, commerciale, penale, amministrativa, volume XX – Anno 1895.*
3. Pasi, 1998, 740.

Capítulo 20. *O advogado de Amalia apresenta a conta*

1. Sabemos como Amalia se parecia em 1898 graças ao exame físico ordenado pela corte e realizado em 13 de maio desse ano por Celso Pellizzari, o chefe do Departamento de Dermossifilologia da Universidade de Florença.

# Fontes

## Arquivos

I. Documentos do julgamento de Amalia Bagnacavalli *v.* Hospitais de Bolonha e o conde Isolani

### *A. Archiginnasio di Bologna*


R. Tribunale Civile di Bologna. *Causa Bagnacavalli-Spedali di Bologna* (Bolonha: Soc. Tip. Azzoguidi, 1891). Petição de Avv. Barbieri, proc. # 233-262.

R. Corte d'Appello di Bologna. *Bagnacavalli contro Spedali di Bologna di un caso di sifilide per allattamento. Svolgimento delle Conclusioni nell'interesse dell'appellante Bagnacavalli*. Bologna: 27 novembre 1893, Avv. Augusto Barbieri. (Bolonha: Soc. Tip. Azzoguidi, 1893), proc. # 85-125.

R. Corte d'Appello d'Ancona, in sede di rinvio. *Causa Bagnacavalli-Spedali di Bologna. Memoria defensionale nell'interesse di Bagnacavalli Amalia*, Ancona, 25 aprile 1896, Avv. Augusto Barbieri, est.; Avv. Domenico Pacetti, est. (Bolonha: Soc. Tip. Azzoguidi, 1896), proc. # 44-84.

Regio Tribunale Civile di Bologna. *Causa Bagnacavalli Amalia contro Amministrazione degli Spedali, anno 1893. Comparsa Conclusionale per l'Amministrazione degli Spedali.* Bologna, 12 giugno 1893. Avv. Pietro Baldini; Avv. Odoardo Ferrari, proc. # 126-145.

R. Corte d'Appello di Bologna (Presidenza Maielli). *Causa Spedali di Bologna contro Bagnacavalli, Udienza 17 maggio 1892. Comparsa Conclusionale per l'Amministrazione degli Spedali.* Studio, 15 aprile 1892. Avv. Pietro Baldini; Avv. Odoardo Ferrari, proc. # 146-162.

Suprema Corte di Cassazione di Roma. *Ricorso della Amministrazione degli Spedali di Bologna contro Bagnacavalli Amalia. Preteso risarcimento di danni da infezione sifilitica. Denuncia la sentenza fra le parti della Corte d'appello di Bologna 6-24 aprile 1894.* Avv. Pietro Baldini, # 163-168.

Corte d'Appello di Bologna. *Difesa per l'Amministrazione degli Spedali di Bologna contro Bagnacavalli Amalia in punto a pretesa riforma di Sentenza di Tribunale di Bologna 20 luglio-8 agosto 1893, Comparsa Conclusionale.* Bologna, 18 marzo 1894. Avv. Pietro Baldini; Avv. Odoardo Ferrari, proc. # 169-191.

*Sullo stato di Salute dei Coniugi Bagnacavalli-Migliorini contagiati da sifilide dalla esposta Olivelli e sulle possibili conseguenze derivanti da questo contagio pel Prof. Domenico Majocchi*. Bologna: Soc. Tip. Azzoguidi, 1894, # 192-196.

*Perizia Giudiziale del Dott. Giuseppe Ravaglia nella Casa Bagnacavalli contro l'Amministrazione degli Spedali di Bologna*. Bologna: Monti, 1893, # 197-209.

*Dopo la Sentenza. Note Critiche dei Dott. Giuseppe Ravaglia nella Causa Bagnacavalli contro l'Amministrazione degli Spedali di Bologna*. Bologna: Monti, s.d., # 210-219.

R. Corte d'Appello di Bologna. *Sentenza nella Causa Civile promossa da Bagnacavalli Amalia contro Ospedali di Bologna* (a redazione dell'Ecc.mo Consigliere Cav. E. Angiolini). Bologna: Azzoguidi, 1894, # 220-232.

R. Corte d'Appello di Ancona in sede di rinvio. *Sentenza nella Causa Bagnacavalli contro Spedali di Bologna*. Bologna: Azzoguidi, 10 gennaio 1896, # 36-43.

R. Corte d'Appello di Bologna. *Causa Spedali-Bagnacavalli. Note dopo Ia discussione* (Augusto Barbieri), s.d.

Gamberini, Pietro. 1893. *Parere... nella causa Bagnacavalli*. Bologna. Cart. In, 24.

Santopadre, Temistocle. 1894. *Sifilide ereditaria : Sintomi e riflessioni sopra una sentenza della Corte di Appello di Bologna*. Forlì: Tip. Lit. Democratica. Cart. III, n. 32.

Pinzani, Ermanno. 1894. *A proposito della sentenza della R. Corte d'appello di Bologna ... Bagnacavalli-Spedali*. Forlì. Cart III, n. 65.

*B. Archivio Storico, Provincia di Bologna. Corpo Amministrativo Centrale degli Spedali di Bologna, titolo 13 (Ospizio Esposti)*

Presidente della consulenza Legale al Presidente dei Corpo Amm.vo Centrale degli Spedali di Bologna, 25 ottobre 1890.

Estratto dal Verbale dell'Adunanza Tenuta dalla Consulenza Legale l'8 dicembre 1890.

Estratto del Verbale della Seduta tenuta dai suddetto Corpo Amministrativo nel dì 10 dicembre 1890.

Presidente del Corpo Amm.vo Centrale degli Spedali di Bologna al Prefetto di Bologna, 24 dicembre 1890

Amministrazione centrale degli spedali di Bologna. Ufficio Legale al Presidente. Bologna, 9 maggio 1892.

Estratto Verbale della Seduta tenuta dal suddetto Corpo Amministrativo nel dì 11 maggio 1892.

Presidente degli Spedali al Prefetto di Bologna, 14 maggio 1892.

Prefetto di Bologna al Presidente dell'Amme, 15 maggio 1892.

Corte d'Appello di Bologna, 31 maggio 1892. *Sentenza nella causa civile formale di appellazione promossa dall'Amministrazione degli Spedali di Bologna in persona del suo Presidente Conte Francesco Isolani... Contro Bagnacavalli Amalia in*

*Migliorini*. In punto ad appello della sentenza del Tribunale di Bologna 27 luglio-4 agosto 1891.

*Perizia Giudiziale del Prof. Francesco Roncati nella causa Bagnacavalli – Spedali ordinata dalla R. Corte d'Appello con Sentenza del 13 Giugno 1892*, 4 agosto 1892.

Amministrazione Centrale degli Spedali di Bologna. Ufficio Legale al Presidente. Bologna, 16 luglio 1892.

Capo Contabile degli Spedali al Presidente, 28 luglio 1892.

Estratto Verbale della Seduta tenuta dal suddetto Corpo Amministrativo nel dì 6 agosto 1892.

Ufficio Legale degli Spedali di Bologna al Presidente, 11 novembre 1892.

R. Tribunale Civile di Bologna. *Nella causa formale promossa da Bagnacavalli Amalia... Contro L'Amministrazione degli Spedali di Bologna per l'Ospizio Esposti in persona del suo Presidente, Sig. Conte Cav. Francesco Isolani, rappresentata dal Proc. Avv. Odoardo Ferrari. In punto a pretesa liquidazione di danni ed ora ad ammissione di prova testimoniale e peritale per l'Amministrazione. Comparsa Conclusionale* (da Pietro Baldini e O. Ferrari), s.d.

R. Tribunale Civile di Bologna. Causa Bagnacavalli – Spedali di Bologna. Bologna: Società Tipografica Azzoguidi. Comparsa conclusionale, Augusto Barbieri, 18 aprile 1893.

Lettera del perito Giudiziale Signor Prof. Francesco Roncati [al Chiarissimo Sig. Avvocato Pietro Baldini] in risposta al parere del Signor Prof. Domenico Majocchi il 24 di maggio 1893.

R. Tribunale Civile di Bologna. *Causa Bagnacavalli Amalia contro Amministrazione degli Spedali, in punto a pretesa emenda di danni, 12 giugno 1893. Comparsa conclusionale per l'Amministrazione degli Spedali* (Pietro Baldini e Odoardo Ferrari).

R. Tribunale Civile di Bologna. *Causa Bagnacavalli – Spedali di Bologna. Note aggiuntive alla comparsa conclusionale e Lettera del prof. Domenico Majocchi in risposta al perito prof. Roncati*, 15 giugno 1893 (Augusto Barbieri).

Il R. Tribunale Civile e Penale di Bologna (Sezione Prima). *Sentenza nella causa civile iniziata con rito formale da Bagnacavalli Amalia, assistita ed autorizzata dal suo proprio marito Luigi Migliorini... contro Amministrazione degli Spedali di Bologna, in persona del suo presidente conte cav. Francesco Isolani*, 20 luglio 1893.

Corte d' Appello di Bologna. *Difesa per l'Amministrazione degli Spedali di Bologna contro Bagnacavalli Amalia in punto a pretesa riforma di Sentenza del Tribunale Civile di Bologna 20 luglio-8 agosto 1893. Comparsa Conclusionale nell'interesse dell'Amministrazione degli Spedali*, 18 marzo 1894 (Pietro Baldini e Odoardo Ferrari).

R. Corte d'Appello di Bologna. Sezione Prima. *Sentenza nella causa civile sommaria in grado d'appellazione promossa da Bagnacavalli Amalia... contro Amministrazione degli Spedali di Bologna, in cui è concentrato l'Ospizio Esposti, in persona del Presidente conte cav. Francesco Isolani... in punto ad emenda di danni, in appello dalla Sentenza del Tribunale di Bologna 29 luglio-8 agosto 1893*, 24 aprile 1894.

Avv. Pietro Baldini. *Se il Medico di un Ospizio possa dirsi un Commesso a sensi dell'art. 1153 dei Codice Civile.* Alla Ecc.ma Corte di Cassazione in Roma. Causa Amministrazione degli Spedali di Bologna contra Bagnacavalli Amalia. Bologna Regia Tipografia, 1895, 18 febbraio 1895.

R. Corte di Cassazione di Roma. *Udienza*, 22 febbraio 1895.

Ufficio Legale al Presidente. Bologna, 23 febbraio 1895.

Presidente del Corpo Ammvo al Cancelliere pressa la R. Corte d'Appello in Bologna, 29 aprile 1895.

Pietro Baldini al Presidente, 26 giugno 1895.

Nota spese ed onorari per la causa in Cassazione, Amministrazione degli Spedali e Bagnacavalli, 26 giugno 1895 (P. Baldini).

Suprema Corte di Cassazione di Roma. *Ricorso della Amministrazione degli Spedali di Bologna contro Bagnacavalli Amalia. Preteso risarcimento di danni da infezione sifilitica*, s.d.

Regia Corte di Cassazione in Roma. *Ricorso dell'Amministrazione degli Spedali di Bologna, in persona del suo Presidente signor Conte Cavaliere Francesco Isolani... in confronto di Bagnacavalli Amalia, e di lei marito Lujgi Mjgliorini, residenti nel Comune di Vergato. Denuncia la sentenza fra le parti della Corte d'Appello di Bologna 6-24 aprile 1894, notifica il 1° maggio successivo*, s.d. (Pietro Baldini).

Ufficio Legale al Presidente. Bologna, 13 febbraio 1895.

Corpo Amministrativo Centrale degli Spedali di Bologna, Moto d'Ordine, Bologna, il 26 novembre 1895, Economo, fondo per spese di Pietro Baldini.

Prefetto al Presidente degli Spedali. Bologna, 23 gennaio 1896.

Archivio del Protocollo dei Corpo Amministrativo Centrale degli Spedali di Bologna.

Prefetto di Bologna al Presidente dell'Amme. Bologna, 1 marzo 1896.

Presidente al Prefetto. Bologna, 3 marzo 1896.

Corte d'Appello di Ancona. *Sentenza nella causa civile di rinvio iscritta al N. 1 del ruolo di Spel. add. 10 gennaio 1896 e difesa nell'udienza del 10 giugno 1896 tra Bagnacavalli Amalia e l'Amministrazione degli Spedali di Bologna*, 18 luglio 1896.

Pietro Baldini al Presidente, 25 luglio 1896.

Corte d'Appello di Ancona al Presidente dell'Amme. Spedali Bologna, 20 agosto 1896.

Presidente degli Spedali al Cancelliere della R. Corte d'Appello di Ancona, Bologna, 12 settembre 1896.

Estratto del Verbale della Seduta tenuta dalla Consulenza Legale il 10 settembre 1896.

Estratto del Verbale della Seduta tenuta dal suddetto Corpo Amministrativo nel dì 19 settembre 1896.

Estratto del Verbale della Seduta tenuta del giorno 19 settembre 1896, approvato nella Seduta del 7 ottobre 1896.

Baldini al Presidente, 7 ottobre 1896.

Presidente al Prefetto di Bologna, 11 ottobre 1896.

Gattoni al Presidente, 14 ottobre 1896.

Estratto del Verbale della Seduta tenuta dal suddetto Corpo Amministrativo nel dì 24 ottobre 1896.

Capo Contabile degli Spedali di Bologna al Presidente Corpo Amm.vo Centrale degli Spedali, 24 ottobre 1896.

Prefettura della Provincia di Bologna. Foglio di trasmissione all' Amm.e Centrale degli Spedali, Bologna. Autorizzazione a ricorrere in Collezione contro sentenza della Corte di Appello di Ancona nella causa promossa da Amalia Bagnacavalli, 24 ottobre 1896.

Economo, moto d'ordine, Bologna, 9 novembre 1896, fondo per Pietro Baldini per la causa Bagnacavalli.

Bagnacavalli Amalia in Migliorini, chiedente giudizialmente un'indennità per sifilide, che dice contratta nell'allattamento di un'esposta. Anno 1897.

Cancelliere della Corte di Appello di Ancona al Presidente degli Spedali, 8 gennaio 1897.

Presidente degli Spedali al Cancelliere di Corte d'Appello di Ancona, 19 gennaio 1897.

Corte di Cassazione di Roma. Sezione Civile. *Sentenza nella causa tra l'Amministazione degli Spedali di Bologna, in persona del suo Presidente Conte Francesco Isolani... e Bagnacavalli Amalia*, 28 aprile 1897·

Baldini al Presidente Amme, Bologna, 26 maggio 1897.

Augusto Barbieri al Presidente, Bologna, 17 giugno 1897.

Baldini al Presidente, 19 giugno 1897.

Cancelliere, Corte d'Appello di Ancona, al Presidente, 28 giugno 1897.

Estratto del Verbale della Seduta tenuta dal suddetto Corpo Amministrativo il 10 luglio 1897.

Ufficio Legale al Presidente. Bologna, 5 febbraio 1898.

Corpo Ammvo. Centrale. Estratto del Verbale della Seduta, 10 febbraio 1898.

Presidente al Prefetto. Bologna, 23 febbraio 1898.

Ufficio Legale al Presidente. Bologna, 4 luglio 1898.

Baldini al Presidente, 14 luglio 1898.

Ufficio Legale al Presidente. Bologna, 18 novembre 1898.

Baldini al Presidente, 11 ottobre 1899.

Legale di Uffizio al Presidente. Bologna, 8 marzo 1900.

Estratto del Verbale della Seduta tenuta dal suddetto Corpo Amministrativo nel dì 21 marzo 1900.

Legale d'Uffizio al Presidente. Bologna, 23 aprile 1900.

Estratto del Verbale della Seduta tenuta dal suddetto Corpo Amministrativo nel dì 25 aprile 1900.

Cancelliere Berti (Corte d'Appello di Ancona) al Presidente. Ancona, 29 maggio 1900.

Presidente al Cancelliere Berti. Bologna, 2 giugno 1900.

Estratto del verbale dell'adunanza tenuta dalla Consulenza Legale il 18 giugno 1900.

Baldini al Presidente, 18 giugno 1900.

Il Mondo, compagnia anonima d'assicurazioni. Bologna, il 15 giugno 1900.

Al Avvo. Barbieri aderendo alla sua domanda le significo che il capitale corrispondente ad una prestazione... di L 360... a cominciare dalli trentunesimo 31 anno di età.

Estratto del Verbale della Seduta del giorno 28 giugno 1900 approvato e firmato da tutti gl'intervenuti.

Presidente al Prefetto di Bologna. Bologna, 10 luglio 1900.

Presidente al Cancelliere Berti. Bologna, 23 luglio 1900.

Cancelliere Berti di Ancona al Presidente. Ancona, 24 luglio 1900.

Corpo Ammvo. Centrale degli Spedali di Bologna. Moto d'Ordine. 25 luglio 1900.

Ricevuta, Amministrazione del Demanio e delle Tasse sugli Affari. Bologna, il 25 luglio 1900.

Dichiarazione, Luigi Migliorini, 25 luglio 1900.

Dichiarazione, Avv. Barbieri, 27 luglio 1900.

Legale d'Ufficio al Presidente. Bologna, 30 luglio 1900.

Presidente al Cancelliere di Ancona. Bologna, 31 Agosto 1900.

Cancelliere della Corte d'Appello di Ancona al Presidente. Ancona, il 26 settembre 1900.

Presidente al Canceliere della Corte di Appello di Ancona. Bologna, 29 settembre 1900.

Estratto del Verbale della Seduta tenuta dal suddetto Corpo Amministrativo nel dì 21 novembre 1900.

Estratto del Verbale della Seduta del 26 dicembre 1900 tenuta dalla Consulenza Legale.

## *C. Archivio di Stato di Bologna*

Prefettura di Bologna AA.GG. Serie I, Cat. 15, b.1, 1891. Lettere da Questura di Bologna e Prefettura di Bologna

Tribunale Civile di Bologna, "Perizie, esami, verbali", 1894, vol. II.

Tribunale Civile di Bologna, "Perizie, esami, verbali", 1897, vol. II.

Tribunale Civile di Bologna, "Perizie, esami, verbali", 1898, vol. I.

Tribunale Civile di Bologna, "Perizie, esami, verbali", 1899, vol. II, testimonianza, Bagnacavalli-Ospedale.

### *D. Archivio Notarile di Bologna*

ANDB, Notaio Pietro Polami, 17 agosto 1890. Procura alle liti estesa anche ad negotia, delli coniugi Amalia Bagnacavalli e Luigi Migliorini nell'ill.mo signor avvocato Augusto Barbieri di Bologna. Repertorio Registro n. 8056. Repertorio Notarile n. 1606.

ANDB, Notaio Alberto Pallotti, 1 maggio 1894. Repertorio N. 572 – Mat. N. 250. 1894, 1 maggio – Cessione di ragioni ereditarie fatta dalla Sig.ra Amalia Bagnacavalli in Migliorini al Signor Nono Veggetti con revoca di mandato e nuovo mandato fatti dalla suddetta Signora Bagnacavalli nell'Encomiato Sig. Veggetti.

ANDB, Notaio Alberto Pallotti, 1 maggio 1894. Repertorio N. 572 – Mat. N. 250. 1894, 1 maggio – Cessione di ragioni ereditarie fatta dalla Sig.ra Amalia Bagnacavalli in Migliorini al Signor Nono Veggetti con revoca di mandato e nuovo mandato fatti dalla suddetta Signora Bagnacavalli nell'Encomiato Sig. Veggetti.

ANDB, Notaio Alberto Pallotti, 6 gennaio 1898. Repertorio N. 1063 – Mat. N. 391. 1898, 6 gennaio – Mandato speciale della signora Amalia Bagnacavalli in Migliorini nell'Ill.mo signor Riccardo Orlandi.

ANDB, Notaio Alberto Pallotti, 7 gennaio 1900. Repertorio N. 1396 – Mat. N. 460. 1900, 7 gennaio – Cessione di ragioni ereditarie fatta dalla signora Amalia Bagnacavalli in Migliorini agli i ill.mi signori cav. prof. avvocato Augusto Barbieri e cav. prof. Domenico Maiocchi ed alla tipografia Azzoguidi.

ANDB, Notaio Alberto Pallotti, 26 giugno 1900. Repertorio N. 1477 – Mat. N. 478. 1900, 26 giugno – Procura della signora Amalia Bagnacavalli moglie a Migliorini Luigi e del detto Migliorini nel signor cav. prof. avv. Augusto Barbieri.

ANDB, Notaio Alberto Pallotti, 29 giugno 1900. Repertorio N. 1480 – Mat. N. 479. 1900, 29 giugno – Vendita fatta dai signori cav. avv. Augusto, capitano Aldo, Gilberto e Giulia in Genco fratelli e sorella Barbieri e dal signor Antonio Montanari loro zio ai signor Desiderio Veronesi e cautela ipotecaria prestata da quest'ultimo a favore del suddetto signor Montanari.

ANDB, Notaio Alberto Pallotti, 28 agosto 1900. Repertorio N. 1499 – Mat. N. 482. 1900, 28 agosto – Dichiarazione di collaudo ed approvazione emessa dai signori coniugi Amalia Bagnacavalli e Luigi Migliorini a favore dell'ill.mo sig. cav. prof. avv. Augusto Barbieri per esercizio di procura tenuto da quest'ultimo.

II. Documentos relativos a outros casos de amas de leite sifilíticas e a estatísticas concernentes aos órfãos e amas de leite no lar para crianças desamparadas de Bolonha

*A. Archivio Storico, Provincia di Bologna. Archivio del Protocollo del Corpo Amministrativo Centrale degli Spedali di Bologna, titolo 30*

Anno 1883. Rub. n. 15. Posizione N. 1. Informazioni chieste dalla Provincia intorno a casi d'infezione sifilitiche contratti da balie di esposti.

Anno 1884. Rub. n. 15. Diffusione della sifilide per mezzo di esposti poppanti.

Anno 1886. Rub. n. 15. Statistiche.

Anno 1887. Rub. n. 11. Nutrici di esposti colpiti da sifilide.

Anno 1889. Rub. n. 19. Posizione N. 1. Puccetti Domenica.

Anno 1889. Rub. n. 19. Posizione N. 2. Bonetti Amalia.

Anno 1890. Rub. n. 20. Statistiche.

Anno 1890. Rub. n. 21. Posizione N. 1. Bagnacavalli Amalia in Migliorini chiedente giudizialmente una indemnità per sifilide che dice contratta nell'allattamento di un'esposta.

Anno 1890. Rub. n. 21. Posizione N. 2. Puccetti Domenica.

Anno 1892. Rub. n. 4. Nutrici di una esposta colpite da sifilide.

Anno 1892. Rub. n. 9. Posizione N. 1. Puccetti Domenica. Chiede indennità per aver contratto la sifilide.

Anno 1892. Rub. n. 9. Posizione N. 3. Mancini Lucia.

Anno 1893. Rub. n. 9. Posizione N. 1 (Ventura Erminia), 2 (Ghermanti o Grimandi Adele), 3 (Monti Maria), 4 (Magelli Rosa), 6 (Fiorini Stella). Tutte donne che sono nutrici sifilitiche di una esposta.

*Titolo 13, Anni 1896-1900. Busta 6.*

Rub. 4, pos. 10 (1896). "Oggetto: Tonelli Caterina in Elmi già nudrice sifilitica di un'esposta. Concessione di un sussidio."

Rub. 15 (1896). Statistiche.

Rub. 3, pos. 2 (1897). "Oggetto: Matteuzzi Argia in Dazzani già nudrice sifilitica di un'esposta. Concessione di un sussidio."

Rub. 3, pos. 3 (1897). "Oggetto: Guernelli Luigia chiedente giudizialmente un'indennità per sifilide, che dice contratta nell'allattamento di esposti."

Rub. 3, pos. 4 (1897). "Oggetto: Masi Maria in Landi già nudrice sifilitica di un esposto. Concessione di un sussidio."

Rub. 3, pos. 5 (1897). "Oggetto: Caselli Giuditta in Mazzetti già nudrice sifilitica di un esposto. Concessione di un sussidio."

Rub. 7 (1897). Esposti all'allattamento artificiale. Bambini sifilitici da assoggettarsi all'allattamento artificiale.

Rub. 12 (1897). Statistiche. Statistiche del Baliatico e della Maternità relativa al 1896.

Rub. 13 (1898). Statistiche. Statistica de Baliatico relativa al 1897.

Rub. 14 (1899). "Oggetto: Nudrici di esposti colpite da infezione sifilitica." Pos. 1: Bertozzi Domenica in Cadmi già nudrice sifilitica di un esposto. Concessione di un sussidio.

Rub. 5 (1899). Statistiche. Statistica della Maternità relativa al 1897.

Rub. 8, pos. 1 (1899). "Oggetto: Ispezioni e sorveglianza sugli esposti."

Rub. 15 (1899). "Oggetto: Allattamento degli esposti per parte delle madri." Pos. 1: "Concessione di sussidio alle madri per l'allattamento dei figli senza il riconoscimento legale."

Rub. 7 (1900). Statistiche.

III. Documentos relativos à investigação do conselho provincial da Bolonha sobre a crise dos órfãos, 1900-1914

*A. Archivio storico, Provincia di Bologna*

Deputazione Provinciale di Bologna in Archivio Generale, b. 1369, tit. 7, Rub. 2, fasc. "Esposti", 1900. Verbale adunanza del 2/1/1900, oggetto: "Commissione per i studi sugli Esposti."

Archivio Generale, b. 1369, tit. 7, Rub. 2, fasc. "Esposti", 1901. "Commissione per i studi sugli esposti": Consiglio Provinciale di Bologna-Sessione Straordinaria.

Estratto del Verbale dell'Adunanza del 22 giugno 1901: "Relazione della Commissione per i studi sugli Esposti."

Estratto del Verbale dell'Adunanza del 28 giugno 1901: "Relazione della Commissione per i studi sugli Esposti."

*Regolamento per l'Ospizio degli Esposti e l'Asilo di maternità in Bologna, modificato in base a deliberazioni prese in proposito dal Consiglio Provinciale ed accettate dal Corpo Amministrativo degli Spedali*, Bologna, 1901.

Provincia di Bologna, *Studi e proposte pel mantenimento degli esposti e degli illegittimi assistiti dal Brefotrofio di Bologna. Relazione della Commissione nominata dalla Deputazione Provinciale*, Bologna, 1914.

IV. Documentos relativos ao dr. Carlo Dalmonte e à saúde pública de Vergato

*A. Archivio di Stato di Bologna*

Sottoprefettura di Vergato, b. 78, fasc. 13. Verbale del Consiglio Comunale di Vergato, 28 dicembre 1874, nomina del medico chirurgo condotto di Bologna.

Sottoprefettura di Vergato, "Sanità pubblica", b. 37, fasc. 1, Carlo Dalmonte, 30 ottobre 1880, "Alcune considerazioni sugli esposti lattanti nel Circondario di Vergato".

Sottoprefettura di Vergato, "Sanità pubblica", b. 37, fasc. 1, Lettera del Prefetto di Bologna al Sottoprefetto di Vergato, 28 ottobre 1887.

Sottoprefettura di Vergato, "Sanità pubblica", b. 37, fasc. 1, Verbali di seduta del Consiglio sanitario del Circondario di Vergato, seduta del 28 novembre 1887.

Prefettura di Bologna, Serie 1 (Atti generali), Cat. 15, 1891, b. 1, fasc. "Carteggio del Medico Provinciale per affari sanitari in Provincia di Bologna." [Sete cartas de Dalmonte datando de 1891.]

V. Entradas e tratamentos médicos a mulheres na clínica de sifilíticos de Bolonha

*A. Biblioteca Istituto Clinica Dermosifilopatica, Facoltà di Medicina, Università di Bologna, Archivio storico*

Sifilicomio di Bologna, Ospedale Sant'Orsola, [Registro] Donne 1888-89-90.

VI. O duelo entre Augusto Barbieri e Giuseppe Barbanti

*A. Museo del Risorgimento di Bologna. Archivio.*

Fondo Barbanti Brodano Giuseppe, fasc. 28. Duello dell'Avv. Barbanti con l'avvocato Barbieri, 1889.

VII. Arquivos paroquiais e comunais sobre a vida de Amalia Bagnacavalli, Luigi Migliorini e Augusto Barbieri

*A. Chiesa Parrocchiale di S. Lorenzo di Vimignano (Vergato, prov. Bologna)*

Libro dei Battezzatti, dal 19 dicembe 1878 al 18 maggio 1901.
Libro de' Matrimoni, 1865-.
Libro dei Morti [1880-1911].
Status Animarum: 1873; 1881; 1885; 1890; 1897.

*B. Chiesa Parrocchiale di Vergato (prov. Bologna)*

Libro dei Battezzati, dal 1904 al 1909.

*C. Parrocchia di San Lorenzo di Pracchia (prov. Pistoia)*

Registro dei Battezzatii, 1899-1910.
Documenti di Matrimoni dal 1920 al 1923 incluso.
Libro degli Atti di Morte [1936].
Stato dell'Animo: 1904; 1911; 1917; 1921; 1934.

*D. Archivio storico Anagrafe dei Comune di Bologna (documentos do registro de população sobre a família de Augusto Barbieri)*

*E. Archivio storico Anagrafe dei Comune di Pistoia (documentos do registro de população sobre a família de Luigi Migliorini)*

*F. Archiginnasio di Bologna, "Fondo Ridolfi" (documentação biográfica sobre a família de Augusto Barbieri)*

VIII. Francesco Isolani e o conselho da cidade de Bolonha

*A. Archivio Storico del Comune di Bologna*

Atti dei Consiglio Comunale di Bologna (1886-1900)

## Publicações

Andreoli, Aldo. 1962. "Francesco Roncati." *Strenna storica bolognese*, pp. 7-13.
Angeli, Aurora. 2001. *Esposizione e baliatico a Imola nei secoli 18 e 19*. Bologna: Clueb.
Antonini, C. e M. Buscarini. 1985. "La regolamentazione della prostituzione nell'Italia postunitaria." *Rivista di Storia Contemporanea*, n. 1, pp. 83-114.
Arbizzani, Luigi. 1975. "Barbanti-Brodano Giuseppe." Pp. 161-163 in Franco Andreucci e Tommaso Detti, eds., *Il movimento operaio italiano. Dizionario biografico, 1853-1943*, vol. 1. Roma: Editori Riuniti.
Augagneur, V. 1879. *Etude sur la syphilis héréditaire tardive*. Lyon: Chanoine.
Babini, Valeria. 2004. *Il caso Murri*. Bolonha: Il Mulino.
Baccarini, Alfredo. 1907. *Discorsi Politici 1876-1890*. Bolonha: Zanichelli.
Baldwin, Peter. 1999. *Contagion and the State in Europe, 1830-1930*. Cambridge: Cambridge University Press.
Banca Popolare di Credito in Bologna. 1907. *In memoria... Francesco Isolani*. Bolonha.
Banti, Alberto Mario. 1995. "Italian professionals: Markets, incomes, estates and identities." Pp. 223-54 in Maria Malatesta, ed., *Society and the Professions in Italy, 1860-1914*. Traduzido por Adrian Belton. Cambridge: Cambridge University Press.

Barbieri, Augusto. 1886. *Lo Stato ed il Comune nella questione della tutela amministrativa della nomina dei Sindaco*. Bolonha.

Barbieri, Augusto. 1888. *Elementi di Scienza dell'Amministrazione*. Bolonha: Zanichelli.

Barnes, David S. 1995. *The Making of a Social Disease: Tuberculosis in Nineteenth-Century France*. Berkeley: University of California Press.

Barrucco, Nicolò. 1894. *Breve compendio teorico-pratico sulla sifilide e sulle malattie veneree*. Bolonha: Treves.

Bernabei, Giancarlo e S. Cagnoni. 1984. *Bologna moderna, 1860-1980*. Bolonha: Pàtron.

Bernardi, Giovanna. 1992. *Vergato: pagine della memoria*. Vergato: Editoriale Nueter.

Berti, Giovanni. 1885. *Relazione di un confronto fatto nello stabilimento esposti di Bologna fra bimbi a latte di donna e a latte di bestia* Bolonha: Gamberini e Parmeggiani.

Berti, Giovanni. 1886. "Ricerca fatta sulla mortalità nel 1° anno di vita dei bambini allattati dalle madri nella campagna bolognese." *Bullettino delle Scienze Mediche*, anno LVII, serie 6, vol. 17, pp. 353-60.

Berti, Giovanni. 1887. "Ancora sulla mortalità dei bambini legittimi allattati dalle madri, nel 1° anno di età, nella campagna bolognese." *Bullettino delle Scienze Mediche*, anno LVIII, serie 6, vol. 20, pp. 45-50.

Berti, Giovanni. 1888. *Considerazioni pratiche d'igiene intorno alla sifilide da allattamento fatte in seguito alla circolare ministeriale del 5 novembre 1887*. Nápoles: Tip. Dell'Unione.

Bettini, Ulisse. 1891. *Per la pretura di Vergato. Il Mandamento di Vergato al Consiglio provinciale*. Bologna: Gamberini e Parmeggiani.

Bianchi, Adanella. 1989. "'L'elemosina di un bambino.' Pratica e controllo dell'abbandono all'Ospedale dei Bastardini (secc. XVI-XVIII)." *Sanità, Scienze e Storia* 2:35-54.

Bianchi, Adanella. 1990. "La 'famiglia' dell'ospedale tra XVI e XVIII secolo." Pp. 39-52 in *I bastardini: Patrimonio e memoria di un ospedale bolognese*. Bolonha: Edizioni Age.

Bignardi, Agostino. 1956. *Dizionario biografico dei liberali bolognesi (1860/1914)*. Bolonha: Bandiera.

Boutry, Philippe, ed. 1991. *Enfance abandonée et société en Europe, xiv-xix siècle*. Roma: Ecole Française de Rome.

Breda, Achille. 1887. *Manuale pratico di malattie veneree e sifilitiche*. Pádua: Draghi.

Brugia, Raffaele. 1907. *In memoria di Francesco Roncati: cenni necrologici*. Reggio Emilia: S. Ferraboschi.

Bulkley, L. D. 1894. *Syphilis in the Innocent*. Nova York: Bailey.

Buret, Frédéric. 1891-1895. *Syphilis To-day and Among the Ancients*. 3 vols. Filadélfia: Davis.

Cardoza, Anthony. 1982. *Agrarian Elites and Italian Fascism: The Province of Bologna, 1901-1926*. Princeton: Princeton University Press.

Cavazza, Francesco. 1906. *In morte del conte commendatore dottor Francesco Isolani*. Bolonha: Zamorani e Albertazzi.

Cesena, Davide. 1890. "Studio clinico chimico sul modo di comportarsi di alcuni rimedi mercuriali nella sifilide." *Giornale italiano delle malattie veneree e della pelle* 25:156-74.

Cherubini, A. 1990. "Sifilide (e prostituzione)." Pp. 179-217 in A. Cherubini e F. Vannozzi, *Previdenza di malattia e malattie sociali dall'Unità alla prima guerra mondiale*. Roma: Iims.

Cicero, Salvatore. 1890. "Patogenesi ed etiologia della sifilide congenita." *Giornale italiano delle malattie veneree e della pelle* 25:321-28.

Club Alpino Italiano. Sezione di Bologna. 1881. *L'Appenino Bolognese*. Bolonha: Fava e Garagnani.

Commissione di Indagini scientifico-pratiche della Associazione Medica Lombarda. 1890. *Studio sul modo di funzionare del nuovo Regolamento sulla prostituzione in Italia e sugli effetti ottenuti dalla sua applicazione*. Sumário in *Giornale italiano delle malattie veneree e della pelle* 1890 25:92-96.

Concetti, L. 1891. "Della sifilide ereditaria nei brefotrofi considerata in rapporto alla nuova legge sulla polizia sanitaria dei costumi." *La Riforma Medica* 6:397-423.

Consiglio Comunale di Bologna. *Atti*, 1886-1900. Bolonha.

Crissey, John T. e Lawrence Charles Parish. 1981. *The Dermatology and Syphilology of the Nineteenth Century*. Nova York: Praeger.

Cristofori, Franco. 1978. *Bologna: immagini e vita tra Ottocento e Novecento*. Bolonha: Alfa.

D'Amato, V. 1901. *La cura pratica delle malattie veneree, sifilitiche e della pelle*. Roma: Forense.

D'Attorre, Paolo. 1986. "La politica." Pp. 69-112 in Renato Zangheri, ed., *Bologna*. Roma: Laterza.

Da Molin, Giovanna, ed. 1994. *Trovatelli e balie in Italia*. Bari: Cacucci.

Dadà, Adriana, ed. 2002. *Balie da latte: istituzioni assistenziali e privati in Toscana tra 17. e 20. secolo*. Roma: Morgana Edizioni.

Dalle Donne, Giancarlo, Anna Tonelli e Cristina Zaccanti. 1987. *L'Inchiesta sanitaria del 1899*. Milão: Angeli.

De Napoli, Ferdinando. 1911. *Il mercurio nella sifilide e le sue vicende attraverso i secolo (1496-1911) a proposito delle frizioni mercuriali*. Bolonha: A. Gherardi.

Della Peruta, Franco. 1980. "Sanità pubblica e legislazione sanitaria dall'Unità a Crispi." *Studi storici* 21:713-760.

Di Bello, Giulia. 1989. *Senza nome né famiglia. I bambini abbandonati nell'ottocento*. Florença: Manzuoli.

Di Clemente Ghigi, Eutimio. 1882. *Relazione al consiglio comunale di Vergato*, 22 agosto 1882. Persiceto: Tip. Guerzoni.

Di Lorenzo, G. e G. Ciaramelli. 1884. "Resoconto statistico-sanitario della Clinica Dermosifilopatica dello stabilimento dell'Annunziatella di Napoli, dal 1 Gennaio 1883 al 30 Giugno 1884." Revisto in *Giornale italiano delle malattie veneree e della pelle* 1885 20:241-44.

Diday, Paul. 1854. *Traité de la syphilis des nouveaus-nés et des enfants à la mamelle*. Paris: Masson.

Diday, Paul. 1866. *Il pericolo delle malattie veneree nelle famiglie*. Milão: Wilmant.

Diday, Paul. 1886. *La pratique des malades veneriennes*. Paris: Asselin, Houzeau.

Direzione Generale della Statistica. 1886. *Risultati dell'inchiesta sulle condizioni igieniche e sanitarie nei Comuni dei Regno*, 3 vols., in 2. Roma: Ospizio di S. Michele.

Dogliani, Mario. 1989. "La avvocatura dei poveri." *Movimento operaio e Socialista* 3:275-90.

*Ferrovia transappenninica (La)*. 1986. *Bologna Incontri* 11.

Fildes, Valerie. 1986a. *Breasts, Bottles, and Babies: A History of Infant Feeding*. Edimburgo: Edinburgh University Press.

Fildes, Valerie. 1986b. *Wet Nursing: A History from Antiquity to the Present*. Oxford: Blackwell.

Forzoni, Alberto. 2003. *Prostituzione e sanità ad Arezzo: il sifilicomio degli Spedali riuniti, 1863-1888*. Montepulciano: Le Balze.

Fournier, Alfred. 1878. *Nourrices et nourrissons syphilitiques*. Paris: Masson.

Fournier, Alfred. 1886. *La syphilis héréditaire tardive*. Paris: Masson.

Fournier, Alfred. 1891. *L'hérédité syphilitique*. Paris: Masson.

Fournier, Alfred. 1912. *Syphilis héréditaire de l'âge adulte*. Paris: Masson.

Franceschini, G. 1903. Il patrocinio gratuito nel diritto giudiziario civile, Turin.

Frascani, Paolo. 1996. "I medici dall'Unità al fascismo." Pp. 147-189 in Maria, Malatesta, ed., *Storia d'Italia. Annali* 10*: I professionisti*. Turim: Einaudi.

Fuà, R. 1915. *Sulla diagnosi precoce della sifilide ereditaria nel lattante*. Ancona: Commercio.

Fuchs, Rachel G. 1984. *Abandoned Children: Foundlings and Child Welfare in Nineteenth-Century France*. Albany: SUNY Press.

Gabba, C. F. 1895. "Commenti critici sulla decisione Bagnacavalli-Spedali di Bologna nella corte d'appello di Bologna." *Foro italiano* vol. 20, parte 1, pp. 32-46.

Gamberini, Pietro. 1864-1888. *Rapporto politico-amministrativo-clinico della prostituzione di Bologna*. Bolonha: Gamberini e Parmeggiani.

Gamberini, Pietro. 1880. "Statistica delle malattie veneree, sifilitiche e cutanee accolte e curate nella Clinica di Bologna nell'anno 1879 dal Prof. Gamberini." *Giornale italiano delle malattie veneree e della pelle* 15:143-47.

Gamberini, Pietro. 1881. "Decimonono rapporto politico-amministrativo-clinico della prostituzione in Bologna." *Giornale italiano delle malattie veneree e della pelle* 16:104-13.

Gamberini, Pietro. 1881. "Sulla pretesa incurabilità della sifilide." *Giornale italiano delle malattie veneree e della pelle* 16:1-11.

Gamberini, Pietro. 1883. "Ventunesimo rapporto politico-amministrativo-clinico della prostituzione in Bologna." *Giornale italiano delle malattie veneree e della pelle* 18:104-13.

Gamberini, Pietro. 1884. "I sifilografi e dermatologi bolognesi." *Giornale italiano delle malattie veneree e della pelle* 19:1-16.

Gamberini, Pietro. 1884. "Ventesimosecondo rapporto politico-amministrativo-clinico della prostituzione in Bologna." *Giornale italiano delle malattie veneree e della pelle* 19:65-74.

Gamberini, Pietro. 1885. "Ventesimoterzo rapporto politico-amministrativo-clinico della prostituzione in Bologna." *Giornale italiano delle malattie veneree e della pelle* 20:65-74.

Gamberini, Pietro. 1885. *Statistica clinico-terapeutica delle malattie veneree e cutanee accolte nella clinica universitaria di Bologna diretta dal prof. Pietro Gamberini nell'anno 1884*. Nápoles: Jovene.

Gamberini, Pietro. 1886. "Ventesimoquarto rapporto politico-amministrativo-clinico della prostituzione in Bologna." *Giornale italiano delle malattie veneree e della pelle* 21:65-74.

Gamberini, Pietro. 1887. "Studi teorico-clinici relativi alla sifilide ereditaria specialmente tardiva." *Giornale italiano delle malattie veneree e della pelle* 22:321-28.

Gamberini, Pietro. 1887. "Ventesimoquinto politico-amministrativo-clinico della prostituzione in Bologna." *Giornale italiano delle malattie veneree e della pelle* 22:65-71.

Gamberini, Pietro. 1889. "Studi e proposte intorno alla sifilide per allattamento in relazione specialmente cogli stabilimenti che raccolgono i trovatelli." Reimpresso do *Giornale italiano delle malattie veneree e della pelle*, fasc. 1, março 1889. Milão: Prato.

Gamberini, Pietro. 1889. "Studi e proposte intorno alla sifilide per allattamento in relazione specialmente cogli stabilimenti che accolgono i trovatelli." *Giornale italiano delle malattie veneree e della pelle* 24:7-15.

Gamberini, Pietro. 1889. "Ventesimosettimo rapporto politico-amministrativo-clinico della prostituzione in Bologna." *Giornale italiano delle malattie veneree e della pelle* 24:5-6.

Gamberini, Pietro. 1889. *Sintomatologia della sifilide ereditaria infanzia*. Bolonha.

Gamberini, Pietro. 1895. *Gravidanza, parto e mali sifilitici*. Bolonha.

Gamberini, Pietro. 1896. *La sifilide ereditaria, congenita ed accidentali, specialmente dei neonati*. Bolonha.

Gargiulo, Francesco Saverio. 1888. *Corso elementare di diritto giudiziario civile*. Nápoles: Marchieri.

Gattei, Giorgio. 1984. "La sifilide: medici e poliziotti intorno alla 'Venere politica'." Pp. 739-98 in *Storia d'Italia, Annali*, vol. 7, *Malattia e medicina*. Turim: Einaudi.

Gemma, Anton M. 1883. "Un caso di sifilide per allattamento pel contagio de una bambina." *Giornale italiano delle malattie veneree e della pelle* 18:294-49.

Gibson, Mary. 1986. *Prostitution and the State in Italy*, 1860-1915. New Brunswick, N.J.: Rutgers University Press.

Gorni, Mariagrazia e Laura Pellegrini. 1974. *Un problema di storia sociale. L'infanzia abbandonata in Italia nel secolo XIX*. Florença: La Nuova Italia.

Greco, Giovanni. 1998. "Controllo sociale e postriboli nella vecchia Bologna." *Il Carrobbio* 24:221-38.

Griffini, R. 1868. "Sul progetto di regolamento organico dell'ospizio degsli esposti e delle partorienti." *Annali universali di medicina* 206:465-563.

Guarnirei, Patrizia. 2006. *L'ammazzabambini: Legge e scienza in um processo di fine Ottocento*. Roma: Laterza.

Guidotti, Paolo. 1985. *Vergato: centro politico e di osservazione della montagna bolognese dal Medioevo all'Unità d'Italia*. Bolonha: Nuova Alfa.

Guidotti, Paolo. 1991. *Strade transappenniniche bolognesi*. Bolonha: Clueb.

Hayden, Deborah. 2003. *Pox: Genius, Madness, and the Mysteries Syfilis*. Nova York: Basic Books.

Hughes, Steven C. 1998. "Men of steel: Dueling, honor, and politic liberal Italy." Pp. 64-81 in Pieter Spierenburg, ed., *Men and Violence*. Columbus: Ohio State University Press.

Hunecke, Volker. 1989. *I trovatelli di Milano*. Bolonha: Il Mulino.

*Il Resto del Carlino*, 1 gennaio 1916. "La morte dell'avv. Augusto Barbieri."

*In memoria del conte dottore commendatore Francesco Isolani Lupari*. 1907. Bolonha: Stab. Poligrafico Emiliano.

Itália. Direzione Generale della Statistica. 1894. *Statistica della assistenza dell'infanzia abbandonata, anni 1890, 1891, e 1892*. Roma: Tip. Elzeviriana.

Jullien, L. 1881. *Trattato pratico delle malattie veneree*. Nápoles: Sese.

Kertzer, David I. 1993. *Sacrificed for Honor: Italian Infant Abandonment and the Politics of Reproductive Control*. Boston: Beacon Press.

Kertzer, David I. 1999. "Syphilis, foundlings, and wetnurses in nineteenth-century Italy." *Journal of Social History* 32:589-602.

Kertzer, David I. 2000. "The lives of foundlings in nineteenth-century Italy." Pp. 41-56 in Catherine Panter-Brick e Malcolm Smith, eds., *Abandoned Children*. Cambridge: Cambridge University Press, 2000.

Kertzer, David I. 2004. *Prisoner of the Vatican: The Popes' Secret Plot to Capture Italy from the New Italian State*. Boston: Houghton Mifflin.

Kertzer, David I., Heather Koball e Michael J. White. 1997. "Growing up as an abandoned child in nineteenth-century Italy." *History of the Family* 2:211-28.

Kertzer, David I. e Michael J. White. 1994. "Cheating the angel-makers: Surviving infant abandonment in nineteenth-century Italy." *Continuity & Change* 9:451-80.

Kertzer, David I. e Wendy Sigle. 1998. "The marriage of female foundlings in nineteenth-century Italy." *Continuity and Change* 13:201-20.

Kertzer, David I., Wendy Sigle e Michael J. White. 1999. "Childhood mortality and quality of care among abandoned children in nineteenth-century Italy." *Population Studies* 53:303-15.

Kertzer, David I., Wendy Sigle e Michael J. White. 2000. "Abandoned children and their transitions to adulthood in nineteenth-century Italy." *Journal of Family History* 25:326-40.

Lancereaux, Etienne. 1868. *A Treatise on Syphilis, Historical and Practical.* Londres: New Sydenham Society (series), v. 38. Traduzido do *Traité historique et pratique de la syphilis*, Paris: Baillière.

Lelli, Bianca. 1988. "Prostituzione e prostitute a Bologna nella seconda metà dell'Ottocento." *La Padania*, ano 2, n. 4, pp. 157-78.

Lesser, E. 1887. *Manuale delle malattie cutanee e venereo-sifilitiche*, parte 1. Terceira ed. Milão: Vallardi.

Luccini, Gaetano. 1893. *Relazione statistica dei lavori compiuti nel distretto della Corte d'Appello di Bologna nell'anno 1892.* Bolonha: Tip. Militare.

Maioli, G. 1937. "Tattini Isolani Lupari Letizia." *Dizionario del Risorgimento nazionale*, vol. 4. Milão: Vallardi.

Manservigi, Salesio, Giuseppe Ferrari e Danilo Di Diodoro. [1890] 1983. *Memoria in ordine al Manicomio di Bologna, desunta dagli atti esistenti nell'archivio dell'amministrazione degli spedali di Bologna.* Bolonha: Clueb.

Massarenti, Carlo. 1876. *La Clinica Ostetrica in Bologna ed il Prof. Carlo Massarenti il direttore di essa dalla fondazione.* Bolonha: Tip. Della Società Azzoguidi.

Mauriac, Ch. 1890. *Syphilis tertiaire et syphilis héréditaire.* Paris: Baillière.

Miretti, Monica. 1998. "L'amministrazione della giustizia a Bologna nell'Ottocento." Pp. 37-50 in Giovanni Greco, ed., *Criminalità e controllo sociale a Bologna nell'Ottocento.* Bolonha: Pàtron.

Montroni, Giovanni. 1995. "Aristocracy and professions." Pp. 255-75 In Maria Malatesta, ed., *Society and the Professions in Italy*, 1860-1914. Traduzido por Adrian Belton. Cambridge: Cambridge University Press.

Morrow, A. 1889. *Atlas of Skin and Venereal Diseases.* Nova York: Wood.

Mortara, Lodovico. 1887. *Manuale della Procedura Civile.* Turim: Unione Tip. Editrice.

Musti, Maria Rosaria. 1998. "L'ospedale di S. Giobbe in epoca moderna." Pp. 123-60 in Giovanni Greco, ed., *Criminalità e controllo sociale a Bologna nell'Ottocento.* Bolonha: Pàtron.

Nabarro, D. 1954. *Congenital Syphilis*. Londres: Arnold.

Nacciarone, U. 1888. *Trattato pratico delle malattie veneree*. Milão: Vallardi.

Nitti, G. P. 1963. "Alfredo Baccarini", *Dizionario biografico degli italiani* 5:4-8.

Onger, Sergio. 1985. *L'infanzia negata. Storia dell'assistenza agli abbandonati e indigenti a Brescia nell'Ottocento*. Bréscia: AIED.

Paci, Piero. 2004. "L'antico ospedale San Giobbe per sifilitici." Pp. 365-77 in *Strenna storia bolognese*.

Paganella, Veronica. 1998. "Postriboli e megere nella vecchia Bologna." Pp. 81-122 in Giovanni Greco, ed., *Criminalità e controllo sociale a Bologna nell'Ottocento*. Bolonha: Pàtron.

Pasi, Antonia. 1998. "'Come d'autunno cadono le foglie.' L'allattamento nei brefotrofi italiani del XIX secolo." Pp. 721-50 in *Storia d'Italia, Annali* vol. 13, L'alimentazione. Turim: Einaudi.

Peli, Giuseppe. 1907. "In memoria di Francesco Roncati." Bolonha: Gamberini e Parmeggiani. Reimpresso do *Bullettino delle scienze mediche*, serie 3, v. 7.

Pellizzari, C. 1882. *Della transmissione accidentale della sifilide*. Milão: L. Bortolotti & C.

Pellizzari, C. 1888. *Prostituzione e profilassi pubblica della sifilide*. Florença.

Pellizzari, C. 1891. *Dell'azione del mercurio nella sifilide*. Nápoles.

Pinzani, Ermanno. 1894. *A proposito della sentenza della R. Corte d'appello di Bologna... Bagnacavalli-Spedali*. Forlì.

Plazzi, Mirella M. e Angelo Yami, eds. 1993. *Alfredo Baccarini: il liberalismo romagnolo alla prova*. Bolonha: Il Nove.

Poli, Marco. 2002. *In nome del progresso, 1902-1904: l'abbattimento delle mura di Bologna*. Bolonha: Costa.

Profeta, G. 1888. *Trattato pratico delle malattie veneree*. Palermo: Vena.

Proni, Eleonora. 2006. *Bologna: La nascita dell'Ordine degli Avvocati e Procuratori*. Bolonha: Fondazione Forense Bolognese.

Provincia di Bologna. 1901. *Studi e proposte di riforma per l'Ospizio degli Esposti di Bologna. Relazione della Commissione*. Bolonha.

Putegnat, Joseph Dominique. 1854. *Histoire et thérapeutique de la syphilis des nouveau-nés et des enfants à la mamelle*. Paris: Baillière.

Quercioli, Giuseppe. 1979. *L'ospedale psichiatrico provinciale Francesco Roncati di Bologna: 1867-1979, centododici anni di storia e di vita manicomiale*. Bolonha.

Quétel, Claude. 1990. *History of Syphilis*. Traduzido por Judith Braddock e Brian Pike. Baltimore: Johns Hopkins University Press.

Ransel, David L. 1988. *Mothers or Misery: Child Abandonment in Russia*. Princeton: Princeton University Press.

Ravogli, Augusto e Enrico Rasori. 1880. "Resoconto clinico degli ammalati curati nella Clinica e Dispensario Dermo-Sifilitico della R. Università di Roma per gli anni scolastici 1877-78, 1878-79." *Giornale italiano delle malattie veneree e della pelle* 15:205-11.

Raymond, Paul. 1893. *La syphilis dans l'allaitement.* Paris: Rueff.

Renzi, Renzo. 1974. *Il processo Murri.* Bolonha: Cappelli.

Rollet, J. 1887. *De la transmission de la syphilis entre nourissons et nourrices.* Paris.

Roncati, Francesco. 1894. *La decadenza della moralità ed il contagio morale.* Discorso inaugurale del prof. Francesco Roncati alla solenne apertura degli studi nella R. Università di Bologna, 1894-1895. Bolonha.

Roversi, Giancarlo. 1985. *Le mura perdute: Storia e immagini dell'ultima cerchia fortificata di Bologna.* Bolonha: Banca Popolare di Bologna e Ferrara.

Rydell, Robert W. e Rob Kroes. *Buffalo Bill in Bologna: The Americanization of the World, 1869-1922.* Chicago: University of Chicago Press.

Sabbatani, L. 1906. *Alla memoria del prof. Francesco Roncati: discorso letto da L. Sabbatani al Consiglio provinciale di Bologna nella seduta delli 13 ottobre 1906.* Bolonha.

Sani, Sebastiano. 1922. *Bologna di ieri.* Bolonha: Zanichelli.

Santoro, Marco. 1996. "Le trasformazioni del campo giuridico. Avvocati, procuratori e notai dall'Unità alla Repubblica." Pp. 81-144 in Maria Malatesta, ed., *Storia d'Italia. Annali* 10: *I professionisti.* Turim: Einaudi.

Sarti, Telesforo. 1896. *Il Parlamento subalpino e nazionale: Profili e cenni biografici di tutti i Deputati e Senatori.* Roma: Tip. Pintucci.

Scarenzio, Angelo. 1880. "Sifilide congenita per diretta influenza paterna. Immunità della gestante. Contagio infettante nella puerpera peropera del neonato." *Giornale italiano delle malattie veneree e della pelle* 15:16-20.

Scarenzio, Angelo. 1893. *Parere del Prof. Cav. Angelo Scarenzio ... nella causa Bagnacavalli contro l'Amministrazione degli Spedali di Bologna.* Pávia.

Scarenzio, Angelo. 1896. *Sulla cura della sifilide congenito.* Florença: Tip. Niccolai.

Siegrist, Hannes. 1994. "Profilo degli avvocati italiani per 1870 al 1930." *Polis* 8:223-243.

Simoncini, Adriano e Mauro Bacci. 1983. *Il crepuscolo de lia civiltà contadina: costumanze e tradizioni della montagna.* Loiano: Cassa Rurale ed Artigiana.

Società Medica Chirurgica di Bologna. 1901. *Adunanze pubbliche. Governo degli Esposti, allattamento nei brefotrofi, sifilide negli Esposti.* Bolonha.

Società Medica Chirurgica di Bologna. 1924. *Primo centenario della Societá Medica Chirurgica di Bologna (1823-1923).* Bolonha.

Stefanizzi, Daniela. 1998. "L'Ospedale di San Procolo o dei 'Bastardini' di Bologna." Pp. 161-170 in Giovanni Greco, ed., *Criminalità e controllo sociale a Bologna nell'Ottocento.* Bolonha: Pàtron.

*Storia di Pistoia.* Florença: Le Monnier.

*Sull'esercizio delle professioni di avvocato e di procuratore.* Legge 8 giugno 1874, n. 1938. Milão: Tipografia Pirola.

Sussman, George D. 1982. *Selling Mother's Milk: The Wetnursing Business in France, 1715-1914.* Urbana: University of Illinois Press.

Tagliavini, Annamaria. 1985. "Francesco Roncati, direttore del manicomio." *Sanità scienza e storia,* n. 1, pp. 85-107.

Tartenson, James. 1880. *La syphilis: son histoire et son traitement (méthode anglaise).* Paris: Baillière.

Tassinari, Oriano. *Terra e gente di Vimignano.* Bologna: Parrocchia di Vimignano.

Testoni, Alfredo. 1972 (1930). *Bologna che scompare.* Bolonha: Cappelli.

Titomanlio, A. 1890. "Sull'aumento della sifilide ereditaria nell'Annunziata di Napoli, in rapporti ai nuovi ordinamenti sanitari." *Riforma medica,* pp. 278-79. Revisto no *Giornale italiano delle malattie veneree e della pelle,* 1891, 26:109-12.

Turno, Michela. 2003. *Il malo esempio: donne scostumate e prostituzione nella Firenze dell'Ottocento.* Florença: Giunti.

Valenzi, Lucia. 1995. *Poveri, ospizi e potere a Napoli 18-19 Secolo.* Milão: Angeli.

Valenzi, Lucia. 2000. *Donne, medici e poliziotti a Napoli nell'Ottocento: la prostituzione tra repressione e tolleranza.* Nápoles: Liguori.

Varni, Angelo. 1993. "Alfredo Baccarini tra Romagna e Stato nazionale." Pp. 11-18 in Mirella M. Plazzi e Angelo Varni, eds., *Alfredo Baccarini: il liberalismo romagnolo alla prova.* Bolonha: Il Nove.

Weil, A. 1880. *Presente stato della dottrina dell'eredità della sifilide.* Nápoles: Vallardi.

Zambonini, G. 1881. "Monografia sulle condizioni agrarie del Circondario di Vergato." Pp. 735-52 in *Atti della Giunta per l'Inchiesta Agraria e sulle condizioni delle classi agricole,* vol. 2, fasc. 3. Roma.

Este livro foi impresso na Editora JPA Ltda.
Av. Brasil, 10.600 – Rio de Janeiro – RJ
para a Editora Rocco Ltda.